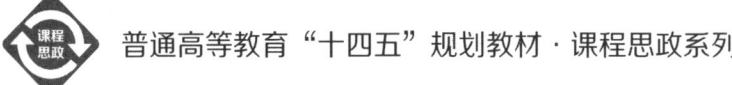

普通高等教育"十四五"规划教材·课程思政系列

纳税基础与实务

主编／冯小查
副主编／周进旺 宋清伟 王心宇

图书在版编目(CIP)数据

纳税基础与实务 / 冯小查主编. —上海：立信会计出版社，2021.8(2023.8 重印)
ISBN 978-7-5429-6851-7

Ⅰ.①纳… Ⅱ.①冯… Ⅲ.①税收管理-中国-教材 Ⅳ.①F812.42

中国版本图书馆 CIP 数据核字(2021)第 164053 号

策划编辑　　王斯龙
责任编辑　　王斯龙
封面设计　　南房间

纳税基础与实务
NASHUI JICHU YU SHIWU

出版发行	立信会计出版社
地　　址	上海市中山西路 2230 号　邮政编码　200235
电　　话	(021)64411389　传　真　(021)64411325
网　　址	www.lixinaph.com　电子邮箱　lixinaph2019@126.com
网上书店	http://lixin.jd.com　　http://lxkjcbs.tmall.com
经　　销	各地新华书店
印　　刷	浙江天地海印刷有限公司
开　　本	787 毫米×1092 毫米　1/16
印　　张	15.25
字　　数	390 千字
版　　次	2021 年 8 月第 1 版
印　　次	2023 年 8 月第 3 次
书　　号	ISBN 978-7-5429-6851-7/F
定　　价	45.00 元

如有印订差错，请与本社联系调换

前　　言

教材是教学目标、教学方法、教学思想的载体,能体现最新的教学理念、教学思想和教学成果,是人才培养方案得以实现的直接工具。纳税实务是财经类专业的核心课程,是会计类专业必修的核心课程。为了加强专业基础,衔接税收最新法律法规,从企业实际出发,我们编写了本教材。本教材特色如下。

1. 力求最新,贴近目前实际

近几年,税法变化快,更新较为频繁,市场现有教材不能满足教学的实际需要。因此,我们编写了本教材,以新的税法内容为范本。本教材与当前的税法内容衔接一致,不留空隙。

2. 理论联系实践

本教材以税法为准绳,以企业日常活动为范本开展讲解和训练,力争做到讲清楚、做明白。学生通过体验模拟的业务操作实践,而感受企业业务的真实操作。本教材以税收基本原理为线索,围绕增值税、消费税、企业所得税、个人所得税、其他税费、纳税申报六个环节展开;对企业各税种都有一个明细的解释,为学生日后从事企业纳税实务打下良好基础。

3. 警示案例实录,警钟长鸣

随着纳税业务活动的拓展,企业在日常业务中出现不符合税法规范要求的税务操作的概率也提高了。其后果是轻则受到税务机关的处罚,重则受到法律的制裁。本教材中的案例可以给以后从事纳税业务的职业人敲响警钟,以便提醒他们在职场上不逾越红线,达到课程思政的效果。

4. 任务导向,实战演练

本教材以任务为导向,设有案例导入、任务讲解、案例导入解析、实战演练几个环节;以现实业务情景为背景设置业务内容,通过对现实业务的分析、解决、处理,为学生未来进入职场打下良好基础。实现理论与实践的结合,为学生未来就业奠定良好基础。

5. 校企合作,共建教学新环境

本教材在实际案例中,借助了合作企业浙江衡信教育科技有限公司的实训资料。这便于学生在模拟仿真情况下对增值税、企业所得税、个人所得税三大税种的上报有一个直观的感受,从而为理实一体提供了可鉴定的范本。

本教材由冯小查担任主编,周进旺、宋清伟、王心宇担任副主编,李小琴、谭彬莉、高小兰、周瑞森参与编写。

本教材在编写过程中,得到了相关税务部门、企业同行的支持和帮助,在此一并表示感谢!

目 录

项目一 纳税基础知识 ·· 1
 任务一　税收认知 ·· 2
 任务二　纳税基本程序 ·· 14
 案例导入解析 ··· 33
 知识小结 ··· 33
 职场警示·思政结合 ··· 34
 实战演练 ··· 36

项目二 增值税纳税实务 ·· 43
 任务一　增值税基本知识 ·· 44
 任务二　小规模纳税人应纳增值税税额的计算和申报 ························ 54
 任务三　一般纳税人应纳增值税的计算 ··· 60
 任务四　一般纳税人增值税纳税申报 ·· 70
 任务五　增值税专用发票管理 ·· 80
 案例导入解析 ··· 83
 知识小结 ··· 84
 职场警示·思政结合 ··· 84
 实战演练 ··· 85

项目三 消费税纳税实务 ·· 89
 任务一　消费税概述 ·· 90
 任务二　应纳税额的计算方法 ·· 97
 任务三　实务操作 ·· 103
 任务四　消费税的纳税申报 ··· 108
 案例导入解析 ··· 109
 知识小结 ··· 109
 职场警示·思政结合 ··· 110
 实战演练 ··· 111

项目四 企业所得税纳税实务 ··· 115
 任务一　企业所得税概述 ·· 116

任务二	应纳税所得额的计算	121
任务三	收入项目的税务处理	123
任务四	税前扣除项目的税务处理	128
任务五	资产的税务处理	132
任务六	企业所得税应纳税额的计算	136
任务七	企业所得税的征收管理	139

案例导入解析 … 141
知识小结 … 142
职场警示·思政结合 … 142
实战演练 … 143

项目五 个人所得税 … 147

任务一	个人所得税的概述	148
任务二	计税依据的确定	154
任务三	应纳税额的计算	155
任务四	个人所得税的征收管理	162

案例导入解析 … 164
知识小结 … 164
职场警示·思政结合 … 164
实战演练 … 165

项目六 其他税费纳税实务 … 169

任务一	城市维护建设税和教育费附加	170
任务二	关税	172
任务三	资源税	174
任务四	土地增值税	179
任务五	房产税	182
任务六	契税	186
任务七	城镇土地使用税	188
任务八	耕地占用税	193
任务九	车船税	197
任务十	车辆购置税	198
任务十一	印花税	200
任务十二	烟叶税	204
任务十三	环境保护税	205

案例导入解析 … 207
知识小结 … 208
职场警示·思政结合 … 208

实战演练 ··· 208

项目七　纳税申报 ··· 213
　　任务一　日常纳税申报 ··· 214
　　任务二　延期申报纳税 ··· 215
　　任务三　减免税申报 ··· 217
　　任务四　纳税申报流程 ··· 217
　　案例导入解析 ··· 229
　　知识小结 ··· 229
　　职场警示·思政结合 ··· 229
　　实战演练 ··· 230

附录 ··· 233

项目一
纳税基础知识

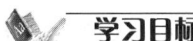 学习目标

1. 知识目标

理解税收和税法的概念,掌握税法的原则

熟悉我国现行的税制,理解并掌握税制的构成要素

理解并掌握我国税收征收管理法规的基本内容

2. 能力目标

树立依法纳税和节税理财的观念,熟悉税收征收管理法规,能依法办理税务登记,并能做好发票管理及纳税申报等相关纳税工作

3. 情感目标

培养学生树立遵章纳税、遵守法规的职业素养

4. 重点难点

税收的概念及特征,税法的概念和原则

税法的构成要素

税务登记、发票管理、纳税申报等税务管理相关法规的内容

税款征收的原则、方式及制度

税务检查的形式和方法

税收违法行为及法律责任

案例导入

近年来,随着就业压力的激增,自主创业成为当下不少大学生就业的新选择。某高校中文系的大学生小张毕业后与同学小王合伙创办了一家教育培训机构。目前,该机构已经在市场监督管理局注册登记并领取了营业执照。但听该机构聘请的会计小李说:该机构要在税务机关办理一些开业的涉税手续后,才能正常运营。由于小张和小王都不是专业出身,所以他们对创业过程中涉及的税收政策基本不了解。为此,他们提出了以下问题:

(1) 什么是税?为什么企业要纳税?在我国,企业需要缴纳哪些税呢?

(2) 企业的纳税程序是怎样的?新设的企业具体需要如何办理开业的涉税手续呢?

假如你是小李,在学习本章后,试解答小张和小王的疑问。

任务一 税 收 认 知

一、税收的内涵与分类

(一) 税收的含义及特征

1. 税收的含义

税收是国家为了满足社会公共需要,凭借政治权力,强制、无偿地取得财政收入的一种分配关系,是国家财政收入的主要形式。对于税收的概念,我们一般可从以下几个方面来把握:

第一,国家征税的目的主要是满足社会民众获取公共产品的需要。由于公共产品具有非排他性和非竞争性,这决定了其无法由私人部门提供,而只能由政府来提供。与此同时,作为国家的行政权力机关,政府在履行其公共职能的过程中也必然会发生一定的公共支出,比如国防、外交、司法、科学研究、环境保护等方面的支出。因此,国家是以强制征税的方式取得收入,并向社会民众提供其所需的公共产品。

第二,国家征税的依据是政治权力,借助法律征税。国家征税是基于其政治权力。税收征收的主体只能是代表社会全体成员行使公共权力的政府,其他任何社会组织或个人是无权征税的。同时,国家只有运用法律的权威,才能建立有效的税收秩序,保证国家及时、足额地取得税收收入。因此,税收是国家凭借政治权力并借助法律的权威来实施的。

第三,税收是国家财政收入的主要形式,其本质是一种分配关系。在现代社会中,国家行使职能必须以一定的财政收入作为保障,税收是国家取得财政收入的主要形式。国家通过征税,将一部分社会产品由纳税人所有变成国家所有,最终再以提供公共产品或服务的形式向社会民众输出。可见,征税实际上是国家参与社会产品分配的过程,因而它从本质上体现的是一种分配关系。

2. 税收的特征

第一,无偿性。税收的无偿性是指国家征税后,税款纳入国家财政预算并统一分配使用,而不直接向税款的缴纳者返还或支付任何报酬。正是税收的无偿性,才使税收能在一定程度上和一定范围内,改变社会财富分配不合理的状况,成为影响纳税人行为的重要经济杠杆;同时,无偿性制约着征纳双方的关系,并决定税收征收管理制度和方法。

第二,强制性。税收的强制性是指国家依靠政治权力以法律的形式,对税法规定的负有纳税义务的单位和个人强制征税。任何单位和个人都必须遵守税法的有关规定,否则就要受到法律的制裁。税收的强制性,不仅要求纳税人必须依法纳税,也要求征税机关依法征税,否则两者都要承担相应的法律责任。

第三,固定性。税收的固定性是指国家在征税前都以法律形式预先规定了统一的征税标准,而这些标准在一定时间内是相对稳定的。该特征既有利于保证国家财政收入的稳定,也利于维护纳税人的合法权益。与此同时,需注意的是税收的固定性是相对于某一时期而言的,并非固定不变。随着社会的发展,对征税标准进行必要的调整也是正常的。

【想一想1-1】 为什么国家要征税?税是什么?与日常中所说的费有何区别?税具有哪些作用?请结合身边的事例谈谈自己的想法。

(二)税收的分类

1. 按征税对象分

按征税对象分,税收可分为流转税、所得税、资源税、财产行为税、特定目的税五种。

第一,流转税。流转税又称商品和劳务税,是指以商品和劳务的流转额为征税对象征收的一种税。我国现行税制中的增值税、消费税、关税等都属于流转税,其特点是税源稳定、征收较为便利,它对保证国家及时、稳定、可靠地取得财政收入有着重要的作用,同时也对调节生产和消费产生着重要的影响,是我国的主体税种。

第二,所得税。所得税是指以纳税人的所得额为征税对象的一种税。因所得税实行"所得多的多征、所得少的少征、无所得的不征",较好地体现了税收纵向公平原则,因此对调节国民收入水平、缩小纳税人之间收入的差距有着特殊的作用。我国现行税制中属于所得税的有企业所得税和个人所得税。

第三,资源税。资源税是指以各种应税资源为对象征收的一种税。资源税具有的征税范围固定和采用差别税率或税额征收特点,使其可以调节因自然资源和其他客观原因所形成的级差收入,避免资源浪费,从而合理使用国家的自然资源。我国现行税制中的资源税、城镇土地使用税、土地增值税及环境保护税都属于资源税类。

第四,财产行为税。财产行为税具体包括财产税和行为税。其中,前者是指以纳税人所拥有、控制的财产为征税对象而征收的一种税;后者是指以纳税人发生的某种特定行为为征税对象而征收的一种税。财产税一般会选择某些特定的财产征税,其作用是避免财产闲置浪费,保证财产的合理运用,如我国现行税制中的房产税、车船税。而行为税一般是由于需要对某些行为进行监督、限制和管理而开征的一种税,如我国现行税制中的印花税、契税。

第五,特定目的税。特定目的税是指政府为达到某种特定目的,为调节特定征税对象和行为而课征的一种税。该种税一般具有税款专款专用的特点,具有受益税性质。我国现行税制中的城市维护建设税、车辆购置税、耕地占用税、船舶吨税、烟叶税等都属于此类税。

2. 按税收管理和使用权限分

按税收管理和使用权限分,税收可分为中央税、地方税、中央与地方共享税。

第一,中央税。中央税是指收入全部归属中央政府的税种。这类税种一般收入规模大、征收范围广,政策上需要全国统一。如我国现行税制中的消费税、关税等。

第二,地方税。地方税是指收入归属地方政府的税种。一般而言,这类税种收入较稳定,税基流动性较低,与地方经济的利息关系密切。如我国现行税制中的土地增值税、城镇土地使用税、房产税、车船税、契税等。

第三,中央与地方共享税。中央与地方共享税是指收入由中央和地方政府共同享有、按比例分成的税种。如我国现行的增值税(不包含进口环节由海关代征的部分),中央政府分享50%、地方政府分享50%;我国现行的企业所得税,除铁道部、各银行总行及海洋石油企业缴纳的部分归中央政府外,其余部分中央和地方政府按60%与40%的比例分享;我国现行的个人所得税,中央和地方的分享比例与企业所得税相同。

【想一想1-2】 2018年3月13日,第十三届全国人民代表大会一次会议上,国务委员王勇受国务院委托向第十三届全国人民代表大会一次会议作关于国务院机构改革方案的说明。该说明的第二点第十一条明确指出:"改革国税地税征管体制,将省级和省级以下国税地税机构合并,具体承担所辖区域内的各项税收、非税收入征管等职责。国税地税机构合并后,实行以国家税务总局为主与省(区、市)人民政府双重领导管理体制"。截至2018年7月20日,全国省市县乡四级新税务机构全部完成挂牌。改革完成后,省市县乡税务机构数量大幅下降。其中,厅级税务局数量较合并前减少45个,省级、市级、县级税务局内设机构、事业单位和派出机构分别减少709个、5 349个和2.49万个,撤销县局稽查局3 900多个。试谈谈国地税此次合并的原因及其影响。

3. 按计税标准分

按计税标准分,税收可以分为从价税、从量税和复合税三种。

第一,从价税。从价税是以征税对象的价值、价格、金额为标准,按一定比例税率计征的税种。由于从价税的税额直接或间接与商品的价格挂钩,因此可以随商品价格变化而变化,适用范围比较广,如我国现行的增值税、企业所得税等。

第二,从量税。从量税是以征税对象的一定单位的数量(如重量、面积、长度等)为标准,采用固定单位税额征收的税种,如我国现行的城镇土地使用税、车船税。从量税的税额不随商品价格的增减而变动,由于通货膨胀等因素的影响,税负实际上处于下降的趋势,因此从量税不能大范围地使用。

第三,复合税。复合税是指既按照征税对象的价格又按其数量为标准计征的税种,是从价税和从量税的结合。我国白酒和卷烟的消费税就采用的是复合计税的形式。

4. 按税收与价格的关系分

按税收与价格的关系分,税收可分为价内税和价外税。

第一,价内税。价内税是指税款包含在商品或劳务的价格中,并以此作为价格构成部分的税种。价内税的计税价格为含税价格,税款能够随商品价格的实现而实现,计税征收简便。但价内税易造成商品的价格与价值背离,还可能引致重复征税的问题。我国现行的消费税就是典型的价内税。

第二，价外税。价外税是指税款不包含在商品或劳务的价格中，税款与价格相分离的税种。价外税的计税价格为不含税价格，税价分离，其对价格形成机制的影响小，有利于规范税收与价格的关系，我国现行的增值税就属于价外税。

【做中学1-1】 若一瓶矿泉水不含税的售价是0.9元，税率为10%，则当计税的税种分别为价外税与价内税时，请问应纳税额是多少？

【解析】

价外税：应纳税额＝0.9×10%＝0.09(元)

价内税：应纳税额＝0.9÷(1－10%)×10%＝0.1(元)

5. 按税负能否转嫁分

按税负能否转嫁分，税收可以分为直接税和间接税。

第一，直接税。直接税是指纳税人不能或不便于把税负转嫁给别人，而由纳税人自己负担的税种。直接税的纳税人不仅在表面上有纳税义务，而且也是税收的实际承担者，即纳税人和负税人一致，如我国的企业所得税、个人所得税、车船税等。

第二，间接税。间接税是指纳税人能够通过销售产品或提供劳务而把税负转嫁给别人的税种。对于间接税而言，纳税人与负税人就是相分离的，如我国现行的增值税、消费税等。

【想一想1-3】 一般，我们认为个人所得税是不会转嫁的直接税。腾讯网曾发布了一则题为"二手房征20%个税能让房价降低吗"的新闻报道。该篇报道提到，在对二手房转让开征个人所得税时，很多卖房者通过提高价格将税负转嫁给买房者，结果可能会使国家控制房价的税收政策变成助推房价上涨的利器。对此，大家怎么看呢？

二、税法的概念、特点及构成要素

(一) 税法的概念和特点

税法是国家制定的、用以调整国家与纳税人之间在征纳税方面的权利与义务的法律规范的总称，是国家及纳税人依法征税、依法纳税的行为准则，包括税收法律、条例、法规和规章。与其他法规相比，税法具有以下特点：

第一，从立法过程看，税法属于制定法，而不属于习惯法。现代国家的税法都是经过一定的立法程序制定出来的，而不是因习惯做法或者司法判例而被认可的。

第二，从法律性质看，税法属于义务性法规，不属于授权性法规。义务性法规是相对授权性法规而言的，是指直接要求人们从事或不从事某种行为的法规。税法属于义务性法规，并不是说税法没有规定纳税人的权利，而是说纳税人的权利在其纳税义务的基础之上，是从属性的。

第三，从法规内容看，税法属于综合法，而不是单一法。税法是由实体法、程序法、争讼法等构成的综合法律体系，其内容涉及课税的基本原则、征纳双方的权利义务、税收管理规则、法律责任、解决税务争议的法规规范等。

(二) 税法的构成要素

税法的构成要素是指各种单行税法具有的共同的基本要素的总称，既包括实体性的，也包括程序性的。税法的构成要素是所有完善的单行税法都共同具备的,仅为某一税法所单独具有而其他税法不普遍具有的内容不构成税法的构成要素,如扣缴义务人。具体来说,税法的构成要素一般包括总则、纳税义务人、征税对象、税目、税率、减税免税、纳税环节、纳税期限、纳税地点、罚则、附则等项目。其中,纳税义务人、征税对象和税率是税法的基本要素。

1. 纳税义务人

纳税义务人也称纳税人、纳税主体,是税法规定的直接负有纳税义务并享有纳税权利的单位和个人。作为税款的直接缴纳者和履行纳税义务的法律承担者,纳税人解决了对谁征税的问题。纳税人既可以是法人,也可以是自然人。法人是指依法成立并能独立行使法定权利和承担法律义务的社会组织,如企事业单位、社会团体等。而自然人是指依法在民事上享有权利和义务的人,包括外国人和无国籍人。与纳税人相关的还有以下几个概念:

第一,扣缴义务人。扣缴义务人是税法规定的负有扣缴义务的单位和个人,包括代扣代缴义务人和代收代缴义务人。其中,前者是指有义务从持有的纳税人收入中扣除其应纳税额并代为缴纳的单位和个人,如单位在向员工发放工资时会代扣代缴个人所得税;后者是指有义务从纳税人处收取其应纳税额并代为缴纳的单位和个人,如受托方向委托方交付其受托加工的应税消费品,在收取加工费时会代收代缴消费税。

第二,负税人。负税人即税收的实际承担者,是指最终承受税收负担的单位和个人。纳税人与负税人有时相一致,有时不一致,关键在于纳税人在缴纳税款后是否可以将税款转嫁出去。若能转嫁出去,则纳税人与负税人不一致;若不能转嫁出去,则纳税人与负税人就是一致的。

【想一想1-4】 试结合日常生活中的例子,举例说明纳税人、扣缴义务人及负税人的区别。

2. 征税对象

征税对象又称课税对象、征税客体,是税收法律关系中主体双方权利和义务所共同指向的目的物或行为。征税对象规定了征税范围,即对什么征税。它是税法最基本的要素,也是区别一种税与另一种税的重要标志。如消费税以特定的消费品为征税对象,企业所得税以企业的所得为征税对象。与征税对象相关的概念有:

第一,税基,也称计税依据、课税依据。其是指税法中规定的、据以计算各种应征税款的依据和标准,即征税对象的计量标准。计税依据可以是一定的价值量,如销售额、所得额等;也可以是一定的实物量,如数量、重量、面积等。征税对象与计税依据有时是一致的,有时是不一致的。如企业所得税的征税对象和计税依据都是企业的所得额,两者一致;车船税的征税对象是应税车船,计税依据是车船吨位等,两者不一致。

第二,税目。税目是指税法中对征税对象分类而规定的具体征税项目,是征税对象内容的具体化。税目反映具体的征税范围,体现了每个税种的征税广度。需要注意的是,不是所有的税种都规定有税目。

3. 税率

税率是指应纳税额与计税依据之间的关系或比例。作为计算税额的尺度,税率是衡量税负轻重与否的重要标志,体现了课税的强度。按表现形式,税率可以分为定额税率、比例税率及累进税率。目前,我国采用的税率形式有定额税率、比例税率,以及累进税率中的超额累进税率和超率累进税率。

第一,定额税率。定额税率是指对每一单位征税对象直接规定一个固定的数额。这种税率形式一般适用于从量定额计征的税种,税率不受征税对象价格变化的影响,具有计算简便、有利于提高产品质量等优点。其在具体运用时,可以分为地区差别定额税率、分类分级定额税率和幅度定额税率。

第二,比例税率。比例税率是指对同一征税对象,不分数额大小,都按规定的同一比例征税。比例税率不因计税依据的大小而变化,计算简便,但采用比例税率时不论纳税人收入多少,均按同一比例征税,不便于贯彻量能负担的原则。在具体应用时又可分为单一比例税率、差别比例税率、幅度比例税率。

第三,累进税率。累进税率是指随征税对象数量增大而提高的税率。按征税对象数额的大小,累进税率可划分为若干等级,不同等级的课税数额分别适用不同的税率,课税数额越大,适用税率越高。累进税率能较强地体现量能负担原则,其对调节纳税人的收入作用明显,一般适用于所得税。在具体应用时根据计算方法和累进依据的不同,累进税率又可以分为如表 1-1 所示的这几种形式。

表 1-1 累进税率的具体形式

类型	含义
全额累进税率	是指把征税对象的数额划分为若干等级,对每个等级分别规定相应的税率。当税基超过某个级距时,课税对象的全部数额都按提高后级距的相应税率征税。
超额累进税率	是指把征税对象按数额的大小分成若干等级,每一等级规定一个税率,税率依次提高,但每一纳税人的征税对象依所属等级同时适用的几个税率分别计算,将计算结果相加后得出应纳税款。我国现行个人所得税中的综合所得、经营所得就采用了超额累进税率。
全率累进税率	是指按征税对象的相对率划分为若干级距,对每个级距分别规定相应的税率,当相对率超过某个级距时,全部征税对象的数额就按这一级距的税率计算征税。
超率累进税率	是指以征税对象数额的相对率划分若干级距,分别规定相应的差别税率,相对率每超过一个级距的,对超过的部分按高一级的税率计算征税。目前,我国土地增值税就采用了超率累进税率。

【想一想 1-5】 为什么我国实务中不采用全额累进税率的形式呢?

【做中学 1-2】 张三和李四 2019 年取得的综合所得分别是 144 000 元、145 000 元。若以年综合所得额为计税依据,适用的税率如表 1-2 所示。试用全额累进税率和超额累进税率分别计算这两人应纳的个人所得税。

表 1-2 个人所得税率表

级数	全年应纳税所得额	税率	速算扣除数
1	不超过 36 000 元的	3%	0
2	超过 36 000 元至 144 000 元的部分	10%	2 520
3	超过 144 000 元至 300 000 元的部分	20%	16 920

(续表)

级数	全年应纳税所得额	税率	速算扣除数
4	超过300 000元至420 000元的部分	25%	31 920
5	超过420 000元至660 000元的部分	30%	52 920
6	超过660 000元至960 000元的部分	35%	82 590
7	超过960 000元	45%	181 920

【解析】

(1) 采用全额累进税率：

$$张三的应纳个人所得税 = 144\ 000 \times 10\% = 14\ 400(元)$$

$$李四的应纳个人所得税 = 145\ 000 \times 20\% = 29\ 000(元)$$

(2) 采用超额累进税率：

$$张三的应纳个人所得税 = 36\ 000 \times 3\% + 108\ 000 \times 10\% = 11\ 880(元)$$

$$李四的应纳个人所得税 = 36\ 000 \times 3\% + 108\ 000 \times 10\% + 1\ 000 \times 20\% = 12\ 080(元)$$

通过测算，不难发现，李四取得的年综合所得仅比张三多了1 000元。若采用全额累进税率计算，税额却增加了14 600元，显然税负变化极不合理；若采用超额累进税额计算，税额只增加了200元，显然税负变化较为合理。

综上，虽然采用全额累进税率测算起来十分简单，但由于其在两个级距的临界点会出现税负增加超过应税所得额增加的现象，使税收负担极不合理，因此，在实务中我们不采用此种税率形式，而是采用了测算起来相对复杂的超额累进税率。

另外，需要提醒大家注意的是，实务中为了解决超率累进税率难以应对的税款计算问题，我们采用"速算扣除法"来简化计算。所谓的速算扣除法是指按全额累进的方法计算税额，再减去对应等级的速算扣除数。同样[做中学1-2]为例，若利用速算扣除数计算，则结果如下：

$$张三的应纳个人所得税 = 144\ 000 \times 10\% - 2\ 520 = 11\ 880(元)$$

$$李四的应纳个人所得税 = 145\ 000 \times 20\% - 16\ 920 = 12\ 080(元)$$

"速算扣除数"是预先按全额累进计算的税额同按超额累进计算的税额相减，得出的差额数。其可按下列公式事先计算好，再列入税率表中：本级速算扣除数 = 上一级最高所得额 × (本级税率 - 上一级税率) + 上一级的速算扣除数。

4. 减税和免税

减税和免税，主要是指税法规定对某些纳税人和征税对象给予减征部分税款或者全部免予征税的特殊规定。税收减免是对某些纳税人或课税对象鼓励和照顾的措施，体现了国家一定时期的经济和社会政策，有较强的政策目的性和针对性。减免税的具体形式包括税基式减免、税率式减免和税额式减免，各种形式的含义及具体应用示例如表1-3所示。

表1-3 减免税的具体形式

类型	具体形式
税基式减免	指通过缩小计税依据实现的减税、免税,如起征点、免征额、项目扣除及跨期结转等。
税率式减免	指通过缩小税率实现的减税、免税,如低税率、零税率、暂定照顾性税率等。
税额式减免	指通过缩小税额实现的减税、免税,如全部免征、减半征收、抵免税额及部分减免等。

【做中学1-3】 假设税法规定起征点和免征额均为5 000元,个人月所得采用比例税率计税、适用税率为10%。试计算下述情形中王五的应纳税额:

(1) 月所得为4 500元。

(2) 月所得为6 000元。

【解析】

当王五的月所得为4 500元<5 000元时:不管按起征点还是免征额计算,王五均不纳税。

当王五的月所得为6 000元>5 000元时:按起征点算,6 000元需要全额纳税,应纳税额＝6 000×10%＝600(元);按免征额算,6 000元中只有超过免征额的部分需纳税,应纳税额＝(6 000－5 000)×10%＝100(元)。

综上可知,起征点与免征额的概念是有极大区别的。计税金额低于起征点和免征额时,不计税;计税金额超过起征点和免征额时,需要对其全额计税,而免征额只就超过免征额的部分计税。

5. 纳税环节

纳税环节是指税法规定的征税对象在从生产到消费的流转过程中应当缴纳税款的环节。不同的税种课税环节也不尽相同,可能分布在生产、批发、零售、进出口、费用支出等各个环节。例如,流转税在生产和流通的各个环节纳税,而所得税在分配环节纳税。

按照某种税征环节的多少,税种可划分为一次课征制或多次课征制。合理选择纳税环节,对加强税收征管,有效控制税源,保证国家财政收入的及时、稳定、可靠,方便纳税人生产经营活动和财务核算,灵活机动地发挥税收调节经济的作用,具有十分重要的理论意义和实践意义。

6. 纳税期限

纳税期限是指税法规定的关于税款缴纳时间方面的限定,是税收的强制性和固定性在时间上的体现。在税法中明确规定各税种的纳税期限,可以保证税收收入及时足额入库。关于纳税期限,需要区分以下三个概念:

第一,纳税义务发生时间,是指应税行为发生、应承担纳税义务的时间。只有明确了纳税义务发生时间,才能确定纳税期限。例如,增值税条例规定以预收货款方式销售货物的,其纳税义务发生时间为货物发出的当天。

第二,纳税期限。纳税人每次发生纳税义务后,不可能立刻去申报缴纳税款。税法规定了每种税的纳税期限,即每隔固定时间汇总履行一次纳税义务的时间。例如,增值税条例规定,增值税的具体纳税期限分别为1日、3日、5日、10日、15日、1个月或1个季度。纳税人的具体纳税期限,由主管税务机关根据纳税人应纳税额的大小分别核定;不能按固定期限纳税的,可以按次纳税。我国现行税制的纳税期限形式有按期纳税,按次纳税,按年计税、分期预缴,按年计税、分期缴纳。

第三,缴库期限。缴库期限是指税法规定的纳税期满后,纳税人将应纳税款缴入国库的期限。例如,《增值税暂行条例》规定,纳税人以1个月或1个季度为1个纳税期的,自期满之日起15日内申报纳税;以1日、3日、5日、10日或者15日为1个纳税期的,自期满之日起5日内预缴税款,于次月1日起15日内申报纳税并结清上月应纳税款。

7. 纳税地点

纳税地点是指根据各个税种纳税对象的纳税环节和有利于控制税款的源泉而规定的纳税人和扣缴义务人的具体申报纳税的地点。纳税地点的确定是为了方便纳税人缴纳税款、处理地区与地区之间的税收分配关系。由于不同税种的征税对象和不同的纳税环节,各个纳税人的生产经营方式也不尽相同,因此,本着方便征纳、有利于源泉管控的原则,国家通常要在各税种中明确规定纳税人的具体纳税地点。例如,我国现行《土地增值税暂行条例》规定,纳税人应当向房地产所在地主管税务机关办理纳税申报,并在税务机关核定的期限内缴纳土地增值税。

(三) 税收法律关系

税收法律关系是指税法所确认和调整的、国家与纳税人之间在税收分配过程中形成的税收征纳权利和义务关系。与其他法律关系一样,由权利主体、权利客体和税收法律关系的内容三个方面构成,但在这三方面的内涵上,税收法律关系又具有一定的特殊性。

1. 权利主体

权利主体即税收法律关系中享有权利和承担义务的当事人。在我国的税收法律关系中,权利主体包括征纳双方,即征税主体和纳税主体。其中,征税主体是指代表国家行使征税职责的国家行政机关,目前主要有国家各级税务机关和海关。纳税主体是指履行纳税义务的人,包括法人、自然人和其他组织,在我国的外国企业、组织、外籍人、无国籍人,及在我国虽没有机构、场所,但有来源于我国境内所得的外国企业或组织。在税收法律关系中,权利主体双方的法律地位平等,但由于权利主体双方是管理者和被管理者的关系,因此双方的权利与义务并不对等,这是税收法律关系的一个重要特征。

2. 权利客体

权利客体即税收法律关系主体的权利、义务共同指向的对象,也就是征税对象。例如,所得税法律关系客体是生产经营所得和其他所得;流转税法律关系客体就是销售货物或提供劳务取得的收入。税收法律关系客体是国家利用税收杠杆调整和控制的目标,国家在一定时期根据经济形势发展的需要,通过扩大或缩小征税范围调整征税对象,达到限制或鼓励国民经济中某些产业或行业发展的目的。

3. 税收法律关系的内容

税收法律关系的内容就是权利主体所享有的权利和应承担的义务,这是税收法律关系中最实质的东西,也是税法的灵魂。具体包括以下两个方面:

第一,征税主体的权利和义务。征税主体的主要权利有依法征税,进行税务检查以及对违章者进行处罚,制定税收行政规章并做出行政解释,特定情况下行使代位权和撤销权等;

其主要义务有向纳税人宣传税法知识,提供税务咨询和辅导,及时将税款上缴国库,依法受理税收争议,对纳税人的经营情况负有保密义务等。

第二,纳税主体的权利和义务。纳税主体的主要权利有知情权、保密权、税收监督权、申请延期申报或缴纳税款权、依法申请减免税权、多缴税款申请退还权、申请复议和提起诉讼权等;纳税主体主要义务有依法进行税务登记,依法设置并保管账簿,按时进行纳税申报并缴纳税款,接受税务检查等。

税法是引起税收法律关系的前提条件,但是税法本身并不能产生具体的税收法律关系。税收法律关系的产生、变更或消灭必须有能引起其产生、变更或消灭的客观情况,即由税收法律事实来决定。税收法律事实一般是指税务机关依法征税的行为和纳税人的经济活动行为。

三、税法的原则

(一) 税法基本原则

税法的基本原则是统领所有税收规范的根本准则,是国家税收法律制度建立的基础,贯穿于一切税收活动之中。我国税法的基本原则主要有以下四点。

1. 税收法定原则

税收法定原则又称为税收法定主义,是指税法主体的权利义务必须由法律规定,税法的各个构成要素必须且只能由法律予以明确规定。税收法定主义贯穿税收立法和执法的全部领域,其内容包括税收要件法定原则和税务合法性原则。其中,前者是指有关纳税人、课税对象、课税标准等税收要件必须以法律形式作出规定,且有关课税要素的规定必须尽量明确;后者是指税务机关按法定程序依法征税,不得随意减征、停征或免征,无法律依据不征税。税收法定主义的要求是双向的:一方面,要求纳税人必须依法纳税;另一方面,要求征税主体必须依法征税,不能超越法律的规定去征税。

2. 税收公平原则

税收公平原则包括税收横向公平和纵向公平,即税收负担必须根据纳税人的负担能力分配:负担能力相等,税负相同;负担能力不等,税负不同。税收公平原则源于法律上的平等性原则,所以许多国家的税法在贯彻税收公平原则时,都特别强调"禁止不平等对待"的法理,禁止对特定纳税人给予歧视性对待,也禁止在没有正当理由的情况下对特定纳税人给予特别优惠。

3. 税收效率原则

税收效率原则包含两方面:经济效率和行政效率。其中,前者要求税法的制定要有利于资源的有效配置和经济体制的有效运行;后者要求提高税收行政效率,节约税收征管成本。

4. 实质课税原则

实质课税原则应根据客观事实确定是否符合课税要件,并根据纳税人的真实负担能力决定纳税人的税负,而不能仅考虑相关外观和形式。在判断单位或个人是否涉税并承担纳税义务时,不应受其外在形式的影响,而要深入探求其实质,若实质条件满足了课税要件,就应确认纳税义务。该原则的意义在于防止纳税人发生避税和偷逃税等行为,增强税法适用的公正性。例如,我国企业所得税法的一般反避税条例,就是根据这一原则设计的。

(二) 税法适用原则

税法适用原则是指税务行政机关和司法机关运用税收法律规范解决具体问题所必须遵循的准则。税法适用原则并不违背税法基本原则,而且在一定程度上体现着税法基本原则,含有更多的法律技术性准则、更为具体化,其作用在于在具体应用税收法律规范解决具体问题时提供方向性的指导,以合理解决法律纠纷,维护税收征纳双方的合法权益。我国的税法适用原则主要包括以下几点。

1. 法律优位原则

法律优位原则是指法律的效力高于行政立法的效力。该原则在税法中的作用主要体现在处理不同等级税法的关系上,它明确了税收法律的效力高于税收行政法规的效力,对此还可以进一步推论为,税收行政法规的效力优于税收行政规章的效力。效力低的税法与效力高的税法发生冲突时,效力低的税法是无效的。

2. 法律不溯及既往原则

法律不溯及既往原则是指一部新法实施后,对新法实施之前人们的行为不得适用新法,而只能沿用旧法。在税法领域内坚持这一原则,目的在于维护税法的稳定性和可预测性,使纳税人能在知道纳税结果的前提下做出相应的经济决策。这样,税收的调节作用才会较为有效。

3. 新法优于旧法原则

新法优于旧法原则也称后法优于先法原则,是指新法、旧法对同一事项有不同规定时,新法的效力优于旧法。其作用在于避免因法律修订带来的因新法、旧法对同一事项有不同的规定而引起的法律适用混乱,为法律的更新与完善提供法律适用上的保障。新法优于旧法原则在税法中普遍适用,但是当新税法与旧税法处于普通法与特别法的关系时,以及某些程序性税法引用"实体从旧,程序从新"原则时,可以有例外。

4. 特别法优于普通法的原则

该原则是指对同一事项两部法律分别定有一般和特别规定时,特别规定的效力高于一般规定的效力。特别法优于普通法原则打破了税法效力等级的限制,即居于特别法地位的、级别较低的税法,其效力可以高于作为普通法的、级别较高的税法。

5. 实体从旧、程序从新原则

这一原则的含义包括两个方面:一是实体税法不具溯及力。即在纳税义务的确定上,以纳税义务发生时的税法规定为准,实体性的税法规则不具有向前的溯及力。二是程序性税法在特定条件下具备一定的溯及力。即对于在新税法公布实施之前发生,却在新税法公布实施之后进入税款征收程序的纳税义务,原则上新税法具有约束力。

6. 程序优于实体原则

程序优于实体原则是指在诉讼发生时税收程序法优于税收实体法。这一原则主要是为了确保国家课税权的实现,不因争议的发生而影响税款的及时、足额入库。

【做中学 1-4】 2008 年 1 月 1 日前,企业所得税基本税率为 33%、申报缴纳的期限为 4 个月;2008 年 1 月 1 日后,企业所得税基本税率为 25%、申报缴纳的期限由 4 个月改为 5 个月。则甲企业在2008年年初汇算清缴2009年的企业所得税时,应适用的税率和纳税申报期限是什么呢?

【解析】

依据"实体从旧、程序从新"原则,甲企业应按33%的税率计算其2007年的企业所得税,并于2008年5月底前完成企业所得税的申报缴纳。

四、我国现行的税法体系

国家要根据本国的政治经济条件确立税收制度。一个国家在各个历史时期因其生产力发展水平、社会经济结构、税收征管水平和财政管理体制的不同,国家的税收制度体系也不尽相同,具体的征税办法也千差万别。

(一)我国现行税法体系的内容

1. 税收实体法体系

税收实体法主要是指确定税种立法,具体规定各税种的征收对象、征收范围、税目、税率、纳税地点等,是国家向纳税人行使征税权和纳税人负担纳税义务的要件,是税法的核心部分。就其实体法而言,我国的现行税制是中华人民共和国成立后经过几次较大的改革、逐步演变而来的,其主要是在1994年税制改革后形成的。按性质和作用的不同,可将全部税收大致分为以下五类:①商品和劳务税类,包括增值税、消费税和关税,主要在生产、流通或者服务业中发挥调节作用。②所得税类,包括企业所得税、个人所得税,主要是在国民收入形成后,对生产经营者的利润和个人的纯收入发挥调节作用。③资源税类,包括资源税、土地增值税、城镇土地使用税和环境保护税,主要是对因开发和利用自然资源差异而形成的级差收入发挥调节作用。④财产和行为税类,包括房产税、车船税、印花税和契税,主要是对某些财产和行为发挥调节作用。⑤特定目的税类,包括城市维护建设税、车辆购置税、耕地占用税、船舶吨税和烟叶税,主要是为了达到特定目的,对特定对象和特定行为发挥调节作用。

上述税种共计18个,除企业所得税、个人所得税、车船税、环境保护税、船舶吨税、烟叶税、车辆购置税、资源税、耕地占用税、城市维护建设税、契税及印花税是以国家法律的形式发布实施外,其他各税种暂时则是经全国人民代表大会授权立法、由国务院以暂行条例的形式发布实施的,这些法律法规共同组成了我国的税收实体法体系。另外,需注意的是,除了关税、船舶吨税、进口环节增值税和消费税由海关负责征收管理外,其他税种由税务机关负责征收。

2. 税收程序法体系

税收程序法是指以国家税收活动中所发生的程序关系为调整对象的税法,是规定国家征税权行使程序和纳税人纳税义务履行程序的法律规范的总称,主要包括税收征收管理法、纳税程序法、发票管理法、税务争议法等。税收程序法规定了如何具体实施税法,是税收法律体系的基本组成部分。除税收实体法外,我国对税收征收管理适用的法律制度,是按照税收管理机关的不同而分别规定的:

一是由税务机关负责征收的税种的征收管理,按照全国人大常委会发布实施的《税收征收管理法》及各实体税法中的征管规定执行。

二是由海关机关负责征收的税种的征收管理,按照《海关法》及《进出口关税条例》等有关规定执行。

（二）我国现行税法体系的级次

我国税收法律由于制定机关的不同，税收法律级次也不同。各机关根据立法体制制定的一系列的税收法律、法规、规章和规范性文件，构成了我国的税收法律体系。我国税收法律体系立法机关及级次具体如表1-4所示。

表1-4 我国现行税法体系的立法机关及级次

分类	立法机关	形式	示例
税收法律	全国人大及其常委会（正式立法）	法律	《中华人民共和国企业所得税法》《中华人民共和国个人所得税法》《中华人民共和国车船税法》《中华人民共和国税收征收管理法》等
	全国人大及其常委会授权国务院（授权立法）	暂行条例	《中华人民共和国增值税暂行条例》《中华人民共和国消费税暂行条例》等
税收法规	国务院（税收行政法规）	条例、暂行条例、实施细则	《中华人民共和国税收征收管理法实施细则》《中华人民共和国企业所得税法实施条例》等
	地方人大（税收地方性法规）		目前，仅限海南省、民族自治地区等特定地区。
税收规章	财政部、国家税务总局和海关总署（税收部门规章）	办法、规则、规定	《中华人民共和国增值税暂行条例实施细则》《中华人民共和国海关进出口税则》等
	省级地方政府（税收地方规章）		《中华人民共和国房产税暂行条例实施细则》等

任务二　纳税基本程序

一、税务登记

税务登记是税务机关对纳税人的生产经营活动进行登记，并据此对纳税人实施税务管理的一种法定制度。它是征纳双方法律关系成立的依据和证明，是纳税人必须履行的义务，也是整个税收征收管理的首要环节。

依据现行《税务登记管理办法》第二条的规定：除国家机关、个人和无固定生产经营场所的流动性农村小商贩外的纳税人，应按《税收征收管理法》《税收征收管理法实施细则》及《税务登记管理办法》的规定办理税务登记。根据税收法律、行政法规的规定，负有扣缴税款义务的扣缴义务人（除国家机关外），应按税收法规规定办理扣缴税款登记。税务登记的内容，包括设立税务登记、变更税务登记、停复业税务登记、跨区域涉税事项报验管理和注销税务登记。

（一）设立税务登记

2015年10月1日起，我国对企业全面推行工商营业执照、组织机构代码证、税务登记证"三证合一、一照一码"的登记制度。自2016年10月1日起,我国在企业全面实施"三证合一、一照一码"的登记制度的基础上,实施"五证合一、一照一码"的登记制度;同年12月1日,全国范围内开始实施个体工商户营业执照和税务登记证的"两证整合"。其中,"五证合一、一照一码"登记制度是指将由市场监督管理局核发工商营业执照、质量技术监督部门核发组织机构代码证、税务部门核发税务登记证、劳动保障行政部门核发社会保险登记证和统计部门核发统计登记证,改为一次申请、由市场监督管理局核发一个加载法人和其他组织统一社会信用代码营业执照的登记制度。在这种制度下,企业领取了加载有社会统一信用代码的营业执照后,不再领取税务登记证。需要明确的是,"多证合一"登记制度改革并非将税务登记取消,税务登记的法律地位仍然存在,只是政府简政放权,将此环节改为由市场监督管理局受理,核发一个加载法人和其他组织统一社会信用代码的营业执照,这个营业执照在税务机关完成信息再次确认后,具备税务登记证的法律地位和作用。

实行"多证合一、一照一码"登记模式的纳税人,在首次办理涉税事宜时,需要通过注册登记地税务主管机关的办税大厅或电子税务局,对税务机关依据市场监督管理等部门共享信息制作的《"多证合一"登记信息确认表》(见表1-5)进行确认,对其中不全的信息进行补充、对不准确的信息进行更正。

实行"两证整合"登记模式的纳税人,在首次办理涉税事宜时,需要通过注册登记地税务主管机关的办税大厅,或电子税务局对税务机关依据外部信息交换系统获取的登记表单信息及其他税务管理信息进行确认。

纳税人在完成信息确认后,凭加载了统一社会信用代码的营业执照代替税务登记证。依据现行的《税收征收管理法实施细则》第十八条的规定,除按规定不需要发给税务登记证件的外,纳税人办理下列事项时,必须持税务登记证件:开立银行账户;申请减税、免税、退税;申请办理延期申报、延期缴纳税款;领购发票;申请开具外出经营活动税收管理证明;办理停业、歇业;其他有关税务事项。

(二)变更税务登记

变更税务登记是指纳税人办理设立税务登记后,因登记内容发生变化,持有关证件向原税务登记机关申报办理变更涉税信息。

实行"多证合一、一照一码"登记模式的纳税人,应当自市场监督管理局办理变更登记之日或自税务登记内容实际发生变化之日起30日内,持经办人(代理人)身份证件、变更信息的有关资料或证明材料复印件向有关机构申请办理涉税信息变更登记,并填报《变更税务登记表》。其中,若属于市场监管等部门登记信息发生变更的,纳税人应向市场监管等部门申报办理变更登记。税务机关接收市场监管等部门变更信息,经纳税人确认后更新系统内的对应信息;若属于生产经营地、财务负责人等非市场监管等部门的登记信息发生变化,纳税人应向主管税务机关申报办理变更。

实行"两证整合"的个体工商户信息发生变化的,应当自市场监督管理局办理变更登记之日或自税务登记内容实际发生变化之日起30日内,向市场监督管理部门申报信息变更,税务机关接收市场监督管理部门变更的信息,经纳税人确认后更新系统内的对应信息。经纳税人申请,也可由税务机关发起变更。其中,纳税人名称、纳税人识别号、业主姓名、经营范围不能由税务机关发起。

表1-5 "多证合一"登记信息确认表

尊敬的纳税人：

以下是您在市场监督管理局办理注册登记时提供的信息。为保障您的合法权益,请您仔细阅读,对其中不全的信息进行补充,对不准的信息进行更正,对需要更新的信息进行补正,以便为您提供相关服务。

一、以下信息非常重要,请您务必仔细阅读并予以确认

纳税人名称			统一社会信用代码			
登记注册类型		批准设立机关			开业(设立)日期	
生产经营期限起		生产经营期限止		注册地址邮政编码	注册地址联系电话	
注册地址						
生产经营地址						
经营范围						
注册资本		币种		金额		
投资方名称		证件类型	证件号码	投资比例	国籍或地址	
…		…	…	…	…	
—	姓名	证件类型	证件号码	固定电话	移动电话	
法定代表人						
财务负责人						

二、以下信息比较重要,请您根据您的实际情况予以确认

法定代表人电子邮箱			财务负责人电子邮箱	
投资总额		币种	金额	

若您是总机构,请您确认

分支机构名称		分支机构统一社会信用代码	
分支机构名称		分支机构统一社会信用代码	
…		…	

若您是分支机构,请您确认

总机构名称		总机构统一社会信用代码	

经办人：　　　　　　　　　　　　纳税人(签章)

年　　月　　日

(三) 停业复业登记

停业复业登记是指实行定期定额征收方式的纳税人,因自身经营的需要暂停经营或恢复经营而向主管税务机关申请办理的税务登记手续。

第一,停业登记。实行定期定额征收方式的纳税人需要停业的,应当在停业前通过主管税务机关办税大厅或电子税务局申报办理停业报告,停业期限不得超过1年。在申报办理停业报告时,应如实填写《停业复业报告书》,说明停业理由、停业期限、停业前的纳税情况和发票的领、用、存情况,并结清应纳税款、滞纳金、罚款。税务机关应收存其发票领购簿、未使用完的发票和其他税务证件。需要注意的是:纳税人停业未按规定向主管地方税务机关申请停业登记的,应视为未停止生产经营;纳税人在批准的停业期间进行生产经营或发生纳税义务的,应当按照税收法律、行政法规的规定办理纳税申报并缴纳税款;纳税人停业期满不能及时恢复生产经营的,应当在停业期满前到税务机关办理延长停业登记。

第二,复业登记。纳税人应当在恢复生产经营之前,通过主管税务机关办税大厅或电子税务局申报办理复业报告,如实填写《停业复业报告书》,领回并启用发票领购簿及其停业前领购的发票和其他税务证件生产经营,以实施正常的税收征管。

(四) 跨区域涉税事项报验管理

依据税总发〔2017〕103号、国家税务总局公告2018年第38号文件的规定:自2017年10月30日起,将"外出经营活动税收管理"更名为"跨区域涉税事项报验管理",取消跨区域涉税事项报验管理的固定有效期,并开始实行跨区域涉税事项报验管理信息的电子化。

跨区域涉税事项报验管理作为现行的税收征管的一项基本制度,主要解决跨区域经营纳税人的税收收入,及征管职责在机构所在地与经营地之间划分问题的管理方式,对维持税收属地原则、防止漏征漏管和重复征收具有重要的作用。依据现行规定可知:纳税人跨省(自治区、直辖市和计划单列市)临时从事生产经营活动的,应向税务机关申请办理跨区域涉税事项报验管理;纳税人在省(自治区、直辖市和计划单列市)内跨县(市)临时从事生产经营活动的,是否实施跨区域涉税事项报验管理由各省(自治区、直辖市和计划单列市)税务机关自行确定。跨区域涉税事项报验管理主要包括报告、报验和信息反馈三方面的内容。

1. 跨区域涉税事项报告

纳税人在外出经营前:具备网上办税条件的,可通过电子税务局向机构所在地的主管税务机关填报《跨区域涉税事项报告表》(见表1-6);不具备网上办税条件的,应向主管税务机关办税服务厅填报《跨区域涉税事项报告表》,并出示加载统一社会信用代码的营业执照副本(未换照的出示税务登记证副本)或加盖纳税人公章的副本复印件。

2. 跨区域涉税事项报验

纳税人首次在经营地办理涉税事宜时,应向经营地的税务机关报验跨区域涉税事项。不具备网上办税条件的纳税人报验跨区域涉税事项时,应当出示加载统一社会信用代码的营业执照副本(未换照的出示税务登记证副本)或者加盖纳税人印章的副本复印件。

3. 跨区域涉税事项信息反馈

纳税人跨区域经营活动结束后,应当结清经营地的税务机关的应纳税款及其他涉税事项,向经营地的税务机关填报《经营地涉税事项反馈表》(见表1-7)。经营地的税务机关核对《经营地涉税事项反馈表》后,及时将相关信息反馈给机构所在地的税务机关。机构所在地的税务机关要设置专岗,负责接收经营地的税务机关反馈信息,及时以适当方式告知纳税人,并适时对纳税人的已抵减税款、在经营地的已预缴税款和应预缴税款进行分析、比对,发现疑点的,及时推送至风险管理部门或者稽查部门以组织应对。

表 1-6 跨区域涉税事项报告表

纳税人名称			纳税人识别号 (统一社会信用代码)		
经办人			座机		手机
跨区域涉税事项联系人			座机		手机
跨区域 经营地址		____省(自治区/市)____市(地区/盟/自治州)____县(自治县/旗/自治旗/市/区) ____乡(民族乡/镇/街道)____村(路/社区)____号			
经营方式		建筑安装☐　装饰修饰☐　修理修配☐　加工☐ 批发☐　　零售☐　　批零兼营☐　零批兼营☐　其他☐			
合同名称				合同编号	
合同金额			合同有效期限	年 月 日至 年 月 日	
合同相对方名称			合同相对方纳税人识别号 (统一社会信用代码)		
延长有效期	跨区域涉税事项报验管理编号			税跨报〔　〕号	
	最新有效期止			至　年　月　日	

纳税人声明:我承诺,上述填报内容是真实的、可靠的、完整的,并愿意承担相应法律责任。
　　经办人:　　　　　纳税人(盖章)
　　　　　　　　　　　　　　　　　　　　　　　　　　　年　月　日

税务机关事项告知:纳税人应当在跨区域涉税事项报验管理有效期内、在经营地从事经营活动,若合同延期,可向经营地或机构所在地的税务机关办理报验管理有效期的延期手续。

以下由税务机关填写

跨区域涉税事项报验管理编号:		税跨报〔　〕号
经办人:　　　负责人:		
		税务机关(盖章) 年　月　日
税务机关联系电话:		
跨区域涉税事项报验管理有效日期	自　年　月　日起至	年　月　日
延长后的跨区域涉税事项报验管理有效日期	自　年　月　日起至	年　月　日

【填表说明】
(1)本表由纳税人在跨区域经营活动前向税务机关报告,以及在办理跨区域涉税事项报验管理有效期延期时填报。纳税人在跨区域经营活动前向机构所在地的税务机关填报,在办理报验管理有效期延期时向经营地或机构所在地的税务机关填报。
(2)本表一式二份,纳税人、机构所在地或经营地的税务机关各留存一份。
(3)"纳税人识别号(统一社会信用代码)"栏,未换领加载统一社会信用代码营业执照的纳税人填写原15位纳税人识别号,已领用加载统一社会信用代码营业执照的纳税人填写18位统一社会信用代码。
(4)"经办人"栏填写办理《跨区域涉税事项报告表》的人员;"跨区域涉税事项联系人"栏填写负责办理

跨区域经营活动具体涉税事宜的人员。"座机""手机"栏务必准确填写,以方便联系沟通,尤其是方便税务机关及时反馈办理进程。

(5)"经营方式"栏,按照实际经营情况在对应选项"□"里打"√"。

(6)"合同名称"和"合同编号"栏,按照同一份合同的名称和编号填写。

(7)"合同相对方纳税人识别号(统一社会信用代码)"栏,根据合同相对方的实际情况填写,若合同相对方无纳税人识别号(统一社会信用代码),可不填写。

(8)"跨区域涉税事项报验管理编号""最新有效期止"栏,由办理报验管理有效期延期的纳税人填写。

(9)纳税人因合同延期,需办理报验管理有效期延期的,重新使用本表,但只填写"纳税人名称""纳税人识别号(统一社会信用代码)"以及"延长有效期"栏次,并签章。

表1-7 经营地涉税事项反馈表

纳税人名称					
纳税人识别号(统一社会信用代码)		跨区域涉税事项报验管理编号	税跨报〔 〕号		
实际经营期间	自 年 月 日起至 年 月 日				
货物存放地点					
合同包含的项目名称	预缴税款征收率	已预缴税款金额	实际合同执行金额	开具发票金额(含自开和代开)	应补预缴税款金额
合计金额					
经办人: 纳税人(盖章): 年 月 日		税务机关意见: 经办人: 税务机关(盖章): 年 月 日			

【填表说明】

(1)本表由纳税人在跨区域经营活动结束时填写,向经营地的税务机关填报。税务机关受理后,纳税人可索取《税务事项通知书》(受理通知)。

(2)本表一式一份,由经营地的税务机关留存。

(3)"纳税人识别号(统一社会信用代码)"栏,未换领加载统一社会信用代码营业执照的纳税人填写原15位纳税人识别号,已领用加载统一社会信用代码营业执照的纳税人填写18位统一社会信用代码。

(4)"跨区域涉税事项报验管理编号"栏填写原《跨区域涉税事项报告表》中注明的管理编号。

(5)"实际经营期间"栏填写实际经营开始日期和经营结束日期。

(6)"货物存放地点"栏填写跨区域经营货物的具体存放地点,要明确填写到区、街及街道号。若无跨区经营货物的,此栏不需要填写。

(7)"预缴税款征收率"栏按预缴税款时适用的征收率填写。

(8)"已预缴税款金额"栏填写已向经营地税务机关预缴的增值税税款的累计金额(金额单位:元,下同)。

(9)纳税人结清经营地的税务机关的应纳税款,以及办结其他涉税事项后,才能向经营地的税务机关填报本表。

(五)注销税务登记

注销税务登记是纳税人由于出现依法终止纳税义务的情形,向原主管税务机关申请办理的注销税务登记的手续。这些情形包括:纳税人因发生解散、破产、撤销等情形,依法终止纳税义务的;按规定不需要在市场监督管理局或者其他机关办理注销登记的,但经有关机关批准或者宣告终止的;纳税人被市场监督管理局吊销营业执照或者被其他机关予以撤销登记的;境外企业在中华人民共和国境内承包建筑、安装、装配、勘探工程和提供劳务,项目完工、离开中国的;外国企业常驻代表机构驻在期届满、提前终止业务活动的;非境内注册居民企业经确认终止居民身份的;纳税人因住所、经营地点变动,涉及改变税务登记机关的。其中,纳税人被有关部门吊销营业执照,或不需要在市场监督管理局等相关机关办理注销登记的,应分别在营业执照被吊销或被撤销之日、有关部门批准或宣告注销之日起15日内去申报办理注销税务登记。

针对企业"注销难"问题,税总发〔2018〕149号、税总发〔2019〕64号文件的规定:推行清税证明免办、税务注销即办服务,创新推出"承诺制"容缺办理,简化资料和流程。具体来说,需区分以下情形,并分别处理。

1. 适用税务注销即办流程办理的

第一,对向市场监管部门申请简易注销的纳税人,符合下列情形之一的,可免予到税务机关办理清税证明,直接向市场监管部门申请办理注销登记:一是未办理过涉税事宜的;二是办理过涉税事宜但未领用发票、无欠税(滞纳金)及罚款的。但若纳税人主动到税务机关办理清税,要求取得清税文书:对未办理过涉税事宜的纳税人,税务机关可根据纳税人提供的营业执照即时出具清税文书。而对办理过涉税事宜,但未领用发票、无欠税(滞纳金)及罚款的纳税人,资料齐全的,税务机关即时出具清税文书;资料不齐的,可采取"承诺制"容缺办理,在其作出承诺后,即时出具清税文书。

第二,对向市场监管部门申请一般注销的纳税人,若未处于税务检查状态、无欠税(滞纳金)及罚款、已缴销发票及税控专用设备,且符合下列情形之一,适用税务注销即办流程,即资料齐全的,税务机关即时出具清税文书;资料不齐的,可采取"承诺制"容缺办理,在其作出承诺后,即时出具清税文书:一是纳税信用级别为A级和B级的纳税人;二是控股母公司纳税信用级别为A级的M级纳税人;三是省级人民政府引进人才或经省级以上行业协会等机构认定的行业领军人才等创办的企业;四是未纳入纳税信用级别评价的定期定额个体工商户;五是未达到增值税纳税起征点的纳税人。纳税人应按承诺的时限补齐资料并办结相关事项。对于未履行承诺的,税务机关将对其法定代表人、财务负责人纳入纳税信用D级管理。

第三,经人民法院裁定宣告破产,持人民法院终结破产程序裁定书、向税务机关申请税务注销的纳税人,税务机关即时出具清税文书,按照有关规定核销"死欠"。

2. 适用税务注销一般流程处理的

纳税人申报办理税务注销时,不适用税务注销即办流程的,按税务注销一般流程限时办理,即纳税人需向税务机关提交相关证明文件和资料,向税务主管机关申报清税,并向税务主管机关填报《注销税务登记申请审批表》或《清税申报表》、结清税款、缴销发票及相关税务证件。经税务机关核准后,办理注销税务登记手续。

二、发票管理

(一) 认识发票

发票是指在购销商品、提供或接受服务以及从事其他经营活动中,开具、收取的收付款凭证。它是确定经济收支行为发生的证明文件,是财务收支的法定凭证和会计核算的原始凭据,也是税务检查的重要依据。

依据我国现行的《税收征收管理法》的规定,税务机关是发票的主管机关,负责发票印制、领购、开具、取得、保管、缴销的管理和监督。按照用途不同,发票可以分为增值税专用发票和增值税普通发票两类。其中,税控发票是指使用增值税发票管理系统开具的发票,包括增值税专用发票(折叠式)、增值税电子专用发票、增值税普通发票(折叠式、卷式、电子发票)、机动车销售统一发票、二手车销售统一发票;非税控发票是指不使用增值税发票管理系统开具的发票,包括通用机打发票(折叠式、卷式)、定额发票(订本式)、其他特殊发票(如电子客票行程单、景区门票等)。

依据我国现行的《税收征收管理法》的规定:增值税专用发票由国务院税务主管部门指定的企业印制;其他发票,按国务院税务主管部门的规定,分别由省、自治区、直辖市国家税务局指定企业印制。未经规定的税务机关指定,不得印制发票。

【想一想1-6】 2021年4月24日,深圳市民陈书伟花10.5元买了一张从深圳北至深圳坪山的D2281次动车票。此后,因认为该火车票不属于法定发票,要求售票方广深铁路股份有限公司(后文简称,广深公司)提供加盖公章的正式发票未果,随后分别向多个部门申请信息公开搜集证据后,将广深公司告上法庭。

陈书伟认为:一是广深公司应当向其提供符合现行《发票管理办法》规定的发票;二是火车票上标注的"深圳北售",不是广深公司,这构成欺诈。相关机构应当承担赔偿责任,该市民请求向其赔偿500元。

火车票是发票吗?谈谈你的想法及理由。

(二) 发票的领购

1. 经常使用发票

需要领购发票的单位和个人,应当持加载统一社会信用代码的营业执照副本(未换照的出示税务登记证副本)、经办人身份证或其他有关证明、按国务院税务主管部门规定式样制作的发票专用章的印模等,填写纳税人领购发票票种核定表,通过主管税务机关办税大厅或电子税务局申请领购发票。主管税务机关根据领购单位和个人的经营范围、规模,确认领购发票的种类、数量及领购方式,在5个工作日内发放发票领购簿,纳税人凭发票领购簿领购发票。

在完成了票种核定后,新办纳税人还涉及增值税专用发票最高开票限额审批、增值税税控系统专用设备初始发行、发票领用等涉税事项。其中,领用增值税专用发票的增值税一般纳税人和纳入自行开具增值税专用发票范围的增值税小规模纳税人,在初次领购增值税专用发票时需持经办人(或代理人)身份证件,填写《增值税专用发票最高开票限额申请单》,通过主管税务机关办税大厅或电子税务局,向主管税务机关申请办理增值税专用发票最高开票限额审批。

2. 临时使用发票

需要临时使用发票的单位和个人,可以凭购销商品、提供或接受服务及从事其他经营活动的书面证明、经办人身份证明或其他相关证明,直接向经营地税务机关申请代开发票。税务机关根据发票管理的需要,可以按照国家税务主管部门的规定委托其他单位代开发票。

对跨地区临时使用发票的单位和个人,分情形处理:在省、自治区及直辖市以外从事临时经营活动的单位和个人,应凭所在地税务机关的证明,向经营地税务机关提供保证人或缴纳不超过1万元的保证金以申请领购经营地的发票;在本省、自治区、直辖市以内从事临时经营活动的单位和个人,领购发票的办法由省、自治区、直辖市税务机关规定。纳税人领用发票票种核定表如表1-8所示。

表1-8 纳税人领用发票票种核定表

纳税人识别号							
纳税人名称							
领票人		联系电话		身份证件类型		身份证件号码	
发票种类名称	发票票种核定操作类型	单位(数量)	每月最高领票数量	每次最高领票数量	持票最高数量	定额发票累计领票金额	领票方式

纳税人(签章)
经办人: 　　　　法定代表人(业主、负责人): 　　　　　　　填表日期: 　年 月 日
发票专用章印模:

【有关表格的说明】

(1) 本表依据《中华人民共和国发票管理办法》第十五条设置。

(2) 适用范围:本表适用于需要领用发票的单位和个人,向主管税务机关办理发票领用手续时使用。

【填表说明】

(1) 身份证件类型:是指领票人的居民身份证、护照或者其他能证明经办人身份的证件;

(2) 发票种类名称:根据《发票种类代码表》的"名称"列填写,详见附件;
(3) 申请发票票种核定操作类型:填写增加、变更或删除;
(4) 领票方式:填写验旧领新、交旧领新、批量供应或其他;
(5) 本表一式一份,由纳税人主管税务机关留存。

(三) 发票的使用及违章处罚

1. 发票开具和保管注意事项

按照我国现行《发票管理办法》及《发票管理办法实施细则》的规定,发票在开具和保管时一般应注意下列问题:

第一,对外发生经营业务收取款项时,收款方应向付款方开具发票;特殊情况下由付款方向收款方开具发票。取得发票时,不得要求变更品名和金额。

第二,发票应按照规定的时限、顺序、栏目、全部联次一次性如实开具,并加盖发票专用章。禁止虚开发票的行为:一是禁止为他人、为自己开具与实际经营业务情况不符的发票;二是禁止让他人为自己开具与实际经营业务情况不符的发票;三是禁止介绍他人开具与实际经营业务情况不符的发票。

第三,安装税控装置的单位和个人,应当按照规定使用税控装置以开具发票,并按期向主管税务机关报送开具发票的数据。使用非税控电子器具开具发票的,应当将非税控电子器具使用的软件程序的说明资料报主管税务机关备案,并按照规定保存、报送开具发票的数据。

第四,任何单位和个人应按发票管理规定使用发票,不得有下列行为:一是转借、转让、介绍他人转让发票、发票监制章和发票防伪专用品;二是知道或应当知道是私自印制、伪造、变造、非法取得或者废止的发票而受让、开具、存放、携带、邮寄、运输;三是拆本使用发票;四是扩大发票使用范围;五是以其他凭证代替发票使用;六是除国务院规定的特殊情形外,禁止携带、邮寄或运输空白发票出入境。

第五,应建立发票使用登记制度,设置发票登记簿;已经开具的发票存根联和发票登记簿,应当保存5年;保存期满,报经税务机关查验后销毁。

2. 发票使用的违规操作处罚

第一,有下列情形之一的,由税务机关责令改正,可以处1万元以下的罚款;有违法所得的予以没收:应当开具而未开具发票,或者未按照规定的时限、顺序、栏目,全部联次一次性开具发票,或者未加盖发票专用章的;使用税控装置开具发票,未按期向主管税务机关报送开具发票的数据的;使用非税控电子器具开具发票,未将非税控电子器具使用的软件程序说明资料报主管税务机关备案,或者未按照规定保存、报送开具发票的数据的;拆本使用发票的;扩大发票使用范围的;以其他凭证代替发票使用的;跨规定区域开具发票的;未按照规定缴销发票的;未按照规定存放和保管发票的。

第二,有下列情形之一的,由税务机关处1万元以上5万元以下的罚款;情节严重的,处5万元以上50万元以下的罚款;有违法所得的予以没收:转借、转让、介绍他人转让发票、发票监制章和发票防伪专用品的;知道或者应当知道是私自印制、伪造、变造、非法取得或者废止的发票而受让、开具、存放、携带、邮寄、运输的。

第三,私自印制、伪造、变造发票,非法制造发票防伪专用品,伪造发票监制章的,由税务机关没收违法所得,没收、销毁作案工具和非法物品,并处1万元以上5万元以下的罚款;情节严重的,并处5万元以上50万元以下的罚款;对印制发票的企业,可以并处吊销发票准印证;构成犯罪的,依法追究刑事责任。

第四,虚开发票的,由税务机关没收违法所得;虚开金额在1万元以下的,可以并处5万元以下的罚款;虚开金额超过1万元的,并处5万元以上50万元以下的罚款;构成犯罪的,依法追究刑事责任。非法代开发票的,依照该规定处罚。

第五,跨规定的使用区域携带、邮寄、运输空白发票,以及携带、邮寄或者运输空白发票出入境的,由税务机关责令改正,可以处1万元以下的罚款;情节严重的,处1万元以上3万元以下的罚款;有违法所得的予以没收。丢失发票或者擅自损毁发票的,依照该规定处罚。

第六,违反发票管理法规,导致其他单位或者个人未缴、少缴或者骗取税款的,由税务机关没收违法所得,可以并处未缴、少缴或者骗取的税款1倍以下的罚款。

【做中学1-5】 甲超市财务科应客户要求在开具增值税发票时,将客户购买的"日用洗护用品"更换填写为"办公用品",使得对方少缴增值税、所得税等共计1 500元。请问上述行为会受到怎样的处罚?

【解析】

依据现行《发票管理办法》第二十条的规定:所有单位和从事生产、经营活动的个人在购买商品、接受服务以及从事其他经营活动支付款项时,应当向收款方取得发票。取得发票时,不得要求变更品名和金额。

依据现行《发票管理办法》第二十二条的规定:任何单位和个人不得有下列虚开发票行为:为他人、为自己开具与实际经营业务情况不符的发票;让他人为自己开具与实际经营业务情况不符的发票;介绍他人开具与实际经营业务情况不符的发票。

该企业违反上述有关法规的规定,导致其他单位少缴税款1 500元,应由税务机关没收非法所得,可以并处少缴税款1倍以下的罚款。

【想一想1-7】 若上述例子中超市变更发票项目并没有导致客户少缴纳税款,会被处罚吗?

三、账簿凭证管理与纳税申报

(一)账簿凭证管理

1. 账簿凭证管理的主体

从事生产、经营的纳税人自领取营业执照或发生纳税义务之日起15日内,按国家有关规定设置账簿。

扣缴义务人自税收法律、行政法规规定的扣缴义务发生之日起10日内,按所代扣、代收的税种,分别设置代扣代缴、代收代缴税款账簿。

2. 账簿凭证管理的主要要求

第一,从事生产、经营的纳税人应自领取税务登记证件之日起15日内,将其财务、会计制度或财务、会计处理办法报送主管税务机关备案;使用计算机记账的,应在使用前将会计电算化系统的会计核算软件、使用说明书及有关资料报送主管税务机关备案。

第二,账簿、会计凭证和报表,应当使用中文。民族自治地方可以同时使用当地通用的一种民族文字。外商投资企业和外国企业可以同时使用一种外国文字。

第三,账簿、记账凭证、报表、完税凭证、发票、出口凭证以及其他有关涉税资料应当合法、真实、完整,且应当保存10年。

(二)纳税申报

纳税申报,是指纳税人按照税法规定的期限和内容向税务机关提交有关纳税事项书面报告的法律行为。它是纳税人履行纳税义务、承担法律责任的主要依据,是税务机关税收管理信息的主要来源和税务管理的一项重要制度。

1. 纳税申报的主体及报送资料

凡是按照国家法律、行政法规的规定负有纳税义务的纳税人或扣缴义务人(含享受减税、免税的纳税人),无论本期有无应纳、应缴税款,都必须按税法规定的期限如实向主管税务机关办理纳税申报。

其中,纳税人应按规定报送纳税申报表,财务会计报表,与纳税有关的合同、协议及凭证,电子报税资料,外出经营活动税收管理证明和异地完税凭证及税务机关根据实际需要要求纳税人报送的其他纳税资料。扣缴义务人应按规定报送代扣代缴、代收代缴税款报告表,税务机关根据实际需要要求扣缴义务人报送的其他有关资料。

2. 纳税申报的方式

在实际的工作中,纳税人、扣缴义务人可以直接到税务机关办理纳税申报或报送代扣代缴、代收代缴税款报告表,也可以按照规定采取邮寄、数据电文或其他方式办理上述申报纳税事宜。目前,纳税申报的方式主要有以下三种:

第一,直接申报。直接申报是指纳税人或扣缴义务人在规定的申报期限内,自行到主管税务机关大厅办理纳税申报或代扣代缴、代收代缴税款报告的申报方式。该方式是一种比较传统的纳税申报方式。

第二,邮寄申报。邮寄申报是指经税务机关批准的纳税人、扣缴义务人将相关纳税资料通过邮寄向主管税务机关办理纳税申报的方式。采用邮寄申报方式纳税的,应当使用统一的纳税申报专用信封,并以邮政部门收据作为申报凭据,以邮件寄出的邮戳日期为实际申报日期。

第三,数据电文申报。数据电文申报也称电子申报,是指经税务机关批准的纳税人、扣缴义务人通过电话语音、电子数据交换和网络传输等向主管税务机关办理纳税申报的方式。随着互联网技术的普及,网上申报成了各申报方式中最普遍的一种方式。

【做中学1-6】 李四投资创办了一家装修公司,并办理了合法的经营手续。但由于经营不善,开业一年以来一直没有盈利,所以也就没有向税务机关进行纳税申报。税务机关在对其检查时要求其限期改正,并对其进行了处罚。而他坚持认为自己是亏损经营、不应该纳税,就不需要进行纳税申报,更不应该受到处罚。请问:李四的理由成立吗?

【解析】

依据现行《税收征收管理法实施细则》第三十二条的规定:纳税人在纳税期内没有应纳税款的,也应当按照规定办理纳税申报。纳税人享受减税、免税待遇的,在减税、免税期间应当按照规定办理纳税申报。

因此,李四的理由不成立,应按真实的经营情况依法进行纳税申报。这里需要注意的是:纳税申报并不等同于缴纳税款。

四、税款征收与缴纳

(一) 税款征收原则和方式

1. 税款征收原则

税款征收是指税务机关依照税收法律、行政法规的规定,将纳税人应纳税款组织征收入库的一系列活动的总称。它是税务管理工作的中心环节,一般应遵循下列原则:

第一,税务机关是征税的唯一行政主体。除税务机关、税务人员以及经税务机关依照法律、行政法规委托的单位和人员外,任何单位和个人不得进行税款征收活动。

第二,税务机关只能依照法律、行政法规的规定征税。不得违反法律、行政法规的规定开征、停征、多征、少征、提前或延缓征收、摊派税款。

第三,税务机关征收税款必须遵守法定权限和法定程序。

第四,税务机关征收税款、扣押查封商品货物及其他财产时,需向纳税人开具完税凭证及开付扣押查封的收据或清单。

第五,税款、滞纳金、罚款统一由税务机关上缴国库。

第六,税款优先原则:税收优先于无担保的债权;纳税人发生的欠税在前的,税收优先于抵押权、质权和留置权的执行;税收优先于罚款、没收非法所得。

2. 税款征收方式

税款征收方式是指税务机关根据税收法律、法规和纳税人生产经营、财务管理状况,本着保证国家税款及时足额入库、便于征收的原则而采取的具体组织税款入库的方法。我国现行税款征收方式主要有以下几种:

一是查账征收。查账征收是指税务机关对会计核算制度比较健全的纳税人,依据其报送的纳税申报表、财务会计报表和其他有关纳税资料,计算应纳税款,填写缴款书或完税凭证,由纳税人到银行划解税款的征收方式。这种方式一般适用于经营规模较大、财务会计制度较为健全、能够正确计算应纳税款并如实履行纳税义务的纳税人。

二是核定征收。核定征收具体又包括查定征收、查验征收和定期定额征收。其中,查定征收是指税务机关对财务不全,但能控制其材料、产量或进销货物的纳税单位和个人,根据纳税户正常条件下的生产能力,对其生产的应税产品确定产量、销售额并据以核算税款的一种征收方式。这种方式适用于生产规模较小、会计核算不健全、产品零星但能控制原料的作坊式小企业。查验征收是指税务机关对纳税人的应税商品,通过查验数量,按市场一般销售单价计算其销售收入,并据以计算应纳税款的一种征收方式。这种方式适用于财务会计和制度不健全、生产经营不稳定、税源分散的临时从事生产经营的纳税人。定期定额征收是指对某些营业额、利润额不能准确计算的小型个体工商户,采取自报评议,由税务机关定期确定营业额和所得额附征率,多税种合并征收的一种征收方式。这种方式适用于一些无完整考核依据的纳税人。

三是扣缴征收。扣缴征收包括代扣代缴和代收代缴,目的在于对零星分散、不易征收控管的税源实行源泉控制。其中,代扣代缴是指按照税法规定,负有扣缴税款义务的单位和个人,负责对纳税人应纳的税款进行扣缴,并定期向税务机关解缴所扣税款的一种方式。例如,依照现行个人所得税法的规定,单位或个人在向个人支付工资薪金、劳务报酬等所得时,应代扣代缴个人所得税。而代收代缴是指按照税法规定,负有收缴税款义务的单位和个人,负责对纳税人应纳的税款进行收缴,并定期向税务机关解缴所收税款的一种方式。例如,依照现行车船税法规的规定,从事机动车交通事故责任强制保险业务的保险机构为机动车车船税的扣缴义务人,在向应税车船的所有人或管理人收取交通事故责任强制保险的同时,应依法代收代缴车船税。

四是委托代征。委托代征是指受委托的有关单位按照税务机关核发的代征证书的要求,以税务机关的名义向纳税人征收一些零星税款的方式。该方式适用于零星、分散和流动性大的税款征收。

(二) 税款征收缴纳制度

1. 延期缴纳税款制度

纳税人和扣缴义务人应在税法规定的期限内缴纳或解缴书款。但考虑到纳税人在履行纳税义务时可能会遇到一些客观情况,为了保护纳税人合法权益。我国《税收征收管理法》第三十一条规定:纳税人、扣缴义务人按照法律、行政法规规定或者税务机关依照法律、行政法规的规定确定的期限,缴纳或者解缴税款。纳税人因有特殊困难,不能按期缴纳税款的,经省、自治区、直辖市国家税务局、地方税务局批准,可以延期缴纳税款,但是最长不得超过三个月。具体办理要点如下:

第一,纳税人需要延期缴纳税款的,应当在缴纳税款期限届满前提出申请,并报送下列材料:申请延期缴纳税款报告,当期货币资金余额情况,所有银行存款账户的对账单,资产负债表,应付职工工资和社会保险费等税务机关要求提供的支出预算。

第二,省、自治区、直辖市的国家税务总局主管税务机关,自收到延期缴纳税款的报告之日起20日内作出批准与否的决定。延期期限最长不能超过3个月,期满后需按时缴纳,同一笔税款不得滚动审批。

【想一想1-8】 延期缴纳税款等同于延期纳税申报并延期纳税吗?

2. 税收滞纳金征收制度

我国《税收征收管理法》第三十二条规定:纳税人未按规定期限缴纳税款的,扣缴义务人未按照规定期限解缴税款的,税务机关除责令限期缴纳外,从滞纳税款之日起,按日加收滞纳税款0.05%的滞纳金。

【做中学1-7】 甲商场按照现行税法的规定,应于2019年9月15日前缴纳税款30万元,但该商场却迟迟未交。直到同年11月15日,该企业才缴纳税款。根据现行《税收征收管理法》的规定,计算该企业应缴纳的滞纳金。

【解析】

该企业应缴纳税款的期限是9月15日,即从9月16日滞纳税款,9月16日至11月15日,滞纳天数共计=15+31+15=61(天)

$$应缴纳的滞纳金 = 300\,000 \times 61 \times 0.05\% = 9\,150(元)$$

3. 税收减免制度

根据我国现行《税收征收管理法》第三十三条的规定:纳税人可以依照法律、行政法规的规定办理减税、免税。减税、免税的申请须经法律、行政法规规定的减税、免税审查批准机关审批。

需要注意的有两点:一是纳税人享受减免税待遇期间,仍应按规定办理纳税申报;二是纳税人同时从事减免税和非减免税项目的,应分别核算,否则不能享受减免税待遇。

4. 税额核定和调整制度

第一,税额核定制度。依据《税收征收管理法》第三十五条的规定:纳税人有下列情形之一的,税务机关有权核定其应纳税额:依照法律、行政法规的规定可以不设置账簿的;依照法律、行政法规的规定应当设置账簿但未设置的;擅自销毁账簿或者拒不提供纳税资料的;虽设置账簿,但账目混乱或者成本资料、收入凭证、费用凭证残缺不全,难以查账的;发生纳税义务,未按照规定的期限办理纳税申报,经税务机关责令限期申报,逾期仍不申报的;纳税人申报的计税依据明显偏低,又无正当理由的。税务机关核定应纳税额的具体程序和方法由国务院税务主管部门规定。

第二,税额调整制度。依据《税收征收管理法》第三十六条的规定:企业或者外国企业在中国境内设立的从事生产、经营的机构、场所与其关联企业之间的业务往来,应当按照独立企业之间的业务往来收取或者支付价款、费用;不按照独立企业之间的业务往来收取或者支付价款、费用,而减少其应纳税的收入或者所得额的,税务机关有权进行合理调整。

5. 税收保全措施

税收保全措施是指税务机关在规定的纳税期之前,对有逃避纳税义务行为的纳税人,可采取限制其处理可用作缴纳税款的存款、商品、货物等财产的一种行政强制措施。

依据我国现行《税收征收管理法》第三十八条的规定:税务机关有根据认为从事生产、经营的纳税人有逃避纳税义务行为的,可以在规定的纳税期之前,责令限期缴纳应纳税款;在限期内发现纳税人有明显的转移、隐匿其应纳税的商品、货物以及其他财产或者应纳税的收入的迹象的,税务机关可以责成纳税人提供纳税担保。如果纳税人不能提供纳税担保,经县以上税务局(分局)局长批准,税务机关可采取下述措施:一是书面通知纳税人开户银行或者其他金融机构冻结纳税人的金额相当于应纳税款的存款;二是扣押、查封纳税人的价值相当于应纳税款的商品、货物或者其他财产,但不包括个人及其所扶养家属维持生活必需的住房和用品。

6. 税收强制执行措施

税收强制执行措施是指纳税人、扣缴义务人不按照规定的期限缴纳或者解缴税款,纳税担保人不按照规定的期限缴纳所担保的税款,或者当事人不履行税收法律、行政法规规定的义务,税务机关依法采取的强制追缴手段。

依据我国现行《税收征收管理法》第四十条的规定:从事生产、经营的纳税人、扣缴义务人未按照规定的期限缴纳或者解缴税款,纳税担保人未按照规定的期限缴纳所担保的税款,由税务机关责令限期缴纳,逾期仍未缴纳的,经县以上税务局(分局)局长批准,税务机关可以采取下列措施:一是书面通知其开户银行或者其他金融机构从其存款中扣缴税款和滞纳金;二是扣押、查封、依法拍卖或变卖商品、货物或者变卖其价值相当于应纳税款和滞纳金的商品、货物或者其他财产,但不包括个人及其所扶养家属维持生活必需的住房和用品。

【想一想1-9】 税收保全措施与税收强制执行措施有何区别?

7. 税款的退还和追征制度

第一,税款的退还制度。《税收征收管理法》第五十一条规定:纳税人超过应纳税额缴纳的税款,税务机关发现后应当立即退还;纳税人自结算缴纳税款之日起3年内发现的,可向税务机关要求退还多缴纳的税款并加算银行同期存款利息。

第二,税款的追征制度。《税收征收管理法》第五十二条规定:因税务机关的责任致使纳税人、扣缴义务人未缴或少缴税款的,税务机关在3年内可以要求纳税人、扣缴义务人补缴税款,但不得加收滞纳金。因纳税人、扣缴义务人计算等失误未缴或少缴税款的,税务机关在3年内可以追征税款、滞纳金;有特殊情况的,追征期延长至5年;对偷税、抗税、骗税的,税务机关追征其未缴或少缴的税款、滞纳金或者所骗取的税款,不受前款规定期限的限制。

【做中学1-8】 奔腾电器公司是一家制造企业。2020年11月新任会计主管罗明丽在对该公司以往的涉税资料进行查阅时,发现该公司于2019年3月多缴纳了一笔税款,金额为5万元。罗明丽便及时向公司老总汇报并准备要求税务机关退还。你认为该电器公司可以要求税务机关退还这笔税款吗?

【解析】

根据《税收征收管理法》第五十一条规定:纳纳税人自结算缴纳税款之日起3年内发现的,可向税务机关要求退还多缴纳的税款并计算银行同期存款利息,税务机关及时查实后应立即退还。

该电器公司2020年11月发现2019年3月多缴纳了一笔税款,属于"纳税人自结算缴纳税款之日起3年内发现"的情况,故可要求税务机关退还。

五、税务检查与法律责任

(一) 税务检查

税务检查是指税务机关依照国家有关税收法律、行政法规、规章和财务会计制度的规定,对纳税人、扣缴义务人履行纳税义务、代扣代缴义务及其他税法义务的情况进行检查和处理的全部活动。它对于保障税收收入,维护税收秩序,确保纳税人、扣缴义务人依法纳税具有重要的作用。具体来说,税务机关的主要检查职责如下:

第一,依据我国现行《税收征收管理法》的第五十四条的规定,税务机关有权进行下列税务检查:

(1) 检查纳税人的账簿、记账凭证、报表和有关资料,检查扣缴义务人代扣代缴、代收代缴税款账簿、记账凭证和有关资料。(查账权)

(2) 到纳税人的生产、经营场所和货物存放地检查纳税人应纳税的商品、货物或者其他财产,检查扣缴义务人与代扣代缴、代收代缴税款有关的经营情况。(场地检查权)

(3) 责成纳税人、扣缴义务人提供与纳税或者代扣代缴、代收代缴税款有关的文件、证明材料和有关资料。(责成提供资料权)

(4) 询问纳税人、扣缴义务人与纳税或者代扣代缴、代收代缴税款有关的问题和情况。

（询问权）

(5) 到车站、码头、机场、邮政企业及其分支机构检查纳税人托运、邮寄应纳税商品、货物或者其他财产的有关单据、凭证和有关资料。（查证权）

(6) 经县以上税务局(分局)局长批准,凭全国统一格式的检查存款账户许可证明,查询从事生产、经营的纳税人、扣缴义务人在银行或者其他金融机构的存款账户。（查核存款账户权）

第二,依据我国现行《税收征收管理法》第五十九条的规定:税务机关派出人员进行检查时,应当出示税务检查证和税务检查通知书,并有责任为被检查人保守秘密;未出示税务检查证和税务检查通知书的,被检查人有权拒绝检查。

第三,依据我国现行《税收征收管理法实施细则》第八十六条的规定:税务机关在行使税收征管法中的税务检查职权时,可以在纳税人、扣缴义务人的业务场所进行;必要时,经县以上税务局(分局)局长批准,可以将纳税人、扣缴义务人以前会计年度的账簿、记账凭证、报表和其他有关资料调回税务机关检查,但是税务机关必须向纳税人、扣缴义务人开付清单,并在3个月内完整退还;有特殊情况的,经设区的市、自治州以上税务局局长批准,税务机关可以将纳税人、扣缴义务人当年的账簿、记账凭证、报表和其他有关资料调回检查,但是税务机关必须在30日内退还。

(二) 税收法律责任

1. 税收法律责任的类型

作为纳税人的单位和个人,应接受税务机关的税务征收管理,履行税法规定的各项义务,否则必须承担相应的法律责任。根据纳税人、扣缴义务人等当事人税收违法行为的严重程度,税务机关或有关部门可以对其进行不同的处理:

第一,违反税法,但未构成犯罪的,应当由税务机关依法给予行政处罚。处罚的具体措施有:罚款、没收违法所得、没收非法财物,停止出口退税权,法律、法规和规章规定的其他行政处罚。需要注意的是:税务机关依法作出行政处罚的决定后,当事人应当在收到行政处罚决定书之日起15日内缴纳罚款,到期不缴纳的,税务机关可以对当事人每日按罚款数额的3‰加处罚款。若在法定期限内不申请复议或不起诉,且在规定期限内不履行的,税务机关可依法强制执行或申请法院强制执行。

第二,违反税法并构成犯罪的,除了由税务机关依法给予行政处罚外,应移交司法机关依法追究刑事责任。刑事责任主要包括主刑和附刑,其中:主刑有管制、拘役、有期徒刑、无期徒刑及死刑;附刑包括罚金、没收财产、剥夺政治权利。

2. 税收违法行为的法律责任

第一,违反日常税收管理的法律责任。

纳税人有下列行为之一的,由税务机关责令限期改正,可以处3 000元以下的罚款;情节严重的,处3 000元以上10 000元以下的罚款:未按照规定的期限申报办理税务登记、变更或者注销登记的;未按照规定设置、保管账簿或者保管记账凭证和有关资料的;未按照规定将财务、会计制度或者财务、会计处理办法和会计核算软件报送税务机关备查的;未按照规定将其全部银行账号向税务机关报告的;未按照规定安装、使用税控装置,或者损毁或者擅自改动税控装置的。其中:纳税人不办理税务登记的,由税务机关责令限期改正;逾期不改正的,经税务机关提请,由市场监督管理局吊销其营业执照。

扣缴义务人未按照规定设置、保管代扣代缴、代收代缴税款账簿或者保管代扣代缴、代收代缴税款记账凭证及有关资料的,由税务机关责令限期改正,可以处3 000元以下的罚款;情节严重的,处3 000元以上5 000元以下的罚款。

纳税人未按照规定的期限办理纳税申报和报送纳税资料的,或者扣缴义务人未按照规定的期限向税务机关报送代扣代缴、代收代缴税款报告表和有关资料的,由税务机关责令限期改正,可以处3 000元以下的罚款;情节严重的,可以处3 000元以上10 000元以下的罚款。

纳税人、扣缴义务人编造虚假计税依据的,由税务机关责令限期改正,并处50 000元以下的罚款。纳税人不进行纳税申报,不缴或者少缴应纳税款的,由税务机关追缴其不缴或者少缴的税款、滞纳金,并处不缴或者少缴的税款50%以上5倍以下的罚款。

纳税人、扣缴义务人在规定期限内不缴、少缴应纳或者应解缴的税款,经税务机关责令限期缴纳,逾期仍未缴纳的,税务机关除依照相关法律的规定采取强制执行措施追缴其不缴或者少缴的税款外,可以处不缴或者少缴的税款50%以上5倍以下的罚款。

扣缴义务人应扣未扣、应收而不收税款的,由税务机关向纳税人追缴税款,对扣缴义务人处应扣未扣、应收未收税款50%以上三倍以下的罚款。

纳税人、扣缴义务人逃避、拒绝或者以其他方式阻挠税务机关检查的,由税务机关责令改正,可以处10 000元以下的罚款;情节严重的,处10 000元以上50 000元以下的罚款。

第二,直接妨害税款征收的法律责任。

偷税是指纳税人、扣缴义务人采取伪造、变造、隐匿、擅自销毁账簿、记账凭证,或者在账簿上多列支出或者不列、少列收入,或者经税务机关通知申报而拒不申报或者进行虚假的纳税申报,不缴或者少缴应纳税款的。根据我国现行《税收征收管理法》的规定:对纳税人、扣缴义务人偷税的,由税务机关追缴其不缴或者少缴的税款、滞纳金,并处不缴或者少缴的税款50%以上5倍以下的罚款;构成犯罪的,依法追究刑事责任。扣缴义务人采取前款所列手段,不缴或者少缴已扣、已收税款,由税务机关追缴其不缴或者少缴的税款、滞纳金,并处不缴或者少缴的税款50%以上5倍以下的罚款;构成犯罪的,依法追究刑事责任。《中华人民共和国刑法》(下文简称《刑法》)第二百零一条规定:纳税人或扣缴义务人采取欺骗、隐瞒手段进行虚假纳税申报或者不申报,逃避缴纳税款数额较大并且占应纳税额10%以上的,处3年以下有期徒刑或者拘役,并处罚金;数额巨大并且占应纳税额30%以上的,处3年以上7年以下有期徒刑,并处罚金。对多次实施前两款行为,未经处理的,按照累计数额计算。有第一款行为,经税务机关依法下达追缴通知后,补缴应纳税款,缴纳滞纳金,已受行政处罚的,不予追究刑事责任;但是,5年内因逃避缴纳税款受过刑事处罚或者被税务机关给予两次以上行政处罚的除外。

抗税是指纳税人、扣缴义务人以暴力、威胁方法拒不履行纳税义务的行为。根据我国现行《税收征收管理法》的规定:纳税人抗税的,情节轻微未构成犯罪的,税务机关将追缴其拒缴的税款、滞纳金,并处以拒缴税款1倍以上5倍以下的罚款;触及刑法的,依法追究刑事责任。《刑法》第二百零二条规定:以暴力、威胁方法拒不缴纳税款的,处3年以下有期徒刑或者拘役,并处以拒缴税款1倍以上5倍以下的罚金;情节严重的,处3年以上7年以下有期徒刑,并处以拒缴税款1倍以上5倍以下的罚金。

骗税是指纳税人以假报出口或者其他欺骗手段,骗取国家出口退税款的行为。根据我国现行《税收征收管理法》的规定:骗税未构成犯罪的,由税务机关追缴其骗取的税款,并处骗取税款1倍以上5倍以下的罚款;构成犯罪的,依法追究其刑事责任。对骗取国家出口退税款的,税务机关可在规定期间内停止为其办理出口退税。《刑法》第二百零四条规定:以假报出口或者其他欺骗手段,骗取国家出口退税款,数额较大的,处5年以下有期徒刑或者拘役,并处骗取税款1倍以上5倍以下罚金;数额巨大或者有其他严重情节的,处5年以上10年以下有期徒刑,并处骗取税款1倍以上5倍以下罚金;数额特别巨大或者有其他特别严重情节的,处10年以上有期徒刑或者无期徒刑,并处骗取税款1倍以上5倍以下罚金或者没收财产。

欠税是指纳税人、扣缴义务人超过征收法律法规所规定的或税务机关依照税收法律、法规规定的纳税期限,有未缴或少缴税款的行为。根据我国现行《税收征收管理法》的规定:欠税未构成犯罪的,由税务机关追缴欠缴的税款、滞纳金,并处欠缴税款50%以上5倍以下的罚款;构成犯罪的,依法追究刑事责任。《刑法》第二百零三条规定:纳税人欠缴应纳税款,采取转移或者隐匿财产的手段,致使税务机关无法追缴欠缴的税款,数额在1万元以上不满10万元的,处3年以下有期徒刑或者拘役,并处或者单处欠缴税款1倍以上5倍以下罚金;数额在10万元以上的,处3年以上7年以下有期徒刑,并处欠缴税款1倍以上5倍以下罚金。

【做中学1-9】 2019年9月10日,甲市税务局根据专项检查计划,对甲房地产开发公司进行税务检查。在依法进行检查之后,甲市税务局发现该公司涉嫌纳税违规,遂将该公司2017—2019年的账簿、凭证调回税务局检查。通过详细查阅该公司的账簿、凭证资料和一系列的检查核实,认定该公司2018年的年度应纳税额为498.96万元,而该公司通过增加成本费用等手段少缴纳的各项税款总额为40.12万元。2019年10月30日,税务局根据税收法律、法规的规定,按法定程序作出并送达了《税务处理决定书》,要求该公司补缴税款,依法加收滞纳金并处罚款;并于当日归还了该公司的账簿、凭证。该公司不服该处理决定,认为并未少缴纳这么多税款且拒不缴纳税款。经该市税务局局长批准,该市税务局于2019年11月20日向该公司下达了《税收强制执行决定书》,并向银行送达《扣缴税收款项通知书》,从该公司的银行存款账户扣划了相应的存款抵缴税款和滞纳金。根据上述资料,回答下述问题:

(1)该市税务机关哪些行为违反了现行的《税收征管法》?请阐明理由。
(2)该公司的行为属于什么?应承担什么样的法律责任?

【解析】
(1)税务机关主要在下述方面处理不当:

第一,调回该企业的账簿、凭证资料手续上不完备;且没有在规定时间内归还相关资料。依据我国现行《税收征收管理法实施细则》第八十六条的规定:经县以上税务局(分局)局长批准,可以将纳税人、扣缴义务人以前会计年度的账簿、记账凭证、报表和其他有关资料调回税务机关检查,但是税务机关必须向纳税人、扣缴义务人开付清单,并在3个月内完整退还;有特殊情况的,经设区的市、自治州以上税务局局长批准,税务机关可以将纳税人、扣缴义务人当年的账簿、记账凭证、报表和其他有关资料调回检查,但是税务机关必须在30日内退还。该案例中调回的账簿凭证资料既有以前年度的、也有当年的,调回时没有经过相关局长批准,也没有开付清单;归还当年的账簿凭证资料时已超过规定时限30天。

第二,税务局在强制执行前,未责令公司相关当事人限期缴纳税款。依照我国《税收征收管理法》第四十条的规定:从事生产、经营的纳税人、扣缴义务人未按照规定的期限缴纳或者解缴税款,纳税担保人未按照规定的期限缴纳所担保的税款,由税务机关责令限期缴纳,逾期仍未缴纳的,经县以上税务局(分局)局长批准,税务机关可采取强制执行措施。而在该案例中,税务局并未责令纳税人限期缴纳,就直接采取了强制执行措施。

(2)该公司的行为明显属于偷税行为,但因其偷税金额占应纳税额的比重较低,为8.04%(40.12÷498.96×100%),低于10%,不构成犯罪。对其偷税行为,应由税务机关追缴其少缴的税款、滞纳金,并处以所偷税款的50%以上5倍以下的罚款。

案例导入解析

首先,政府在向社会民众提供国防、教育、医疗卫生、公共交通、环境保护等公共服务时,会发生一定的支出,这些支出的主要来源是税收。根据有关统计数据的显示,目前我国公共财政收入中有大约85%的收入是来自税收收入。因此,国家征税主要是用来满足社会民众对各类公共产品或服务的需求;同时,与费不同,税收是政府无偿、强制征收的。

其次,我国目前一共开征了18种税,除了关税、船舶吨税、进口环节的增值税和消费税由海关负责征收,其他税种均由税务机关负责征收。需要注意的是,这些税种并非每个企业都需要缴纳,不同税种的课税范围、计税方法等都有所不同,企业需要根据自身的具体经营情况去判断所涉及的税种,并依照各税种的相关法规计算和申报缴纳相应的税额。

最后,随着我国商事制度的改革,新设企业在办理了"五证合一"的营业执照后,虽不需要办理税务登记证,但需要通过主管税务机关办税大厅或电子税务局完成涉税信息的确认和补采集。企业在开始运营前,还应向主管税务机关申请领购发票,并按现行发票管理法规的规定使用和保管发票。在正式运营时,企业应依法建立账簿,依据日常经营情况按期进行纳税申报、缴纳税款,同时依法接受税务检查。

知识小结

(1)税收是国家为了满足社会公共需要,凭借政治权力,强制、无偿地取得财政收入的一种分配关系,是国家财政收入的主要形式,具有无偿性、强制性和固定性这三个特征。税法是国家制定的、用以调整国家与纳税人之间在征纳税方面的权利与义务的法律规范的总称,一般包括总则、纳税义务人、征税对象、税目、税率、纳税环节、纳税期限、纳税地点、减税免税、罚则、附则等构成要素。其中,纳税义务人、征税对象和税率是税法的基本要素。税法的原则包括税法的基本原则和税法的适用原则。其中,税法基本原则有税收法定原则、税收公平原则、税收效率原则及实质课税原则;税法适用原则有法律优位原则,法律不溯及既往原则,新法优于旧法原则,特别法优于普通法原则,程序优于实体原则,实体从旧、程序从新原则。我国现行的税收法律体系是由一系列的实体法和程序法共同组成,并因不同的立法机关形成了税收法律、法规、规章这三个层级。

(2)纳税基本程序包括以下几点。第一,税务登记。税务登记是整个税收征收管理的首要环节,其内容包括设立税务登记、变更税务登记、停复业税务登记、跨区域涉税事项报验管理和注销税务登记。第二,发票管理。发票是指在购销商品、提供或接受服务以及从事其他经营活动中,开具、收取的收付款凭证。税务机关是我国发票的主管机关,发票管理的内容包括发票的领购、开具、使用和保管。第三,账簿管理和纳税申报。纳税人应按国家有关规定设置账簿,并将财务会计处理办法、会计核算软件及有关资料报送至主管税务机关以备案。同时,纳税人、扣缴义务人无论本期有无应纳应缴税款,都必须按税法规定的期限如实向主管税务机关办理纳税申报,其申报的方式有:直接申报、邮寄申报及数据电文申报。第四,税款征收与缴纳。税款征收是有关税务机关依照税收法律、行政法规的规定将纳税人应纳税款组织征收入库的一系列活动的总称。其主要方式有:查账征收、核定征收(包括查定征收、查验征收和定期定额征收)、扣缴征收及委托代征。为了保证税款及时、足额入库,实现依法征税,现行税收征管法规规定了一系列的税款征收缴纳制度。其主要包括延期缴纳税款制度、税收滞纳金制度、税收减免制度、税额核定和调整制度、税收保全措施制度、税收强制执行措施制度及税款的退还和追征制度等。第五,税务检查与法律责任。税务检查是税务机关依照国家有关税收法律、行政法规、规章和财务会计制度的规定,对纳税人、扣缴义务人履行的纳税义务、代扣代缴义务及其他税法义务的情况进行检查和处理的全部活动。在税务检查后,税务机关或有关部门可以根据纳税人、扣缴义务人等当事人税收违法行为的严重程度的不同,对其进行不同的违法处理:一是对于违反税法但未构成犯罪的,由税务机关依法给予行政处罚;二是对于违反税法并构成犯罪的,除了由税务机关依法给予行政处罚外,还应移交司法机关以对其依法追究刑事责任。

职场警示·思政结合

以案说法——公司偷税判罚 法人会计获刑[①]

被告单位宿迁市某房地产有限公司系由被告人刘某某(该公司法定代表人)于2007年3月12日独资设立的有限公司,主要经营房地产开发。开发项目为位于宿迁市宿豫区的某花园小区。被告人房某某于2010年3月起担任该公司总账会计职务。2010—2012年,被告人刘某某指示公司会计房某某以隐瞒实际收入、制作虚假纳税申报表的手段为公司逃避税收。该公司3年间的应缴纳税款为12 163 089.02元,逃税8 002 551.36元。所逃税额占应纳税额的65.79%。3年间,被告人房某某作为该公司总账会计,为公司缴纳税款7 044 260.46元,逃税5 511 218.41元。所逃税额占应纳税额的78.24%。在税务机关送达行政处罚决定书后,被告单位未能缴纳税款和滞纳金。

---

① 资料来源:http://sqsyfy.chinacourt.org/article/detail/2016/04/id/1844110.shtml。

宿迁市某房地产有限公司以隐瞒实际收入的手段进行虚假纳税申报,逃避的缴纳税款数额巨大且占应纳税额30%以上。其行为构成逃税罪,且属于单位犯罪。被告人刘某某作为被告单位的法定代表人,也是直接负责的主管人员;被告人房某某作为被告单位的总账会计,是直接责任人员,依法均应对其追究相应的刑事责任。依照刑法有关规定,判处被告单位罚金人民币500万元,追缴其违法所得8 002 551.36元,上缴国库;刘某某有期徒刑4年,并处罚金人民币10万元;房某某有期徒刑3年,并处罚金人民币5万元。

虚开发票被判刑3年罚5万元,老板和会计都进去了①

2013年,湖南文某在长沙市岳麓区成立了一家劳务公司,并聘请范某担任公司会计。该公司登记的业务范围主要是进行境内外劳务派遣,其实际上从未经营过主营业务,而是给需要报账或缴税的公司开具劳务发票,或是出具虚假的劳务合同,以从中抽取利润。

截至2017年2月,在文某的指使下,范某以该劳务公司为开票单位,针对某些公司需要报销平账、少缴税款等需求,共为9家不同的公司虚开发票663份。票面金额累计人民币超过1.1亿元,文某、范某从中收取2%~4%的手续费。此事最终案发。

据文某交代,其知道公司虚开发票是违法犯罪,但因生活压力大,为了赚钱,就一直抱着侥幸心理。另外,范某也知道自己的行为是违法的,只是法律意识淡薄,听从老板指示,除每月固定工资2 000~3 000元外加几千元年终奖,并未从中获取任何额外利益。

2018年2月7日,经长沙市岳麓区人民法院审理,文某因虚开发票罪被判处有期徒刑3年,缓刑4年,并处罚金人民币45万元;范某因虚开发票罪,被判处有期徒刑3年,缓刑3年,并处罚金人民币5万元。且二人服从判决。

税务部门依法查处范冰冰"阴阳合同"等偷逃税问题②

2018年6月初,群众举报范冰冰"阴阳合同"涉税问题后,国家税务总局高度重视,即责成江苏等地税务机关依法开展调查核实,目前案件事实已经查清。

从调查核实情况看,范冰冰在电影《大轰炸》剧组拍摄过程中实际取得的片酬为3 000万元,其中1 000万元已经申报纳税,其余2 000万元以拆分合同方式偷逃个人所得税618万元,少缴营业税及附加112万元,偷逃税额合计730万元。此外,还查出范冰冰及其担任法定代表人的企业少缴税款2.48亿元,其中偷逃税款1.34亿元。

对于上述违法行为,江苏省税务局依据《税收征收管理法》第三十二、五十二条的规定,对范冰冰及其担任法定代表人的企业追缴税款2.55亿元,加收滞纳金0.33亿元;依据《税收征收管理法》第六十三条的规定,对范冰冰采取拆分合同手段隐瞒真实收入的偷逃税款的行为,处4倍罚款,计2.4亿元;对其利用工作室账户隐匿个人报酬真实性质的偷逃税款,处3倍罚款,计2.39亿元;对其担任法定代表人的企业少计收入的偷逃税款,处1倍罚款,计94.6万元;依据《税收征收管理法》第六十九条和《税收征收管理法实施细则》第九十三条的规定,对其担任法定代表人的两户企业未代扣代缴个人所得税和非法提供便利协助的少缴税款,各处0.5倍罚款,分别计0.51亿元、0.65亿元。

---

① 资料来源:https://www.sohu.com/a/233305879_100089169。
② 资料来源:http://www.xinhuanet.com/2018-10/03/c_129965300.htm。

依据《行政处罚法》第四十二条以及《江苏省行政处罚听证程序规则》相关规定,9月26日,江苏省税务局依法先向范冰冰下达《税务行政处罚事项告知书》,对此范冰冰未提出听证申请。9月30日,江苏省税务局依法向范冰冰正式下达《税务处理决定书》和《税务行政处罚决定书》,要求其在收到上述处理处罚决定后将追缴的税款、滞纳金、罚款在规定期限内缴清。

依据《刑法》第二百零一条的规定,由于范冰冰属于首次被税务机关按偷税予以行政处罚,且此前未因逃避缴纳税款受过刑事处罚,上述定性为偷税的税款、滞纳金、罚款在税务机关下达追缴通知后在规定期限内缴纳的,依法不予追究刑事责任。超过规定期限不缴纳税款和滞纳金、不接受行政处罚的,税务机关将依法移送公安机关处理。

经查,2018年6月,在税务机关对范冰冰及其经纪人牟某广所控制的相关公司展开调查期间,牟某广指使公司员工隐匿、故意销毁涉案公司会计凭证、会计账簿,阻挠税务机关依法调查,涉嫌犯罪。现牟某广等人已被公安机关依法采取强制措施,案件正在进一步侦查中。

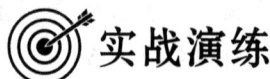

实战演练

一、单项选择题

1. 根据税收与税法的概念,下列表述正确的是( )。
   A. 税收是我国目前取得财政收入的最重要的工具
   B. 国家征税依据的是财产权力而非政治权力
   C. 税法的调整对象是国家和纳税人在税收分配过程中形成的分配关系
   D. 征税的主体是税务机关,除税务机关外,任何机构和团体都无权征税

2. 下列关于税法特点的说法,错误的是( )。
   A. 从立法过程看,税法属于制定法而非习惯法
   B. 从法律性质看,税法属于授权性法规
   C. 从内容上看,税法具有综合性
   D. 税法是由国家制定的,而不是由判例认可的

3. 若纳税人通过转让定价或其他方法减少计税依据,税务机关有权重新核定计税依据,以防止纳税人避税与偷税,这样的处理体现了税法基本原则中的( )。
   A. 税收法定原则   B. 税收公平原则
   C. 税收效率原则   D. 实质课税原则

4. 从2015年5月10日起,我国对卷烟在批发环节征收的消费税,税率从原来的5%调整为11%加0.005元/支。2015年10月,华夏卷烟批发公司被税务机关查出其2014年隐瞒卷烟不含税销售额100万元,应对其追征消费税,消费税税率的选择应沿用旧法规定的5%,而不适用新法规定的11%加0.005元/支。这样处理,符合税法适用原则中的( )。
   A. 程序优于实体法原则   B. 特别法优于普通法原则
   C. 法律不溯及既往原则   D. 法律优位原则

5. 华夏公司就应纳税款金额与主管税务机关产生了分歧,遂向上一级税务机关申请行政复议,但被告知必须先依照主管税务机关的纳税规定决定缴纳税款或者提供相应的担保后,才能依法申请行政复议。上述行为体现了税法适用原则中的(　　)。
   A. 法律优位原则　　　　　　　　B. 特别法优于普通法原则
   C. 实体从旧,程序从新原则　　　D. 程序优于实体原则

6. 一部新法实施后,对新法实施之前人们的行为不得适用新法,而只能沿用旧法。这体现了税法适用原则中的(　　)。
   A. 新法优于旧法原则　　　　　　B. 法律不溯及既往原则
   C. 实体从旧,程序从新原则　　　D. 程序法优于实体法原则

7. 在没有正当理由的情况下,对特定纳税人给予特别优惠,违背了税法基本原则中的(　　)。
   A. 税收法定原则　　　　　　　　B. 税收公平原则
   C. 税收效率原则　　　　　　　　D. 实质课税原则

8. (　　)是一个税种区别另一个税种的主要标志。
   A. 课税对象　　　B. 纳税人　　　C. 税率　　　D. 纳税期限

9. (　　)是税收制度的中心环节,体现了征税的深度。
   A. 税目　　　B. 课税对象　　　C. 税率　　　D. 纳税环节

10. "五证合一"登记制度改革后,下列关于新开设企业税务登记,表述准确的是(　　)。
    A. 取消税务登记,以营业执照替代税务登记证件
    B. 仍办理税务登记,并核发税务登记证件
    C. 向税务机关完成信息补确认,仍核发税务登记证件
    D. 向税务机关完成信息补确认,不再核发税务登记证件

11. 下列选项中,最能体现税负纵向公平的税率形式是(　　)。
    A. 比例税率　　　B. 累进税率　　　C. 定额税率　　　D. 浮动税率

12. 免征额是指对(　　)中免于征税的数额。
    A. 征税项目　　　　　　　　　　B. 征税对象总额
    C. 征税对象扣除额　　　　　　　D. 应征收的数额

13. 下列情形中,应由付款方向收款方开具发票的是(　　)。
    A. 企业发生销售货物退回
    B. 企业销售免税商品
    C. 食品厂向农民个人收购其自产的农产品
    D. 加油站发售加油卡

14. 下列选项中,属于税基式减免的是(　　)。
    A. 全部免征　　　B. 减半征收　　　C. 零税率　　　D. 免征额

15. 下列各项中,不属于税收管理活动的是(　　)。
    A. 工商登记　　　B. 税务管理　　　C. 税款征收　　　D. 税务检查

16. 对经营规模较小、产品零星、税源分散、会计账册不健全、财务管理和会计核算水平较低的纳税人,税务机关可以采取的税款征收方式是(　　)。

A. 查账征收 B. 查定征收
C. 查验征收 D. 定期定额征收

17. 华夏公司为增值税一般纳税人,于2019年8月初填发增值税17万元的税款缴纳凭证,税务机关核定的纳税期限为2019年8月15日,但该公司于2019年8月27日才缴纳该笔税款。则该公司需缴纳滞纳金( )元。
A. 1 020 B. 850
C. 1 000 D. 1 105

18. 根据我国现行的税收征收管理制度,下列个人财产中,不适用税收保全措施的是( )。
A. 机动车辆 B. 金银首饰
C. 古玩字画 D. 维持生活必需的住房

19. 华夏公司因违反税收征收管理法的行为,被税务机关处以8 000元的罚款。假定该企业收到《税务行政处罚决定书》的时间为2016年3月1日,则该企业4月5日缴纳罚款时总金额为( )元。
A. 8 000 B. 9 200 C. 13 040 D. 16 640

20. ( )是发票的主管机关,负责发票印制、领购、开具、取得、保管、缴销的管理和监督。
A. 税务机关 B. 财政机关 C. 海关 D. 市场监督管理局

二、多项选择题

1. 下列关于税收特征的理解正确的有( )。
A. 强制性是核心
B. 无偿性是保障
C. 固定性是对强制性和无偿性的一种规范与约束
D. 税收的特征是区别税与非税的外在尺度和标志

2. 下列关于税收法律关系的表述中,错误的有( )。
A. 税收法律关系的主体只能是国家
B. 税收法律关系中权利与义务具有对等性
C. 税收法律关系的成立不以征纳双方意思表示一致为要件
D. 征税权虽是国家法律授予的,但是可以放弃或转让

3. 下列关于税法原则的表述中,正确的有( )。
A. 制定税法时,禁止在没有正当理由的情况下给予特定纳税人特别优惠,这一做法体现了税收公平原则
B. 税收实质课税原则的意义是防止税务机关滥用权力,增加纳税人的负担
C. 税收法定原则是税法基本原则中的核心
D. 税收行政法规的效力优于税收行政规章的效力,这体现了法律优位原则

4. 划分税目的主要目的有( )。
A. 明确征税范围 B. 便于区别调节
C. 反映征税的深度 D. 体现征税的广度

5. 根据税收法律制度的规定,我国对纳税人和征税对象实行减免税的方式主要有( )。
A. 税基式减免 B. 税额式减免 C. 税率式减免 D. 协商式减免

6. 我国现行税法中的纳税期限,主要的形式有( )。
   A. 按期纳税 B. 按次纳税
   C. 按年计征,分期预缴 D. 按次计征,分期缴纳

7. 代扣代缴义务人与代收代缴义务人的区别在于( )。
   A. 代收代缴义务人有义务从持有的纳税人收入中扣除其应纳税款并代为缴纳
   B. 代扣代缴义务人应该协助税务机关收取应纳税款并代为缴纳
   C. 代扣代缴义务人直接持有纳税人的收入,可以从中扣除纳税人的应纳税款
   D. 代收代缴义务人不直接持有纳税人的收入,只能在与纳税人的经济往来中收取纳税人的应纳税款并代为缴纳

8. 以下减免税形式中,属于税基式减免的有( )。
   A. 起征点 B. 减半征收 C. 免征额 D. 抵免税额

9. 下列不需要办理税务登记的单位或个人有( )。
   A. 国家机关
   B. 不从事生产经营,但有临时发生应税行为的个人
   C. 税法规定应纳税但暂时享受免税待遇的纳税人
   D. 从事生产、经营的事业单位

10. 根据我国税收征收管理制度的有关规定,下列有关税收保全措施和税收强制执行措施,描述正确的有( )。
    A. 采取税收保全措施时,冻结的存款以纳税人应纳税款的数额为限
    B. 税收保全措施的适用范围不仅限于从事生产、经营的纳税人,也包括扣缴义务人
    C. 税收强制执行措施的适用范围不仅限于从事生产、经营的纳税人,也包括扣缴义务人、纳税保证人
    D. 采取税收强制执行措施时,被执行人未缴纳的滞纳金必须同时执行

11. 纳税人有下列( )情形的,不能按期缴纳税款的,经省、自治区、直辖市税务局批准,可以延期缴纳税款,但最长不得超过3个月。
    A. 因地震灾害导致企业房屋倒塌、货物毁损,无法正常经营
    B. 因客户拖欠货款,导致资金周转困难
    C. 因企业法人携带大量资金出逃,企业经营陷入混乱
    D. 企业经营亏损,导致当期货币资金在扣除应付职工工资、社会保险费后,不足以缴纳税款

12. 下列关于纳税申报的说法中,正确的有( )。
    A. 实行定期定额方式缴纳税款的纳税人,可实行简易申报、简并征期等申报纳税方式
    B. 纳税人享受定期减税、免税待遇的,在减税、免税期间应当按照规定办理纳税申报
    C. 纳税人办理了延期纳税申报的,应当在纳税期内先预缴税款
    D. 纳税人当期没有取得应税收入或所得的,可以免予进行纳税申报

13. 下列关于税收实体法构成要素的说法中,正确的有( )。
    A. 纳税义务发生时间是指应税行为发生的时间
    B. 税目是据以计算征税对象应纳税款的直接数量依据,解决对征税对象课税的计算问题

C. 税率是对征税对象的征收比例或征收额度,是计算税额的尺度
D. 纳税人就是负税人

14. 关于税收法律关系的特点,下列表达正确的有( )。
A. 作为纳税主体的一方只能是征税机关
B. 税收法律关系的产生以引起纳税义务成立的法律事实为标志
C. 权利义务关系具有对等性
D. 税收法律关系的客体就是征税对象

15. 下列各项中,表述错误的有( )。
A. 税目是区分不同税种的主要标志
B. 税率是衡量负税轻重的重要标志
C. 纳税人就是履行纳税义务的法人和自然人
D. 征税对象就是税收法律关系中征纳双方权利义务所指的物品

三、判断题

1. 所有税种都有税目。 ( )
2. 起征点是征税对象达到一定数额后开始计税的界限;征税对象达到或超过起征点的就其全部数额征税,未达到的不征税。 ( )
3. 减免税分为报批类减免税和备案类减免税,两者都要经过税务机关批准后才可实施。 ( )
4. 作为缴纳税款的主体,纳税义务人可以是法人,也可以是自然人。 ( )
5. 税收加成征收是为地方政府筹措财政收入。 ( )
6. 采用超额累进税率计算税额时,引入速算扣除数的作用主要是减缓税率累进的速度。 ( )
7. 税务机关对民政福利企业的增值税采用"先征后返"的税收优惠形式,这种形式属于税基式减免。 ( )
8. 在纳税期限内,纳税人或扣缴义务人如果没有应纳税款,可以不办理纳税申报。 ( )
9. 税收法律关系中履行纳税义务的人包括法人、自然人等,但是不包括在华的外国企业、组织、外籍人。 ( )
10. 纳税人采取电子方式办理纳税申报的,不再需要书面报送主管税务机关。 ( )
11. 海关征收关税适用其他法律法规,但是代征的增值税、消费税,仍适用《税收征收管理法》。 ( )
12. 依据我国现行税收征收制度的规定,纳税人申请了延期申报,就可以延期缴纳税款。 ( )
13. 减免税是对某些纳税人的鼓励或照顾措施,通过直接缩小计税依据的方式实现的减税免税是税基式减免。 ( )
14. 税务机关是真正的征税主体,除了法律明文授权之外,任何机构和团体都无权征税。 ( )
15. 从税收的本质来看,税收是国家与纳税人之间的、以国家为主体的社会剩余产品分配关系。 ( )

四、案例分析题

1. 2019年10月20日,陕西欣欣装饰工程有限公司在西安市市场监督管理局注册成立,主营装饰装修工程设计与施工业务。该公司注册资本为200万元,其中,王健出资150万元,林海生出资50万元;公司注册地址和经营地址位于西安市碑林区太白北路1号。现已领取营业执照,统一社会信用代码为916101335874099391。法定代表人为王健,身份证号为610101198001257250。假如你是该公司的办税员,现在公司的财务负责人雷明海安排你办理下述涉税事项:
   (1) 办理开业涉税信息确认和补采集。
   (2) 领购发票。
   请写出上述涉税事项的办理流程及要点。

2. 税务机关对甲公司进行税务检查,发现其未按规定办理纳税申报,故按税法规定处以罚款1 000元。甲公司不予接受,其理由是:公司自成立后尚未发生一笔销售业务,没有收入,且属于国家批准的小型微利企业,享有国家免税政策,因此不需要办理纳税申报。
   (1) 税务机关的税务处理决定是否合法?说明理由。
   (2) 该公司拒绝接受税务机关的理由是否成立?说明理由。

3. 2019年8月25日,A区税务局中心税务所对所属甲商场2018年的纳税情况进行纳税检查。稽查人员到该商场财务部门向有关人员出示税务检查证后,对该商场的纳税情况开始检查。在实地检查中,稽查人员从该企业的一个沙发后发现一本销售单据,经清点核对,属于账外单据,未记入销售收入账簿,共应补缴增值税、企业所得税等税收7万元、应课征滞纳金1万元。该商场法人刘某发现后,指使有关人员将账外单据夺回,将稽查人员推出门外,还给有关人员打电话,调集车辆准备将现存商品货物转移运走。当日下午,稽查人员迅速返回税务所,报经稽查局长批准后,开具《查封(扣押)证》,会同公安人员一同返回该商场。当即查封了该商场价值15万余元的商品货物,并向该商场开付查封清单。

   2019年8月26日,税务稽查人员在履行了有关法定手续后,向该商场下达了《税务处理决定书》,认定该商场偷税7万元,限期缴纳,同时还送达了《税务行政处罚告知书》,告知该商场,对其偷税行为将按照所偷税款给予1倍罚款,对其拒绝检查行为将罚款5 000元。该商场法人刘某觉得理亏,怕事情闹大,放弃听证权利。2019年8月30日,稽查人员在履行了有关法定手续后,向该商场下达了《税务行政处罚决定书》,对其偷税行为按照所偷税款给予1倍罚款,对其拒绝检查的行为罚款5 000元。2019年8月31日,刘某主动将8万元现金送交税务所缴税。2019年9月1日,刘某又将7.5万元现金送交税务所缴纳罚款。稽查人员当即履行有关法定手续解除对该商场商品货物的查封。

   根据上述资料,指出税务人员上述行为中的哪些执法行为违反了现行的《税收征收管理法》,并说明理由。

项目二
增值税纳税实务

 学习目标

1. 知识目标

掌握增值税的构成要素

掌握增值税的进项税额和销项税额

了解增值税的税收优惠

2. 能力目标

会正确计算一般纳税人和小规模纳税人的应纳税额

会正确处理增值税的纳税申报事宜

3. 情感目标

增值税征收的社会意义

4. 重点难点

增值税一般纳税人应纳税额的计算和申报

视同销售业务的纳税计算

案例导入

小李同学来到宏远公司实习,宏远公司为一般纳税人,其纳税人识别号为916100145678566521,2020年6月发生经济业务如下:

(1) 6月4日因产品生产需要,公司从咸阳纺织品厂购入化纤布一匹,金额合计100万元,税额13万元;支付运费2万元,税额1 800元。公司取得增值税专用发票和运输单位开具的运输发票。货款已经支付,材料已经入库。销货方纳税人识别号为916100143894360253,发票代码为1498056476,号码为00415467;运输发票的号码为0003501453。

(2) 6月6日公司从西安大华纺织厂购入棉布一匹,取得增值税专用发票。金额合计60万元,税额7.8万元。销货方纳税人识别号为916100235893460217,发票代码为1334834987,号码为00149876。

(3) 6月16日仓库发生意外火灾,烧毁外购的花布一批。该批材料实际成本为10万元,其中运费成本2 000元。

(4) 6月20日销售一批男士休闲装,金额为200万元,税额26万元,开具了增值税专用发票,发票号码为02752122,购货方纳税人识别号为916100157894360210。

(5) 6月23日以一批休闲装作为福利发放给本厂职工,每件不含税售价500元,共400件。

(6) 6月28日销售给小寨小学运动服1 000套,销售额为113 000元,开具了增值税普通发票02452124,购货方纳税人识别号为126101070000568451。

小李同学针对以上业务:
(1) 计算6月企业的应纳增值税额。
(2) 进行纳税申报。
假如你是小李同学,应该怎么做?

任务一 增值税基本知识

一、增值税基本知识

(一) 增值税

增值税是以商品(包括劳务、服务)在流转过程中产生的增值额,作为计税依据而征收的一种流转税。这里包含两个方面的含义:第一,商品必须经过流转才可能产生增值;第二,只有有了增值额,才征收增值税。

从计税原理上说,增值税是对商品(包括劳务、服务)在生产、流通多个环节的增值价值或商品的附加值征收的一种流转税。增值税实行价外税也就是由消费者负担的一种税。商品在生产、流通中有增值,才对其征收增值税,没有增值不对其征收增值税。

【想一想2-1】 增值额是如何产生的?

(二) 增值税的经济学理论

从量上来看,增值额表现为,提供应税商品(劳务、服务)而取得的收入价格与该项商品(劳务、服务)的外购成本价格之间的差额。

从价值构成来看,一种商品(劳务、服务)的价值均由(C＋V＋M)构成。而商品(劳务、服务)价值扣除C以后的部分,即为该商品(劳务、服务)的新增价值;(V＋M)中的V为劳动力的补偿价值,也就是可变价值;M为剩余产品价值。我们所讲的增加值就是(V＋M)部分。

现实经济生活中,我们可从以下两个方面来理解增值税额:第一,从一个生产经营单位来看,增值额是该单位销售货物或提供劳务、服务的收入额,扣除为生产经营这种货物(劳务、服务)外购的那部分货物价款后的余额;第二,从一项货物来看,增值额是该货物经历的生产和流通的各个环节所创造的增值额之和,也就是该项货物的最终销售价值,其可用表2-1表示。

表2-1 增值税的形成表   单位:元

生产者	购买价	销售价格	增值额
棉花种植者	0	500	500
纺纱商	500	700	200
织布商	700	900	200
合计	1 200	2 100	900

【做中学2-1】 某企业2019年4月,外购材料不含税价10万元,本批材料加工生产后销售不含税价150 000元,其增值额为(   )元。

A. 150 000 B. 50 000 C. 100 000 D. 250 000

【解析】 B。150 000－100 000＝50 000(元)。

(三) 增值税特点

1. 不重复征税

增值税实行税款抵扣制度,在计算企业应纳税款时要扣除商品在以前生产环节已负担的税款,也就是只对属于本企业创造的尚未征过税的那部分销售额征税,以避免重复征税。

2. 环环征税、税基广泛

增值税的征收从商品的生产开始,一直延伸到商品的批发和零售等经济活动的各个环节,在每一个生产、流通环节都要征收增值税,以使增值税能够拥有较其他各税更为广泛的纳税人。

3. 税负公平

根据增值税的计税原理,流转额中的非增值因素,在计税时被扣除。因此,对同一商品而言,不论流转环节的多少,只要增值额相同,税负就相同,这体现了公平税负,也有利于平等竞争。

4. 价外征税

增值税实行价税分离,在计税时作为计税依据的销售额,不包括增值税额。这有利于形成均衡的生产价格,并有利于税负转嫁的实现,这是增值税与传统的、以全部流转额为计税依据的税种的一个重要区别。

(四) 我国增值税发展历程

增值税最早于1954年在法国推行。我国于1979年引进增值税并开始试点。1984年9月,国务院发布了《中华人民共和国增值税条例(草案)》,自当年10月起试行。1993年12月13日,国务院发布了《中华人民共和国增值税暂行条例》。2008年11月5日,国务院修订并重新颁布了《中华人民共和国增值税暂行条例》(以下简称《增值税暂行条例》)。12月25日财政部和国家税务总局也相应印发了《中华人民共和国增值税暂行条例实施细则》(以下简称《增值税暂行条例实施细则》),自2009年1月1日起施行。2011年11月16日,财政部和国家税务总局发布经国务院同意的《营业税改增值税试点方案》,经过几年的试点后,2016年5月1日起,在全国范围内对服务、无形资产和不动产开始征收增值税,我国的增值税转型为一般商品增值税。《营业税改征增值税试点实施办法》《营业税改征增值税试点有关事项的规定》《营业税改征增值税试点过渡政策的规定》《跨境应税行为适用增值税零税率和免税政策的规定》,这样因经营而征收增值税,在流转的各环节全面实行。2018年5月1日增值税税率调整,2019年4月1日增值税税率又做了进一步调整。2020年疫情期间,针对疫情防护生产企业、中小企业,又有新的降税节税时效性规定,为企业减税节税提供了广阔空间和税收优惠,为企业复工复产提供了有力支持。

我国增值税的类型有以下几种:

(1) 生产型增值税,是指在计算应纳税额时,只允许从当期销项税额中扣除原材料等劳动对象的已纳税款,而不允许扣除固定资产所含税款的增值税。

(2) 收入型增值税,是指在计算应纳税额时,除扣除中间产品已纳税款,还允许在当期销项税额中扣除固定资产折旧部分所含税金。

(3) 消费型增值税,是指在计算应纳税额时,除扣除中间产品已纳税款,对纳税人购入固定资产的已纳税款,允许一次性地从当期销项税额中全部扣除,从而使纳税人的用于生产应税产品的全部外购生产资料都不负担税款。

【温馨提示】 ①生产型增值税以销售收入总额减去所购中间产品价值后的余额为税基。②收入型增值税以销售收入总额减去所购中间产品价值与固定资产折旧额后的余额为税基。③消费型增值税以销售收入总额减去所购中间产品价值与固定资产投资额后的余额为税基。

【想一想2-2】 我国现在增值税采用的是什么类型的增值税?

二、增值税的征税范围

在中华人民共和国境内销售货物或者加工、修理修配劳务(以下简称劳务),销售服务、无形资产、不动产以及进口货物的单位和个人,应当缴纳增值税。

(一) 增值税征收的一般范围

1. 销售货物

销售货物,是指有偿转让货物的所有权。"有偿"是指从购买方取得的货币、货物或其他经济利益。"货物"是指有形动产,包括电力、热力、气体在内。

2. 提供加工或修理修配劳务

"加工"是指受托加工货物，即委托方提供原材料及主要材料，受托方按照委托方的要求，制造货物并收取加工费的业务。"修理修配"是指受托方对损伤和丧失功能的货物进行修复，使其恢复原状和功能的业务。这里的"提供加工或修理修配劳务"，是指有偿提供加工或修理修配劳务。单位或个体经营者聘用的员工，为本单位或雇主提供的加工或修理修配劳务不包括在内。

3. 销售服务、无形资产（自然资源使用权除外）

销售服务、无形资产（自然资源使用权除外）的，销售方为境内单位和个人，或者服务、无形资产在境内消费。

4. 销售不动产、转让自然资源使用权

销售不动产、转让自然资源使用权的，不动产、自然资源所在地在境内。

5. 销售金融商品

销售金融商品的，销售方为境内单位和个人，或者金融商品在境内发行。

6. 进口货物

进口货物，是指货物的起运地在境外，目的地在境内。

（二）属于增值税征收的特殊销售行为

1. 视同销售

将单位或者个体工商户下列行为视同销售货物，并对其征收增值税：

(1) 单位和个体工商户将自产或者委托加工的货物委托他人代销和销售代销货物。

(2) 设有两个以上机构并实行统一核算的纳税人，将货物从一个机构移送至其他机构以用于销售，但相关机构设在同一县（市）的除外。

(3) 将自产或委托加工的货物用于集体福利或个人消费。

(4) 将自产或委托加工的货物用于投资，提供给其他单位或个体工商户。

(5) 将自产或委托加工的货物分配给股东或投资者。

(6) 将自产或委托加工的货物无偿赠送他人或个人。

(7) 财政或税务另有规定的其他物品。

【做中学2-2】 以下行为中，属于视同销售的有（　　　）。

A. 某企业将自己生产的一批产品用于职工福利

B. 将委托加工的货物用于职工福利

C. 将自己生产的产品无偿赠送给其他公司

D. 将自己生产的产品用作职工宿舍楼建设

【答案】 ABCD。（解析略）

2. 混合销售行为

混合销售行为是指一项销售只有含有其他附加销售，才能实现商品的使用价值属性。其成立有两个要点：第一，其销售行为必须是一项（同一项销售行为、同一购买者、同一时间）；第二，该项行为必须既涉及服务又涉及货物。如果一项行为只涉及货物不涉及服务，或者只涉及服务不涉及货物都不属于混合销售。混合销售按照其主业划分适用税率，主业为

销售货物则按照销售货物适用税率;主业为销售服务则按照销售服务适用税率。例如,超市在销售货物时提供送货上门服务,按"销售货物"缴纳增值税;美容院在提供美容服务时销售护肤产品,按"生活服务"缴纳增值税。

【做中学2-3】 以下行为中,属于混合销售的有( )。
  A. 某空调生产厂家把生产的空调卖给消费者,同时提供送货上门服务
  B. 某美容院为顾客提供美容服务,同时给顾客推销护肤产品
  C. 某房地产开发商销售商品房,同时赠送家具、家电
  D. 盛方4S店销售汽车,同时提供保养维修服务
【答案】 AB。(解析略)

3. 兼营行为

纳税人兼营销售货物、劳务、服务、无形资产或者不动产的行为,称为兼营行为。兼营行为也有两个要点:第一,其销售行为不是同一项的(针对不同购买者、不同时发生、每项行为相互独立);第二,兼营既可以是货物、服务,也可以是劳务、销售无形资产或者不动产。例如,汽车4S店销售汽车时,也提供汽车保养维修等服务,销售货物时也提供加工修理修配劳务;房地产开发商销售商品房时,还有赠送家具、家电行为,销售不动产、且同时销售货物,属于兼营行为。其应当分别核算适用不同税率或者征收率;未分别核算的,从高适用税率。

纳税人兼营免税、减税项目的,应当分别核算免税、减税项目的销售额;未分别核算的,不得免税、减税。

【做中学2-4】 以下行为中,属于兼营行为的有( )。
  A. 某空调生产厂家把生产的空调卖给消费者,同时提供送货上门服务
  B. 某美容院为顾客提供美容服务,同时给顾客推销护肤产品
  C. 某房地产开发商销售商品房,同时赠送家具、家电
  D. 盛方4S店销售汽车,同时提供保养维修服务
【答案】 CD。(解析略)

三、增值税的纳税义务人和扣缴义务人

(一)增值税的纳税义务人

在我国境内发生应税交易指销售货物、服务、无形资产、不动产,且销售额达到增值税起征点的单位和个人,以及进口货物的收货人,为增值税的纳税人。

【温馨提示】 单位是指企业、行政单位、事业单位、军事单位,社会团体及其他单位;个人是指个体工商户和其他个人。

(二)增值税纳税人的分类

根据规模大小,增值税纳税义务人可以分为:一般纳税人和小规模纳税人。小规模纳税人,是指年应税额在500万元以下的单位或个人;一般纳税人,是指年应税额在500万元以上的单位或个人。

(三)扣缴义务人

中华人民共和国境外的单位和个人,在境内提供应税劳务、在境内未设有经营机构的,则境内代理人为扣缴义务人。在境内没有代理人,则以购买方为扣缴义务人。

四、增值税税率、征收率和税目

我国现行增值税税率设计,使用了税率与征收率相结合的办法。则增值税税率有以下几种。

(一)增值税税率

1. 基本税率13%

自2019年4月1日起,我国对增值税税率进行了调整,将制造业等行业的增值税税率从16%降至13%。纳税人发生以下应税行为的,应当适用13%的增值税税率:①销售或进口货物(有特殊规定除外);②提供加工、修理修配劳务;③出租有形动产。

2. 低税率9%

目前,我国增值税税率9%的包括:①交通运输服务;②基础电信服务;③邮政服务;④建筑服务;⑤销售不动产和土地使用权;⑥出租不动产;⑦销售和进口粮食等农产品、食用植物油、自来水、暖气、冷气、热水、煤气、石油液化气、天然气、沼气、居民用煤炭制品、图书、报纸、杂志、饲料、化肥、农药、农机、农膜、农产品、音像制品、电子出版物、二甲醚。

3. 低税率6%

目前,我国增值税税率6%的包括:①电信增值服务;②金融服务;③现代服务;④生活服务;⑤销售无形资产。

4. 零税率

目前,我国对出口货物实现税率为零,国务院另有规定的除外。

(二)征收率

对于小规模纳税人,我国的征收率为3%。

(三)税目

增值税税目、税率、征收率和扣除率如表2-2至表2-4所示。

表2-2 增值税税目和税率表

序号	税目	增值税税率
1	销售或者进口货物	13%
2	加工、修理修配劳务	13%
3	有形动产租赁服务	13%
4	陆路运输服务	9%
5	水路运输服务	9%
6	航空运输服务	9%
7	管道运输服务	9%
8	邮政普遍服务	9%

(续表)

序号	税目	增值税税率
9	邮政特殊服务	9%
10	其他邮政服务	9%
11	基础电信服务	9%
12	工程服务	9%
13	安装服务	9%
14	修缮服务	9%
15	装饰服务	9%
16	其他建筑服务	9%
17	不动产租赁服务	9%
18	转让土地使用权	9%
19	销售不动产	9%
20	粮食、食用植物油	9%
21	自来水、暖气、冷气、热水、煤气、石油液化气、天然气、沼气、居民用煤炭制品	9%
22	图书、报纸、杂志	9%
23	饲料、化肥、农药、农机、农膜	9%
24	农产品	9%
25	音像制品	9%
26	电子出版物	9%
27	二甲醚	9%
28	国务院规定的其他货物	9%
29	增值电信服务	6%
30	贷款服务	6%
31	直接收费金融服务	6%
32	保险服务	6%
33	金融商品转让	6%
34	研发和技术服务	6%
35	信息技术服务	6%
36	文化创意服务	6%
37	物流辅助服务	6%
38	鉴证咨询服务	6%
39	广播影视服务	6%
40	商务辅助服务	6%

(续表)

序号	税目	增值税税率
41	其他现代服务	6%
42	文化体育服务	6%
43	教育医疗服务	6%
44	旅游娱乐服务	6%
45	餐饮住宿服务	6%
46	居民日常服务	6%
47	其他生活服务	6%
48	销售无形资产	6%
49	在境内载运旅客或者货物出境	0
50	在境外载运旅客或者货物入境	0
51	在境外载运旅客或者货物	0
52	航天运输服务	0
53	向境外单位提供的完全在境外消费的研发服务	0
54	向境外单位提供的完全在境外消费的合同能源管理服务	0
55	向境外单位提供的完全在境外消费的设计服务	0
56	向境外单位提供的完全在境外消费的广播影视节目(作品)的制作和发行服务	0
57	向境外单位提供的完全在境外消费的软件服务	0
58	向境外单位提供的完全在境外消费的电路设计及测试服务	0
59	向境外单位提供的完全在境外消费的信息系统服务	0
60	向境外单位提供的完全在境外消费的业务流程管理服务	0
61	向境外单位提供的完全在境外消费的离岸服务外包业务	0
62	向境外单位提供的完全在境外消费的转让技术	0
63	财政部和国家税务总局规定的其他服务	0
64	出口货物	0

表 2-3 增值税适用征收率表

序号	税目	增值税征收率
1	陆路运输服务	3%
2	水路运输服务	3%
3	航空运输服务	3%
4	管道运输服务	3%
5	邮政普遍服务	3%

(续表)

序号	税目	增值税征收率
6	邮政特殊服务	3%
7	其他邮政服务	3%
8	基础电信服务	3%
9	增值电信服务	3%
10	工程服务	3%
11	安装服务	3%
12	修缮服务	3%
13	装饰服务	3%
14	其他建筑服务	3%
15	贷款服务	3%
16	直接收费金融服务	3%
17	保险服务	3%
18	金融商品转让	3%
19	研发和技术服务	3%
20	信息技术服务	3%
21	文化创意服务	3%
22	物流辅助服务	3%
23	有形动产租赁服务	3%
24	不动产租赁服务	5%
25	鉴证咨询服务	3%
26	广播影视服务	3%
27	商务辅助服务	3%
28	其他现代服务	3%
29	文化体育服务	3%
30	教育医疗服务	3%
31	旅游娱乐服务	3%
32	餐饮住宿服务	3%
33	居民日常服务	3%
34	其他生活服务	3%
35	销售无形资产	3%
36	转让土地使用权	3%
37	销售不动产	5%

(续表)

序号	税目	增值税征收率
38	销售货物	3%
39	粮食、食用植物油	3%
40	自来水、暖气、冷气、热水、煤气、石油液化气、天然气、沼气、居民用煤炭制品	3%
41	图书、报纸、杂志	3%
42	饲料、化肥、农药、农机、农膜	3%
43	农产品	3%
44	音像制品	3%
45	电子出版物	3%
46	二甲醚	3%
47	国务院规定的其他货物	3%
48	加工、修理修配劳务	3%
49	一般纳税人提供建筑服务时,选择适用简易计税办法	3%
50	小规模纳税人转让其取得的不动产	5%
51	个人转让其购买的住房	5%
52	房地产开发企业中的一般纳税人,销售自行开发的房地产老项目,选择适用简易计税方法的	5%
53	房地产开发企业中的小规模纳税人,销售自行开发的房地产项目	5%
54	一般纳税人出租其2016年4月30日前取得的不动产,选择适用简易计税方法的	5%
55	单位和个体工商户出租不动产(个体工商户出租住房减按1.5%计算应纳税额)	5%
56	其他个人出租不动产(出租住房减按1.5%计算应纳税额)	5%
57	一般纳税人转让其2016年4月30日前取得的不动产,选择适用简易计税方法计税的	5%

表 2-4 增值税适用扣除率表

序号	税目	增值税扣除率
1	购进农产品(除以下第2项外)	以10%的扣除率计算进项税额
2	购进用于生产销售或委托加工16%税率货物的农产品	以12%的扣除率计算进项税额

五、增值税的税收减免

(一) 免征增值税的项目
免征增值税的项目有以下几种:
(1) 农业生产者销售的自产农产品;
(2) 避孕药品和用具;

（3）古旧图书；

（4）直接用于科学研究、科学试验和教学的进口仪器、设备；

（5）外国政府、国际组织无偿援助的进口物资和设备；

（6）由残疾人的组织直接进口供残疾人专用的物品；

（7）自然人销售的自己使用过的物品；

（8）托儿所、幼儿园、养老院、残疾人福利机构提供的育养服务、婚姻介绍、殡葬服务；

（9）残疾人员个人提供的服务；

（10）医院、诊所和其他医疗机构提供的医疗服务；

（11）学校和其他教育机构提供的教育服务，学生勤工俭学提供的服务；

（12）农业机耕、排灌、病虫害防治、植物保护、农牧保险以及相关技术培训业务，家禽、牲畜、水生动物的配种和疾病防治；

（13）纪念馆、博物馆、文化馆、文物保护单位管理机构、美术馆、展览馆、书画院、图书馆举办文化活动的门票收入，宗教场所举办文化、宗教活动的门票收入；

（14）境内保险机构为出口货物提供的保险产品。

（二）特殊情形

除以上规定外，根据国民经济和社会发展的需要，或者由于突发事件等原因对纳税人经营活动产生重大影响的，国务院可以制定增值税专项优惠政策，报全国人民代表大会常务委员会备案。例如，在这次疫情中，国家做出的防疫防控物资准备及为复工复产做出的减免政策。

（三）兼营行为减免

纳税人兼营增值税减税、免税项目的，应当单独核算增值税减税、免税项目的销售额；未单独核算的项目，不得减税、免税。

（四）其他特殊情形减免

纳税人发生应税交易适用减税、免税规定的，可以选择放弃减税、免税，依照法律规定缴纳增值税。

纳税人同时适用两个以上减税、免税项目的，可以分不同减税、免税项目选择放弃。放弃的减税、免税项目36个月内不得再减税、免税。

任务二　小规模纳税人应纳增值税税额的计算和申报

一、小规模纳税人税收规定

根据《财政部　税务总局关于统一增值税小规模纳税人标准的通知》（财税〔2018〕33号）第一条规定：增值税小规模纳税人标准为年应征增值税销售额500万元及以下。也就是企业年应税销售额在500万元以下的，为小规模纳税人，原来政策在500万元以下为一般纳税人的企业，可以选择转化为小规模纳税人，享受小规模纳税人的税收免税规定。

2019年，国务院发布各种税收优惠政策，其中最值得关注的是《财政部　税务总局关于实施小微企业普惠性税收减免政策的通知》(财税〔2019〕13号)文件,明确了小微企业增值税的优惠政策。将增值税小规模纳税人免税标准确定为,月销售额在10万元以下的、季销售额30万元以下的。

为确保该项优惠政策顺利实施,税务总局制发公告《关于小规模纳税人免征增值税政策有关征管问题的公告》(国家税务总局公告2019年第4号,以下简称4号公告)。4号公告第一条明确了小规模纳税人发生增值税应税销售行为,合计月销售额未超过10万元(以1个季度为1个纳税期的,季度销售额未超过30万元)的,免征增值税;合计月销售额超过10万元,但扣除本期发生的销售不动产的销售额后未超过10万元的,其销售货物、劳务、服务、无形资产取得的销售额免征增值税。4号公告第三条明确了按固定期限纳税的小规模纳税人可以选择以1个月或1个季度为纳税期限,一经选择,一个会计年度内不得变更。

疫情期间规定:自2020年3月1日至12月31日,对湖北省增值税小规模纳税人,适用3%征收率的应税销售收入,免征增值税;适用3%预征率的预缴增值税项目,暂停预缴增值税。除湖北省外,其他省、自治区、直辖市的增值税小规模纳税人,适用3%征收率的应税销售收入,减按1%征收率征收增值税;适用3%预征率的预缴增值税项目,减按1%预征率预缴增值税。

【做中学2-5】 天行健公司为小规模纳税人,2019年1~3月的销售额分别是5万元、11万元和12万元。季度销售额为28万元。假设适用增值税税率为3%,那么,该公司适合选择按月纳税还是按季纳税?

【解析】

如果按月纳税,则只有1月的5万元能够享受免税;如果按季纳税,由于该季度销售额为28万元,未超过免税标准30万元,因此,28万元全部能享受免税。在这种情况下,天行健公司小规模纳税人更愿意按季纳税。

一般纳税人符合条件,可以转为小规模纳税人。按照国税总局2018第18号公告的规定,同时符合以下条件的一般纳税人,可选择按照《财政部 税务总局关于统一增值税小规模纳税人标准的通知》(财税〔2018〕33号)第二条的规定,转登记为小规模纳税人,或选择继续作为一般纳税人:①根据《增值税暂行条例》第十三条和《增值税暂行条例实施细则》第二十八条的有关规定,登记为一般纳税人。②转登记日前连续12个月(以1个月为1个纳税期,下同)或者连续4个季度(以1个季度为1个纳税期,下同)累计应征增值税销售额(以下称应税销售额)未超过500万元。

根据《增值税暂行条例》,小规模纳税人发生应税行为,按简易方法计算,即按销售额和规定征收率计算应纳税额,不得抵扣进项税额。

二、小规模纳税人应纳税额计算

小规模纳税人应纳税额的计算公式为:

$$应纳税额 = 销售额 \times 征收率$$

公式中的销售额是指不含税销售额,由于小规模纳税人发生应税行为后自行开具的发票是普通发票,发票上列示的是含税销售额,因此在计税时需要将其换算为不含税销售额,

其换算公式为:

$$不含税销售额 = 含税销售额 \div (1 + 征收率)$$

【做中学2-6】 宏大公司为小规模纳税人,2019年10月份销售额为206 000元,征收率为3%,计算该公司的应纳税额。

【解析】

$$\begin{aligned}应纳税额 &= 不含税销售额 \times 征收率 \\ &= 含税销售额 \div (1+征收率) \times 征收率 \\ &= 206\,000 \div (1+3\%) \times 3\% \\ &= 6\,000(元)\end{aligned}$$

【做中学2-7】 西安服装有限公司,为小规模纳税人,其2019年5月份发生如下业务:

(1) 5月1号购进化纤布,增值税发票上注明的价款为30 000元,税款为1 900元,货款已转账支付,材料验收入库。

(2) 5月2号销售女式西服100套,取得销售收入61 800元,开具普通发票,款项已存入银行。

(3) 5月18日销售儿童运动服100套,取得销售收入20 600元,由税务机关代开增值税专用发票,款项已存入银行。

(4) 5月25日,销售男士休闲装50套,取得销售收入51 500元,开具普通发票,款项尚未收到。

要求:对以上业务进行纳税计算,并填制纳税申报表。

【解析】

(1) 小规模纳税人不进行进项抵扣,所有税收计算与采购无关,不作处理。

(2) 取得的销售收入61 800元,为含税收入,先要换算为不含税收入。

$$不含税收入 = 61\,800 \div (1+3\%) = 60\,000(元)$$
$$应纳税额 = 60\,000 \times 3\% = 1\,800(元)$$

(3) 取得的销售收入20 600元,为含税收入,先要换算为不含税收入。

$$不含税收入 = 20\,600 \div (1+3\%) = 20\,000(元)$$
$$应纳税额 = 20\,000 \times 3\% = 600(元)$$

(4) 取得的销售收入51 500元,为含税收入,先要换算为不含税收入。

$$不含税收入 = 51\,500 \div (1+3\%) = 50\,000(元)$$
$$应纳税额 = 50\,000 \times 3\% = 1\,500(元)$$

【温馨提示】 将以上资料填入表2-5中。

三、小规模纳税人的纳税申报流程

(一) 提供纳税申报的资料

小规模纳税人纳税申报时,应提供以下资料:增值税纳税申报表(适用小规模纳税人)、普通发票领用存月报表、企业财务会计报表及其他税务机关要求报送的资料。

(二)填制小规模纳税人纳税申报表

本纳税申报表及其附列资料填写说明(以下简称本表及填写说明)适用于增值税小规模纳税人(以下简称纳税人)。

1. 名词解释

(1)本表及填写说明所称"货物",是指增值税的应税货物。

(2)本表及填写说明所称"劳务",是指增值税的应税加工、修理、修配劳务。

(3)本表及填写说明所称"服务、不动产和无形资产",是指销售服务、不动产和无形资产(以下简称应税行为)。

(4)本表及填写说明所称"扣除项目",是指纳税人发生应税行为,在确定销售额时,按照有关规定允许其从取得的全部价款和价外费用中扣除价款的项目。

2.《增值税纳税申报表(小规模纳税人适用)》填写说明

本表"货物及劳务"与"服务、不动产和无形资产"各项目应分别填写。

(1)"税款所属期"是指纳税人申报的增值税应纳税额的所属时间,应填写具体的起止年、月、日。

(2)"纳税人识别号"栏,填写纳税人的税务登记证件号码。

(3)"纳税人名称"栏,填写纳税人名称全称。

(4)第1栏"应征增值税不含税销售额(3%征收率)":填写本期销售货物及劳务、发生应税行为适用3%征收率的不含税销售额,不包括应税行为适用5%征收率的不含税销售额、销售使用过的固定资产和销售旧货的不含税销售额、免税销售额、出口免税销售额、查补销售额。

纳税人发生适用3%征收率的应税行为且有扣除项目的,与当期《增值税纳税申报表(小规模纳税人适用)附列资料》第8栏数据一致。

(5)第2栏"税务机关代开的增值税专用发票不含税销售额":填写税务机关代开的增值税专用发票销售额合计。

(6)第3栏"税控器具开具的普通发票不含税销售额":填写税控器具开具的货物及劳务、应税行为的普通发票金额所换算的不含税销售额。

(7)第4栏"应征增值税不含税销售额(5%征收率)":填写本期发生应税行为适用5%征收率的不含税销售额。

纳税人发生适用5%征收率应税行为且有扣除项目的,本栏填写扣除后的不含税销售额,与当期《增值税纳税申报表(小规模纳税人适用)附列资料》第16栏数据一致。

(8)第5栏"税务机关代开的增值税专用发票不含税销售额":填写税务机关代开的增值税专用发票销售额合计。

(9)第6栏"税控器具开具的普通发票不含税销售额":填写税控器具开具的发生应税行为的普通发票金额所换算的不含税销售额。

(10)第7栏"销售使用过的固定资产不含税销售额":填写销售自己使用过的固定资产(不含不动产,下同)和销售旧货的不含税销售额,销售额=含税销售额÷(1+3%)。

(11)第8栏"税控器具开具的普通发票不含税销售额":填写税控器具开具的销售自己使用过的固定资产和销售旧货的普通发票金额所换算的不含税销售额。

（12）第9栏"免税销售额"：填写销售免征增值税的货物及劳务、应税行为的销售额，不包括出口免税销售额。应税行为有扣除项目的纳税人，填写扣除之前的销售额。

（13）第10栏"小微企业免税销售额"：填写符合小微企业免征增值税政策的免税销售额，不包括符合其他增值税免税政策的销售额。个体工商户和其他个人不填写本栏次。

（14）第11栏"未达起征点销售额"：填写个体工商户和其他个人未达起征点（含支持小微企业免征增值税政策）的免税销售额，不包括符合其他增值税免税政策的销售额。本栏次由个体工商户和其他个人填写。

（15）第12栏"其他免税销售额"：填写销售免征增值税的货物及劳务、应税行为的销售额，不包括符合小微企业免征增值税和未达起征点政策的免税销售额。

（16）第13栏"出口免税销售额"：填写出口免征增值税货物及劳务、出口免征增值税应税行为的销售额。

应税行为有扣除项目的纳税人，填写扣除之前的销售额。

（17）第14栏"税控器具开具的普通发票销售额"：填写税控器具开具的出口免征增值税货物及劳务、出口免征增值税应税行为的普通发票销售额。

（18）第15栏"本期应纳税额"：填写本期按征收率计算缴纳的应纳税额。

（19）第16栏"本期应纳税额减征额"：填写纳税人本期按照税法规定减征的增值税应纳税额，包含可在增值税应纳税额中全额抵减的增值税税控系统专用设备费用以及技术维护费，可在增值税应纳税额中抵免的购置税控收款机的增值税税额。

本期减征额小于或等于第15栏"本期应纳税额"时，按本期减征额实际填写；当本期减征额大于第15栏"本期应纳税额"时，按本期第15栏填写，本期减征额不足抵减部分结转下期继续抵减。

（20）第17栏"本期免税额"：填写纳税人本期增值税免税额，免税额根据第9栏"免税销售额"和征收率计算。

（21）第18栏"小微企业免税额"：填写符合小微企业免征增值税政策的增值税免税额，免税额根据第10栏"小微企业免税销售额"和征收率计算。

（22）第19栏"未达起征点免税额"：填写个体工商户和其他个人未达起征点（含支持小微企业免征增值税政策）的增值税免税额，免税额根据第11栏"未达起征点销售额"和征收率计算。

（23）第21栏"本期预缴税额"：填写纳税人本期预缴的增值税额，但不包括查补缴纳的增值税额。

（三）报表填制示例

【做中学2-8】 西安先锋服装有限公司，为小规模纳税人，其纳税人识别号为：91610113710106898 5N。其2020年5月份发生如下业务：

（1）5月1日购进原材料，增值税发票上注明的价款为3 000 000元，税款为190 000元，货款已转账支付，材料验收入库。

（2）5月2日销售女式西服1 000套，取得销售收入618 000元，开具普通发票，且款项已存入银行。

（3）5月18日销售儿童运动服1 000套，取得销售收入206 000元，由税务机关代开增值税专用发票，款项已存入银行。

(4) 5月25日,销售男士休闲装500套,取得销售收入515 000元,开具普通发票,款项尚未收到。

要求:对以上业务进行纳税计算,并填制纳税申报表。

【解析】

我们进行纳税申报的填制表:

第1栏不含税收入:1 300 000元;

第2栏不含税收入:200 000元;

第3栏不含税收入:1 100 000元;

第15栏本期应纳税额:39 000元;

第20栏应纳税额合计:39 000元;

第22栏本期应补税额:39 000元。

最后根据实际情况填上办税人员、财务负责人、法定代表人、联系电话等信息。

表2-5 增值税纳税申报表
(小规模纳税人适用)

纳税人识别号:916101137101068985N
纳税人名称(公章):西安先锋服装有限公司　　　　　　　　　金额单位:元至角分
税款所属期:2020年5月1日至2020年5月31日　　　　　　　填表日期:2020年6月7日

	项目	栏次	本期数		本年累计	
			货物及劳务	服务、不动产和无形资产	货物及劳务	服务、不动产和无形资产
一、计税依据	(一)应征增值税不含税销售额(3%征收率)	1	1 300 000			
	税务机关代开的增值税专用发票不含税销售额	2	200 000			
	税控器具开具的普通发票不含税销售额	3	1 100 000			
	(二)应征增值税不含税销售额(5%征收率)	4		—		
	税务机关代开的增值税专用发票不含税销售额	5				
	税控器具开具的普通发票不含税销售额	6				
	(三)销售使用过的固定资产不含税销售额	7(7≥8)		—		—
	其中:税控器具开具的普通发票不含税销售额	8		—		—
	(四)免税销售额	9=10+11+12				
	其中:小微企业免税销售额	10				
	未达起征点销售额	11				
	其他免税销售额	12				
	(五)出口免税销售额	13(13≥14)				
	其中:税控器具开具的普通发票销售额	14				

(续表)

项目		栏次	本期数		本年累计	
			货物及劳务	服务、不动产和无形资产	货物及劳务	服务、不动产和无形资产
二、税款计算	本期应纳税额	15	39 000			
	本期应纳税额减征额	16				
	本期免税额	17				
	其中:小微企业免税额	18				
	未达起征点免税额	19				
	应纳税额合计	20＝15－16	39 000			
	本期预缴税额	21			—	—
	本期应补(退)税额	22＝20－21	39 000		—	—

纳税人或代理人声明: 本纳税申报表是根据国家税收法律法规及相关规定填报的,我确定它是真实的、可靠的、完整的。	如纳税人填报,由纳税人填写以下各栏: 办税人员:王玲　财务负责人:张山 法定代表人:王红　联系电话:029-88974561
	如委托代理人填报,由代理人填写以下各栏:
	代理人名称(公章):　　　　　　　　　经办人: 　　　　　　　　　　　　　　　　　　联系电话:

主管税务机关:　　　　　　接收人:　　　　　　接收日期:

任务三　一般纳税人应纳增值税的计算

一般纳税人销售货物或者提供应税劳务或服务,应纳税额为当期销项税额抵扣当期进项税额后的余额。应纳增值税额的计算公式为:

$$应纳增值税税额 = 当期销项税额 - 当期进项税额$$

当期销项税额小于当期进项税额、不足抵扣时,其不足部分,可以转接下期继续抵扣。

一、销项税额计算

销项税额是指纳税人发生应税行为时,按照销售额和规定的税率计算并向购买方收取增值税税额,其计算公式为:

$$销项税额 = 销售额 \times 适用税率$$

公式中的销售额为不含税销售额,如果取得的销售额为含税销售额,那么必须将含税销售额换算为不含税销售额。

一般纳税人销售货物或者应税劳务取得的含税销售额在计算销项税额时,必须将其换算为不含税的销售额,对于一般纳税人取得的含税销售额,按下列公式计算销售额:

$$不含税销售额 = 含税销售额 \div (1 + 税率)$$

公式中的税率为销售的货物或者应税劳务所适用的税率,应当注意增值税一般纳税人向购买方收取的价外费用加逾期包装物押金,应被视为含税收入,在征税时换算成不含税收入,再并入销售额。

(一) 一般销售方式下销售额的计算

销售额是指纳税人销售货物、提供应税劳务和应税服务向购买方收取的全部价款加价外费用。由于增值税为价外税,因此销售额不包括向购买方收取的销项税额。

价外费用,包括价外向购买方收取的手续费、补贴、基金、集资费、返还利润、奖励费、违约金、滞纳金、延期付款利息、赔偿金、代收款项、代垫款项、包装费、包装物租金、储备费、运输装卸费以及其他各种性质的价外收费。但下列项目不包括在内:

(1) 受托加工应征消费税的消费品所代收代缴的消费税。

(2) 同时符合以下条件的代垫运输费用:①承运部门的运输费用发票开具给购买方的;②纳税人将该项发票转交给购买方的。

(3) 同时符合以下条件代为收取的政府性基金或者行政性事业收费:①由国务院或者财政部批准设立的政府性基金、由国务院或者省级人民政府及其财政价格主管部门批准设立的行政事业性收费;②收取时开具省级以下财政部门印制的财政票据;③所述款项全额上缴财政。

(4) 销售货物的同时代办保险等而向购买方收取的保险费,以及向购买方收取代购买方缴纳的车辆购置税、车辆牌照费。

凡随同销售货物或提供应税劳务而向购买方收取的价外费用,无论其会计制度如何核算,均应并入销售额计算应纳税额。税法规定各种性质的价外收费都要并入销售额计算征税,目的是防止企业以各种名目的收费减少销售额以逃避纳税的现象。上述四项允许不计入价外费用,是因为在满足了上述条件后,可以确认销售方在其中仅仅是代为收取了有关费用,这些价外费用确实没有形成销售方的收入。

销售额以人民币计算,纳税人以人民币以外的货币结算销售额的,应当将其折合成人民币计算。

(二) 特殊销售方式下销售额的确定

1. 折扣折让方式销售

第一,折扣销售,是指由于购货方购货数量较大等而给予购货方的价格优惠。纳税人以折扣的方式销售货物,如果销售额和折扣额是在同一张发票上的"金额"栏分别注明,则其可按折扣后的销售额征收增值税;如未在同一张发票上"金额"栏注明折扣额,而仅在发票"备注"栏注明折扣额的,折扣额均不得从销售额中减除。折扣销售仅限于货物价格的折扣,如果销售者将自产、委托加工和购买的货物用于实物折扣,则该实物款额不能从货物销售额中减除,且该实物应按增值税条例"视同销售货物"中的"赠送他人"计算征收增值税。

【想一想2-3】 某单位销售货物取得不含税价款200万元,购货方及时付款,给予5%的折扣,实收190万元,其计税销售额是多少?

第一,销售折扣,销售折扣是指销货方在销售货物或应税劳务后,为了鼓励购买方及早还货款而以协议许诺给购货方的一种折扣优待。如10/2%、20/1%、30/n,表示10天内付款货款折扣2%,20天内付款折扣1%,30天内全价付款。销售折扣发生在销货之后,是一种融资性质的理财费用,因此销售折扣不得从销售额中减除。

第二,销售折让销售,折让是指货物销售后,由于其品种质量等原因购货方未予退货,但销货方需给购货方的一种价格折让。销售折让是由于货物的品种和质量而引起的销售额减少,因此对销售折让可以折让后的货款为销售额。

2. 以旧换新方式销售

以旧换新是指纳税人在销售自己货物时,有偿收回旧货物的行为。根据税法规定,采取以旧换新方式销售货物的,应按新货物的同期售价确定销售额,不得扣减旧货物的收购价格。对金银首饰以旧换新业务,可以按销售方实际收取的不含增值税的全部价款征收增值税。

3. 还本销售方式销售

还本销售是指纳税人在销售货物后,到一定期限由销售方一次或分次退还给购货方全部或部分价款。采取还本销售方式销售货物,其销售额就是货物的销售价格,不得从销售额中减除还本支出。

4. 以物易物方式销售

以物易物是一种较为特殊的购销活动,是指购销双方不以货币结算,而是以同等价款的货物相互结算、实现货物购销的一种方式。以物易物双方都应做购销处理,以各自发出的货物核算销售额计算销项税额,以各自收到的货物按规定核算购货额,并计算进项税额。应注意,在以物易物活动中,应分别开具合法的票据,如收到的货物不能取得相应的增值税专用发票或其他合法票据的,不能抵扣进项税额。

5. 包装物押金的计价销售

包装物是指纳税人包装本单位货物的各种物品,纳税人销售货物时另收取包装物押金,目的是促使购货方及早退回包装物以便周转使用。根据税法规定,纳税人为销售货物而出租出借包装物收取的押金,单独记账核算的,时间在1年以内又未逾期的,不并入销售额征税,但对因逾期未收回包装物不再退还的押金,应按所包装货物的适用税率计算销项税额。

上述规定中,"逾期"是指按合同约定实际逾期或以1年为期限。对收取1年以上的押金,无论是否退还均并入销售额征税。当然,在将包装物押金并入销售额征税时,需要先将该押金换算为不含税价,再并入销售额征税。对于个别包装物周转使用期限较长的,经税务机关确定后,可适当放宽逾期期限。

另外,包装物押金不应混同于包装物租金,包装物租金在销货时作为价外费用并入销售额计算销项税额。从1995年6月1日起,对销售除啤酒、黄酒外的其他酒类产品而收取的包装物押金,无论是否返还以及会计上如何核算,均应并入当期销售额征税。对销售啤酒、黄酒所收取的押金,按上述一般押金的规定处理。

(三)视同销售行为销售额的确定

根据税法相关规定,纳税人销售货物、提供应税劳务和应税服务的价格明显偏低且无正当理由,或者发生视同销售行为而无销售额的,税务机关有权按下列顺序确定其销售额:

(1) 按纳税人最近时期同类货物的销售价格确定。

(2) 按其他纳税人最近时期同类货物的平均销售价格确定。

(3) 按组成计税价格确定。

以成本利润率为基础计算的组成计税价格:①组成计税价不含消费税的,组成计税价格=成本×(1+成本利润率)。②组成计税价含消费税的,属于征收消费税的货物,其组成计税价格应加上消费税税额,其组成计税价格计算公式为:组成计税价格=成本×(1+成本利润率)+消费税税额。或者,组成计税价格=成本×(1+成本利润率)÷(1-消费税税额)。

公式中的成本是指,销售自产货物的为实际生产成本,销售外购货物的为实际采购成本。公式中的成本利润率由国家税务总局确定,一般为10%,但属于应从价定率征收消费税的货物,其成本利润率应按消费税中规定的成本利润率计算。

二、增值税进项税额

增值税进项税额,是指纳税人购进货物、加工修理修配劳务、服务、无形资产或者不动产,支付或者负担的增值税税额。在开具增值税专用发票的情况下,销售方收取的销项税额就是购买方支付的进项税额。

(一)准予从销项税额中抵扣的进项税额

根据国家税收法律制度的规定,准予从销项税额中抵扣的进项税额,限于下列增值税扣税凭证上注明的增值税税额和按照规定扣除率计算的进项税税额。

(1) 从销售方取得的增值税专用发票上注明的增值税税额。

(2) 从海关取得的海关进口增值税专用缴款书上注明的增值税税额。

(3) 购进农产品,取得(开具)农产品销售发票或收购发票的,以农产品销售发票或收购发票上注明的农产品买价和9%扣除率计算进项税额:即进项税额=买价×9%。当纳税人购进用于生产销售或委托加工13%税率货物的农产品,按照10%的扣除率计算进项税额。

(4) 从境外单位或者个人购进服务、无形资产或者不动产,自税务机关或者扣缴义务人取得结交税款的完税凭证上注明的增值税税额。

(5) 新规定的普通发票进项税额:①通行费发票进项税额=发票上金额÷(1+5%)×5%;②旅客运输的普通发票的,为发票上注明的税额。

【温馨提示】 从2019年10月1日至2021年12月31日,允许生活性服务业纳税人按照当期可抵扣进项税额加计15%,抵减应纳税额(以下称加计抵减15%政策)。生活性服务业纳税人,是指提供生活服务取得的销售额占全部销售额的比重超过50%的纳税人。

【做中学2-9】 红叶公司是一般纳税人,且从事餐饮业。2020年4月,销售额销项税额为50万元,当月进项税额为20万元,该公司4月应纳增值税税额是多少?

【解析】 本月应纳税额=50-20×(1+15%)=27(万元)。

(二)不得从销项税额中抵扣的进项税额

1. 不合规定的扣税凭证,进项税额不得扣除

纳税人取得的增值税款扣税凭证,不符合法律行政法规或者国家税务总局有关规定的进项税额,不得从销项税额中抵扣增值税。扣税凭证是指增值税专用发票、海关进口增值税专用缴款书、农产品收购发票、农产品销售发票和完税凭证以及新规定的普通发票。

2. 不得从销项税额中抵扣的进项税额

(1) 用于简易方法计税项目、免征增值税项目、集体福利、个人消费的购进货物、应税劳务、服务、无形资产和不动产,其中涉及的固定资产、无形资产、不动产仅指专用于上述项目的固定资产、无形资产、不动产。

(2) 非正常损失的购进货物,以及相关的加工修理修配劳务和交通运输服务。

(3) 非正常损失的在产品、产成品所耗用的购进货物、加工修理修配劳务和交通运输服务。

(4) 非正常损失的不动产以及该不动产所耗用的购进货物、设计服务和建筑服务。

(5) 非正常损失的不动产、在建工程所耗用的购进货物、设计服务和建筑服务。

(6) 购进的旅客运输服务、贷款服务、餐饮服务、居民日常服务和娱乐服务。

(7) 财政部和国家税务总局规定的其他情形。

三、应纳税额的计算

增值税应纳税额的计算关系到两个方面:一是本期的销售税额;二是本期的进项税额。而本期的应纳税额则是本期的销售税额减去本期的购进税额后的余额。即增值税应纳税额的计算公式为:应纳税额=当期销项税额—当期进项税额。而我们关注的就是销售税额和购进税额。

(一)销售货物应纳税额计算

1. 销售货物

销售货物是指有偿转让货物的所有权,有偿是从购买方取得货币货物或者其他经济利益,而将我们的货物等价转让给购买方,这也是企业进行生产的目的所在。

2. 销售货物的应纳税额计算

$$销售货物的应纳税额 = 当期销项税额 - 当期进项税额$$

【做中学 2-10】 某纺织厂为一般纳税人,本期销售额为 100 万元,本期进项税额为 6 万元。该纺织厂本期的应纳税额是多少?

【解析】

本期销项税额=100×13%=13(万元);

应纳税额=当期销项税额—当期进项税额=13—6=7(万元)。

(二)销售服务应纳税额计算

销售服务,包括提供修理修配劳务、运输服务、邮政服务、电信服务、建筑服务、金融服务、现代服务、生活服务等。

$$销售服务应纳税额 = 当期销项税额 - 当期进项税额$$

1. 加工修理修配劳务的应纳税额计算

提供加工修理修配劳务的收入额,为纳税人提供加工修理修配劳务后,从劳务接受方收取的全部价款和价外费用,但不包括收取的销项税额。全部价款和价外费用包括收取的加工修理修配劳务费和代垫的辅助材料费。

【做中学2-11】 光华厂生产喷雾器的农机厂为增值税一般纳税人。该厂2019年6月销售喷雾器,取得不含税销售收入50万元,为农民修理喷雾器取得修理费现金收入10万元。当月购入零配件增值税专用发票上注明的税款为4万元,零配件已入库。试计算该厂6月份的应纳增值税。

【解析】

农机厂产品的适用税率为9%,修理修配的适用税率为13%。

销项税额=50×9%+10÷(1+13%)×13%=5.6504(万元)

进项税额=4(万元)

应纳税额=销项税额−进项税额=5.6504−4=1.6504(万元)

2. 运输服务的应纳税额计算

交通运输业的销售额是指客运收入、货运收入、装卸搬运收入、其他运输收入、运输票价中包含的保险收入和随同票价、货运价以及向客户收取的各种建设基金。

铁路运输以及纳税人为旅客、托运人、收货人和其他铁路运输企业提供铁路运输及辅助服务取得的收入,为铁路运输企业的销售额。

一般纳税人提供客运场站服务,以其取得的全部价款和价外费用,扣除支付给承运方后的余额为客运收入的销售额。

航空运输企业的销售额不包括代收的机场建设费和代售其他航空运输企业客票而代收转付的价款。

【做中学2-12】 2019年5月,甲运输公司接受乙公司委托,将一批货物从A地运至B地,含税运费330万元,开具货物运输业增值税专用发票。甲运输公司又将部分货物委托给丙运输公司运送,并支付含税运费109万元,丙运输公司开具运输业增值税专用发票。试计算甲运输公司增值税的应纳税额。

【解析】

进项税额=109÷(1+9%)×9%=9(万元)

销项税额=330÷(1+9%)×9%=27.2477(万元)

应纳税额=27.2477−9=18.2477(万元)

3. 邮政服务的应纳税额计算

邮政业务的销售额是指纳税人提供传递函件或包件、邮汇、报刊发行、邮务物品销售、邮政储蓄和其他邮政业务取得的收入。

4. 电信服务的应纳税额计算

总机构汇总的销售额为总机构及其分支机构提供电信服务或应税服务的销售额。总机构汇总的进项税额是指总机构及其分支机构提供电信服务或应税服务而购进货物、接收加工修理修配劳务和应税服务,后支付或者负担的增值税税额。

电信企业提供电信服务,附赠电信终端:取得的全部价款和价外费用中(销售方)以不低于电信终端的成本价作为货物价格(13%)。剩余部分按照公允价值拆分为基础电信价格(9%)和增值电信价格(6%),按各自的适用税率计算缴纳增值税。

5. 建筑服务的应纳税额计算

建筑服务是指各类建筑物、构筑物及其附属设施的建造、修缮、装饰、线路、管道、设备、设施等的安装,以及其他工程作业的业务活动。它包括工程服务、安装服务、修缮服务、装饰服务和其他建筑服务。

建筑业服务的销售额,为纳税人向对方收取的工程价款和各项价外费用。建筑安装企业向对方收取的临时设施费、劳动保护费、施工迁移费,施工企业收取的材料差价款、抢工费、全优工程奖和提前竣工奖等应并入销售额。

从事建筑、修缮、装饰工程作业,无论怎样结算,营业额均包括工程所用原材料及其他物资和动力的价款。从事安装工程作业,凡所安装的设备和价值是作为安装工程产值的,销售额应包括设备的价款。

房地产开发企业中的一般纳税人销售其开发的房地产项目,以取得全部价款和价外费用,扣除受让土地时向政府部门支付的土地价款后的余额为销售额。

纳税人提供建筑服务适用简易计税方法的,以取得的全部价款和价外费用扣除支付的分包款后的余额为销售额

【做中学2-13】 某建筑企业为增值税一般纳税人,2019年5月该企业发生如下经济业务:

(1) 购进办公楼一幢。取得增值税专用发票,注明价款1 000万元,增值税额90万元。

(2) 购进钢材等商品取得增值税专用发票,注明价款8 000万元,增值税额1 040万元。

(3) 从农民手中收购农产品,农产品收购发票,注明价款5万元;从个体户王某处购得砂石料50万元,取得税务机关代开的增值税专用发票。

计算该企业的进项税额?

【解析】

进项税额=90+1 040+55×3%=1 131.65(万元)

6. 金融服务的应纳税额计算

金融是以银行为中心的货币和信用的授受及与之相联系的经济活动的总称。它具体包括货币的发行与回笼,货币资金的存入与支取,信贷资金的发放与偿还,企业之间由商品交易引起的资金结算与往来,金银、外汇等金融商品的买卖,有价证券的发行、购买、转让和贴现,信托、保险,国内、国际货币结算等。金融服务是指经营金融保险的业务活动,它包括贷款服务、直接收费金融服务、金融商品转让和经济代理服务。

纳税人的销售额,为纳税人提供金融服务而收取的全部价款和价外费用:

(1) 贷款服务以提供贷款服务取得的全部利息及利息性质的收入为销售额。

(2) 直接收费金融服务以提供直接收费金融服务收取的手续费、佣金、酬金、管理费、服务费、经手费、开户费、过户费、结算费、转托管费等各类费用为销售额。

(3) 金融商品转让,以卖出价扣除买入价后的余额为销售额。转让金融商品出现等正负差,以盈亏相抵后的余额为销售额。若相抵后出现负差,可结转为下一纳税期与下期转让

金融商品销售额相抵;但年末时仍出现负差的,不得转入下一个会计年度。金融商品的买入价,可以加权平均法或者移动加权平均法核算,选择后36个月内不得变更。

(4) 经纪代理服务以取得的全部价款和价外费用,扣除向委托方收取并代为支付的政府性基金或者行政事业收费后的余额为销售额。

【做中学2-14】 2020年7月,某建设银行发生以下经济业务:
(1) 利息收入100万元。
(2) 另一项转贷业务利息收入10万元,借款利息支出5万元。
(3) 手续费收入6万元。
(4) 从事股票买卖,买入价为40万元,卖出价为70万元。
计算该银行7月起的应纳增值税税额。

【解析】
转贷业务收入销售额为贷款利息收入减去借款利息支出。金融企业从事股票、债券买卖业务,以股票、债券的卖出价减去买入价后的余额为销售额。金融经纪业务和其他金融业务销售额为手续费类的全部收入。

销售额=100+(10-5)+6+(70-40)=141(万元)。

7. 现代服务的应纳税额计算

现代服务是指围绕制造业、文化产业、现代物流产业等提供技术性、知识性服务的业务活动。它包括研发和技术服务、信息技术服务、文化创意服务、物流辅助服务、有形动产租赁服务、鉴证咨询服务。

【做中学2-15】 某设计公司为增值税一般纳税人。2020年2月,该公司发生以下经济业务:
(1) 为甲个人提供服装设计服务,取得收入10万元。
(2) 为乙个人提供创意策划服务,取得收入10万元。
(3) 为丙企业提供环境设计服务,取得收入5万元。
(4) 提供创意策划服务,取得收入10万元。
计算该公司2月的销项税额。

【解析】
销项税额=(10+10+5+10)÷(1+6%)×6%=1.9811(万元)。

8. 生活服务的应纳税额计算

纳税人提供旅游服务,可以选择以取得的全部价款和价外费用,扣除向旅游服务购买方收取并支付给其他单位或者个人的住宿费、餐饮费、交通费、签证费、门票费或支付给其他接团旅游企业的旅游费用后的余额为销售额。娱乐业服务的销售额为经营娱乐业时收取的全部价款和价外费用,包括门票费、台位费、点歌费、烟酒、饮料、茶水、鲜花、小吃等收费及经营娱乐业的其他各项收费。

【做中学2-16】 某卡拉OK歌舞厅2020年7月取得门票收入10万元,台位费6万元,点歌费4万元。试计算卡拉OK歌舞厅,7月应纳增值税的销售额。

【解析】

销售额＝10＋6＋4＝20(万元)

【做中学2-17】 2020年8月,某旅行社在境内组织旅游取得收入50万元,其中包括代旅游团成员支付的交通、住宿、门票等费用20万元。同月,该旅行社组团出境旅游,到境外后向外国某旅游公司接团,共取得收入50万元,支付给境外旅游公司15万元。计算该旅行社7月应纳增值税的销售额。

【解析】

应纳税销售额＝(50－20)＋(50－15)＝65(万元)

(三) 销售无形资产

纳税人销售无形资产(不含转让土地使用权)的销售额,是指纳税人发生应税行为取得的全部价款和价外费用。

$$应纳税额 = 本期销项税额 - 本期进项税额$$

【做中学2-18】 甲企业为增值税一般纳税人,2020年6月10日,甲企业转让一项专利技术且收取含税价款106万元,并于当日转让完成。甲企业当月购进一批办公电脑并取得增值税专用发票,注明销售额20万元,税额为3.2万元。计算甲企业2020年6月的增值税的应纳税额。

【解析】

不含税销售额＝106÷(1＋6％)＝100(万元)

销项税额＝100×6％＝6(万元)

应纳税额＝6－3.2＝2.8(万元)

(四) 销售不动产

纳税人销售不动产的销售额,是指纳税人发生应税行为取得的全部价款和价外费用。

$$应纳税额 = 本期销项税额 - 本期进项税额$$

【做中学2-19】 某纳税人为增值税一般纳税人,2019年6月25日,该纳税人销售其2019年4月30日前取得的写字楼一层,开具增值税专用发票一张,注明金额500万元。该楼层原购置价格为400万元。计算该纳税人增值税的销项税额。

【解析】

(1) 在企业主管地税务机关预交税款:

应预交税款＝(500－400)÷(1＋5％)×5％＝4.7619(万元)

(2) 在企业主管税务机关申报纳税:

销项税额＝500×9％＝45(万元)

本期应补(退)税额＝45－4.7619＝40.2381(万元)

四、进口货物应纳税额的计算

(一) 进口货物的纳税人

申报进入中华人民共和国海关境内的货物均应缴纳增值税,进口货物的收货人或办理报关手续的单位和个人应为进口货物增值税的纳税义务人。也就是说,进口货物增值税纳税人的界定范围较宽,包括了国内一切从事进口业务的企事业单位、机关团体和个人。

(二) 进口货物应纳税额的计算

进口货物无论是一般纳税人还是小规模纳税人,均按照组成计税价格和规定的税率计算应纳税额,不得抵扣发生在我国境外的任何税金。

组成计税价格和应纳税额的计算公式为:

$$组成计税价格 = 关税完税价格 + 关税$$

如果进口货物属于消费税应税消费品,其组成价格还要包括进口环节已纳的消费税税额,即:

$$组成计税价格 = 关税完税价格 + 关税 + 消费税$$

$$应纳税额 = 组成计税价格 \times 税率$$

五、出口退税应纳税额的计算

(一) 出口退税政策

在政策上,出口应税消费品退(免)消费税分为以下三种情况。

1. 出口免税并退税

出口免税并退税的适用范围:有出口经营权的外贸企业购进应税消费品直接出口,以及外贸企业受其他外贸企业委托代理出口应税消费品。需要注意的是,外贸企业只有受其他外贸企业委托,代理出口应税消费品才可办理退税;外贸企业受其他企业(主要是非生产性的商贸企业)委托,代理出口应税消费品是不予退(免)税的。

2. 出口免税但不退税

出口免税但不退税的适用范围:有出口经营权的生产性企业自营出口,或生产企业委托外贸企业代理出口自产的应税消费品,依据其实际出口数量免征消费税,不予办理退还消费税。免征消费税是指对生产性企业按其实际出口数量免征生产环节的消费税。不予办理退还消费税,是指因已免征生产环节的消费税,该应税消费品出口时,已不含有消费税,所以无须再办理退还消费税。这项政策规定与前述生产性企业自营出口或委托代理出口自产货物退(免)增值税的规定是不一样的。政策区别的原因是:消费税仅在生产企业的生产环节征收,若生产环节免税,则出口的应税消费品就不含有消费税了;增值税却在货物销售的各个环节征收,生产企业出口货物时,已纳的增值税就需退还。

3. 出口不免税也不退税

出口不免税也不退税的适用范围:除生产企业、外贸企业外的其他企业,具体是指一般商贸企业,这类企业委托外贸企业代理出口的应税消费品一律不予退(免)税。

(二) 增值税出口退税率

从2019年4月起,税务局规定,出口商品的出口退税率有13%,10%,9%,6%和0五档税率。

(三) 出口退税办法

第一,对外贸企业出口货物实行免税和退税的办法,即对出口货物销售环节免征增值税,对出口货物在各个生产流通环节已缴纳的增值税予以退税;第二,对生产企业自营或委托出口的货物实行免、抵、退税办法,对出口货物的环节免征增值税,对出口货物所采购的原材料、包装物等所含的增值税,允许抵减其内销货物的应缴税款,对未抵减完的部分再予以退税。

(四)增值税出口退税额的计算

我国出口货物、服务的增值税出口退税额,以如下方法计算。

1. 当期应纳税额的计算

当期应纳税额=当期内销货物的销项税额-(当期进项税额-当期免抵退税不得免征和抵扣税额),其中:

(1) 免抵退税不得免征和抵扣税额=出口货物离岸价格×外汇人民币牌价×(出口货物征税率-出口货物退税率)-免抵退税不得免征和抵扣税额抵减额;

(2) 免抵退税不得免征和抵扣税额抵减额=免税购进原材料价格×(出口货物征税率-出口货物退税率)。

2. 免抵退税的计算

免抵退税额=出口货物离岸价×外汇人民币牌价×出口货物退税率免抵退税额抵减额,其中:

(1) 出口货物离岸价以出口发票计算的离岸价为准;

(2) 免抵退税额抵减额=免税购进原材料价格×出口货物退税率免税购进原材料(包括从国内购进免税原材料和进料加工免税进口料件)。

3. 当期应退税额和免抵税额的计算

(1) 如当期期末留抵税额≤当期免抵退税额,则当期应退税额=当期期末留抵税额,当期免抵税额=当期免抵退税额-当期应退税额。

(2) 如当期期末留抵税额>当期免抵退税额,则当期应退税额=当期免抵退税额。

(3) 当期免抵税额=0。

任务四 一般纳税人增值税纳税申报

一、增值税纳税义务发生的时间

增值税纳税义务发生的时间为纳税义务发生应税行为并收取销售款项,或者取得索取销售款项凭据的当天;先开具发票的,为开具发票的当天。收取销售款项,是指纳税人销售货物、服务、无形资产、不动产过程中或者完成后,收到的款项。取得索取销售款项凭据的当天,是指书面合同确定的付款日期为签订书面合同,书面合同未确定付款日期的,服务、无形资产转让完成的当天,或者不动产权权属变更的当天。

按销售结算方式的不同,增值税纳税义务发生的时间的确定有下列几种方法:第一,以直接收款方式销售货物,不论货物是否发出,发生时间均为收到销售款或者取得索取销售款凭据的当天。第二,以托收承付和委托银行收款方式销售货物,发生时间为发出货物并办妥托收手续的当天。第三,以赊销和分期收款方式销售货物,发生时间为书面合同约定的收款日期的当天。无书面合同或者书面合同没有约定收款日期的,发生时间为货物发出的当天。第四,以预收货款方式销售货物,发生时间为货物发出的当天,但生产销售的生产工期超过12个月的大型机械设备船舶、飞机等货物,发生时间为收到预收款或者书面合同约定的收款日期的当天。第五,委托其他纳税人代销货物,发生时间为收到代销单位的代销清单或者收到全部或者部分货款的当天;未收到代销清单及货款的,发生时间为发出代销货物满180天的当天。

纳税人提供建筑服务、租赁服务,采取预收款方式的,发生时间为收到预收款的当天。

纳税人从事金融商品转让的,发生时间为金融商品所有权转移的当天。

纳税人发生增值税视同销售行为的,发生时间为货物移送的当天,劳务、服务、无形资产转让完成的当天,或者不动产权变更的当天。

纳税人进口货物的纳税义务发生时间为报关进口的当天,增值税扣缴的义务发生时间为增值税纳税义务发生的当天。

二、纳税期限

增值税的纳税期限分别为:1日、3日、5日、10日、15日、一个月或一个季度的。纳税人的具体纳税期限,由主管税务机关,根据纳税人应纳税额的大小分别核定。以一个季度为纳税期限的规定,适用于小规模纳税人。银行、财务公司、信托投资公司、信用社以及财政部和国家税务总局规定的其他纳税人不能按照固定期限纳税的,可以按次纳税。

纳税人以一个月或一个季度为一个纳税期的,自期满之日起15日内申报纳税。以1日、3日、5日、10日、15日为一个纳税期的,自期满之日起5日内预缴税款,并于次月1日起15日内申报纳税,结清上月应纳税款。

扣缴义务人结缴税款的期限,按照前两款规定执行。

纳税人进口货物,应当自海关签发海关进口增值税专用缴款书之日起15日内缴纳税款。

三、纳税地点

固定业户应当向其机构所在地或者居住地主管税务机关申报纳税,总机构和分支机构不在同一县市的,应当分别向各自所在地的主管税务机关申报纳税。经财政部、国家税务总局或者其授权的财政和税务机关批准,固定业户向总机构所在地的主管税务机关申报纳税。

非固定业户应当向应税行为发生地的主管税务机关申报纳税,未申报纳税由其机构所在地或者居住地的主管税务机关补征税款。

其他个人提供建筑服务、销售或者租赁不动产、转让自然资源使用权,应向建筑服务发生地、不动产所在地、自然资源所在地的主管税务机关申报纳税。扣缴义务人应当向其机构所在地或者居住地的主管税务机关申报交纳、扣缴税款。

四、增值税纳税申报表内容

具体如表2-6至表2-10所示。

表 2-6 增值税纳税申报表

（一般纳税人适用）

根据国家税收法律法规及增值税相关规定制定本表。纳税人不论有无销售额，均应按税务机关核定的纳税期限填写本表，并向当地税务机关申报。

税款所属时间：自 2020 年 06 月 01 日至 2020 年 06 月 30 日　　填表日期：2020 年 07 月 05 日　　金额单位：元至角分

纳税人识别号	9 1 6 1 0 0 1 5 6 6 6 7 8 5 6 2 1		法定代表人姓名	张立	登记注册类型	
纳税人名称	（公章）		所属行业	工业	注册地址	西安雁环一路23号
开户银行及账号				有限责任公司	生产经营地址	西安雁环路23号
					电话号码	029-8857632

项　目	栏次	一般项目		即征即退项目	
		本月数	本年累计	本月数	本年累计
销售额	（一）按适用税率计税销售额	1	2300 000.00			
	其中：应税货物销售额	2	2300 000.00		—	—
	应税劳务销售额	3			—	—
	纳税检查调整的销售额	4			—	—
	（二）按简易办法计税销售额	5				
	其中：纳税检查调整的销售额	6			—	—
	（三）免、抵、退办法出口销售额	7			—	—
	（四）免税货物销售额	8			—	—
	其中：免税货物销售额	9			—	—
	免税劳务销售额	10			—	—
税款计算	销项税额	11	299 000.00			
	进项税额	12	209 800.00			
	上期留抵税额	13	0			

(续表)

项目		栏次	一般项目		即征即退项目	
			本月数	本年累计	本月数	本年累计
税款计算	进项税额转出	14	13 180.00			
	免、抵、退应退税额	15	0	—	—	—
	按适用税率计算的纳税检查应补缴税额	16		—		—
	应抵扣税额合计	17=12+13-14-15+16	196 620.00	—		—
	实际抵扣税额	18（如17＜11,则为17,否则为11）	196 620.00			
	应纳税额	19=11-18	102 380.00			
	期末留抵税额	20=17-18				
	简易计税办法计算的应纳税额	21				
	按简易计税办法计算的纳税检查应补缴税额	22				
	应纳税额减征额	23				
	应纳税额合计	24=19+21-23	102 380.00			
税款缴纳	期初未缴税额（多缴为负数）	25				
	实收出口开具专用缴款书退税额	26				
	本期已缴税额	27=28+29+30+31				
	①分次预缴税额	28		—		—
	②出口开具专用缴款书预缴税额	29		—		—
	③本期缴纳上期应纳税额	30				
	④本期缴纳欠缴税额	31				

（续表）

项　目	栏次	一般项目		即征即退项目	
		本月数	本年累计	本月数	本年累计
税款缴纳	期末未缴税额（多缴为负数）	32＝24＋25＋26－27	102 380.00			
	其中：欠缴税额（≥0）	33＝25＋26－27	—	—	—	—
	本期应补（退）税额	34＝24－28－29	102 380.00	—	—	—
	即征即退实际退税额	35				—
	期初未缴查补税额	36			—	—
	本期入库查补税额	37				
	期末未缴查补税额	38＝16＋22＋36－37			—	—

授权声明	如果你已委托代理人申报，请填写下列资料： 为代理一切税务事宜，现授权　　　　　　　为本纳税人的代理申报人，任何与本申报表有关的往来文件，都可寄予此人。 授权人签字：

申报人声明	本纳税申报表是根据国家税收法律法规及相关规定填报的，我确定它是真实的、可靠的、完整的。 声明人签字：

主管税务机关：　　　　　　　　　接收人：　　　　　　　　　接收日期：

表 2-7 增值税纳税申报表附列资料（一）

（本期销售情况明细）

税款所属时间：2020 年 06 月 01 日至 2020 年 06 月 30 日

纳税人名称：（公章）

金额单位：元至角分

项目及栏次			开具增值税专用发票		开具其他发票		未开具发票		纳税检查调整		合计			服务、不动产和无形资产扣除项目本期实际扣除金额	含税（免税）销售额	扣除后
			销售额	销项（应纳）税额	销售额	销项（应纳）税额	销售额	销项（应纳）税额	销售额	销项（应纳）税额	销售额	销项（应纳）税额	价税合计			销项（应纳）税额
			1	2	3	4	5	6	7	8	9=1+3+5+7	10=2+4+6+8	11=9+10	12	13=11-12	14=13÷(100%+税率或征收率)×税率或征收率
一、一般计税方法计税	全部征税项目	13%税率的货物及加工修理修配劳务	1	2 000 000	260 000	100 000	13 000	200 000	26 000	—	—	2300 000	299 000	2 599 000	—	2 599 000	299 000
		13%税率的服务、不动产和无形资产	2														
		9%税率的货物及加工修理修配劳务	3														
		9%税率的服务、不动产和无形资产	4														
		6%税率	5														
	其中：即征即退项目	即征即退货物及加工修理修配劳务	6	—	—	—	—	—	—	—	—	—	—	—	—	—	—
		即征即退服务、不动产和无形资产	7	—	—	—	—	—	—	—	—	—	—	—	—	—	—
二、简易计税方法计税	全部征税项目	6%征收率	8														
		5%征收率的货物及加工修理修配劳务	9a														
		5%征收率的服务、不动产和无形资产	9b														
		4%征收率	10														
		3%征收率的货物及加工修理修配劳务	11														

(续表)

项目及栏次		开具增值税专用发票		开具其他发票		未开具发票		纳税检查调整		合计		价税合计	服务、不动产和无形资产扣除项目本期实际扣除金额	扣除后	
		销售额	销项(应纳)税额	销售额	销项(应纳)税额	销售额	销项(应纳)税额	销售额	销项(应纳)税额	销售额	销项(应纳)税额			含税(免税)销售额	销项(应纳)税额
		1	2	3	4	5	6	7	8	9=1+3+5+7	10=2+4+6+8	11=9+10	12	13=11−12	14=13÷(100%+税率或征收率)×税率或征收率
二、简易计税方法计税	3%征收率的服务、不动产和无形资产	12													
	预征率 %	13a													
	预征率 %	13b													
	预征率 %	13c													
	其中：即征即退项目	14													
	即征即退货物及加工修理修配劳务	15			—	—	—	—	—	—	—	—	—	—	—
三、免抵退税	货物及加工修理修配劳务	16			—	—	—	—	—	—	—	—	—	—	—
	服务、不动产和无形资产	17			—	—	—	—	—	—	—	—	—	—	—
四、免税	货物及加工修理修配劳务	18			—	—	—	—	—	—	—	—	—	—	—
	服务、不动产和无形资产	19			—	—	—	—	—	—	—	—	—	—	—

表 2-8　增值税纳税申报表附列资料(二)

(本期进项税额明细)

税款所属时间:2020 年 06 月 01 日至 2020 年 06 月 30 日
纳税人名称:(公章)　　　　　　　　　　　　　　　　　金额单位:元至角分

一、申报抵扣的进项税额

项目	栏次	份数	金额	税额
(一)认证相符的增值税专用发票	1=2+3	3	1 620 000	209 800
其中:本期认证相符且本期申报抵扣	2	3	1 620 000	209 800
前期认证相符且本期申报抵扣	3			
(二)其他扣税凭证	4=5+6+7+8a+8b			
其中:海关进口增值税专用缴款书	5			
农产品收购发票或者销售发票	6			
代扣代缴税收缴款凭证	7		—	—
加计扣除农产品进项税额	8a			
其他	8b			
(三)本期用于购建不动产的扣税凭证	9			
(四)本期用于抵扣的旅客运输服务扣税凭证	10			
(五)外贸企业进项税额抵扣证明	11		—	—
当期申报抵扣进项税额合计	12=1+4+11	3	1 620 000	209 800

二、进项税额转出额

项目	栏次	税额
本期进项税额转出额	13=14+23	13 180
其中:免税项目用	14	
集体福利、个人消费	15	
非正常损失	16	13 180
简易计税方法征税项目用	17	
免抵退税办法不得抵扣的进项税额	18	
纳税检查调减进项税额	19	
红字专用发票信息表注明的进项税额	20	
上期留抵税额抵减欠税	21	
上期留抵税额退税	22	
其他应作进项税额转出的情形	23	

(续表)

三、待抵扣进项税额

项目	栏次	份数	金额	税额
(一)认证相符的增值税专用发票	24	—	—	—
期初已认证相符但未申报抵扣	25			
本期认证相符且本期未申报抵扣	26			
期末已认证相符但未申报抵扣	27			
其中:按照税法规定不允许抵扣	28			
(二)其他扣税凭证	29＝30＋33			
其中:海关进口增值税专用缴款书	30			
农产品收购发票或者销售发票	31			
代扣代缴税收缴款凭证	32		—	
其他	33			
	34			

四、其他

项目	栏次	份数	金额	税额
本期认证相符的增值税专用发票	35	3	1 620 000	209 800
代扣代缴税额	36	—	—	

表 2-9 增值税纳税申报表附列资料(三)
(服务、不动产和无形资产扣除项目明细)

税款所属时间:2020 年 06 月 01 日至 2020 年 06 月 30 日
纳税人名称:(公章)   金额单位:元至角分

项目及栏次		本期服务、不动产和无形资产价税合计额(免税销售额)	服务、不动产和无形资产扣除项目				
			期初余额	本期发生额	本期应扣除金额	本期实际扣除金额	期末余额
		1	2	3	4＝2＋3	5(5≤1且5≤4)	6＝4－5
13%税率的项目	1						
9%税率的项目	2						
6%税率的项目(不含金融商品转让)	3						

(续表)

项目及栏次	本期服务、不动产和无形资产价税合计额（免税销售额）	服务、不动产和无形资产扣除项目				
		期初余额	本期发生额	本期应扣除金额	本期实际扣除金额	期末余额
	1	2	3	4=2+3	5(5≤1且5≤4)	6=4−5
6%税率的金融商品转让项目	4					
5%征收率的项目	5					
3%征收率的项目	6					
免抵退税的项目	7					
免税的项目	8					

二、加计抵减情况

序号	加计抵减项目	期初余额	本期发生额	本期调减额	本期可抵减额	本期实际抵减额	期末余额
		1	2	3	4=1+2−3	5	6=4−5
6	一般项目加计抵减额计算						
7	即征即退项目加计抵减额计算						
8	合计						

表2-10 增值税减免税申报明细表

税款所属时间：自2020年06月01日至2020年06月30日

纳税人名称(公章)：　　　　　　　　　　　　　　　　　　　　　　　　金额单位:元至角分

一、减税项目

减税性质代码及名称	栏次	期初余额	本期发生额	本期应抵减税额	本期实际抵减税额	期末余额
		1	2	3=1+2	4≤3	5=3−4
合计	1					
	2					
	3					
	4					
	5					
	6					

(续表)

二、免税项目					
免税性质代码及名称	栏次	免征增值税项目销售额	免税销售额扣除项目本期实际扣除金额	扣除后免税销售额	免税销售额对应的进项税额	免税额
		1	2	3＝1－2	4	5
合　计	7					
出口免税	8		—	—	—	
其中:跨境服务	9		—	—	—	
	10					
	11					
	12					
	13					
	14					
	15					
	16					

任务五　增值税专用发票管理

一、增值税专用发票的开具

(一)增值税防伪税控系统

增值税防伪税控系统是国家为加强增值税的征收管理,提高纳税人依法纳税的自觉性,及时发现和查处增值税偷、骗税行为而实施的国家金税工程的主要组成部分。

防伪开票系统则是专门用于企业开具专用发票,防伪税控开票系统必须在企业主管的防伪税控税务机关对其所持有的"税控IC卡和金税卡"进行发行后才能使用。

防伪税控系统专用设备包括:金税卡、IC卡、读卡器、延伸板及相关软件等。税务机关防伪税控专用设备由国家统一配备。企业所需防伪税控专用设备由防伪税控服务单位进行发售管理。

防伪税控服务单位应凭主管税务机关下达的《增值税防伪税控系统使用通知书》向防伪税控企业发售专用设备。

(二)增值税专用发票的开具

1. 防伪税控系统开票

防伪税控企业凭税控IC卡向主管税务机关领购电脑版专用发票。主管税务机关核对企业出示的税控IC卡记录等相关资料,确认无误后,按专用发票发售管理规定,通过企业发票发售系统发售专用发票,并将专用发票的起始号码及发售时间登录在税控IC卡内。

新纳入防伪税控系统的企业,在系统启用后10日内将启用前尚未使用完的专用发票(包括误填作废的专用发票)报主管税务机关缴销。

防伪税控企业必须以防伪税控系统开具专用发票,不得以其他方式开具手工版或电脑版专用发票。

防伪税控企业应按照《增值税专用发票使用规定》开具专用发票,打印压线或错格的,应作废重开。

2. 增值税专用发票的相关规定

增值税专用发票的相关规定,增值税专用发票是一般纳税人销售货物或提供应税劳务开具的发票,是购买方支付增值税税额并可按照增值税有关规定抵扣进项税额的凭证。增值税专用发票的联次:增值税专用发票由基本联次、附加其他联次构成。基本联次分为三联:发票联、抵扣联和记账联。发票联,作为购买方核算采购成本和增值税进项税额的记账凭证;抵扣联,作为购买方报送主管税务机关认证和留存备查的凭证;记账联,作为销售方核算销售收入和增值税销项税额的记账凭证。其他联次用途由一般纳税人自行确定。

专用发票实行最高开票限额管理,最高开票限额由一般纳税人申请,税务机关依法审批。一般纳税人申请最高开票限额时需填报最高开票限额申请表。

增值税小规模纳税人(其他个人除外)发生增值税应税行为,需要开具增值税专用发票的,可以自愿在增值税发票管理系统中自行开具,选择自行开具增值税专用发票的小规模纳税人,税务机关不再为其代开增值税专用发票。

3. 增值税专用发票的领购使用范围

一般纳税人具有下列情形之一的,不得领购开具发票:第一,会计核算不健全,不能向税务机关准确提供增值税销项税额、进项税额、应纳税额数据及其他有关增值税税务资料的,需要提供有关增值税资料的内容,由省自治区、直辖市和计划单列市国家税务总局确定。第二,有税收征管法规定的税收违法行为,拒不接受税务机关处理的。第三,有下列情形之一,经税务机关责令期限改正而仍未改正的:①虚开增值税专用发票;②自制印制专用发票;③向税务机关以外的单位和个人买取专用发票;④借用他人专用发票;⑤未按规定开具专用发票;⑥未按规定保管专用发票和转专用设备;⑦未按规定申请办理防伪税控系统变更发行;⑧未按规定接受税务机关检查。

4. 增值税专用发票的开具要求

(1) 项目齐全与实际交易相符。

(2) 字迹清楚不得压线错格。

(3) 发票联和抵扣联加盖财务专用章或发票专用章。

(4) 按照规定的时限开具。

(5) 增值税专用发票的开具时限,增值税专用发票开具时限仅为一般纳税人纳税义务发生时,一般纳税人必须按规定时限开具专用发票,不得提前或滞后。对于开具专用发票的销售货物,要及时足额计入当期销售额计税,凡开具了专用发票其销售额未按规定计入销售账户核算的,一律按偷税论处。

5. 增值税专用发票的开具范围

一般纳税人的销售货物、服务发生应税行为应向购买方开具增值税专用发票。属于下列情形之一的不得开具增值税专用发票:第一,商业企业一般纳税人零售的烟酒食品、服装鞋帽、化妆品等消费品;第二,销售应税行为为适用免税项目;第三,向消费者个人销售应税行为;第四,小规模纳税人销售应税行为的。

二、增值税专用发票的认证和抵扣

(一)增值税专用发票的认证

防伪税控系统企业应在纳税申报期限内将抄有申报所属月份纳税信息的 IC 卡和备份数据软盘向主管税务机关报税。

防伪税控企业和未纳入防伪税控系统管理的企业取得的防伪税控系统开具的专用发票抵扣联,应据增值税有关扣税规定核算当期进项税额,如期申报纳税;属于扣税范围的,应于当期报主管税务机关认证。

主管税务机关应在企业申报月份内,完成企业申报所属月份的防伪税控专用发票抵扣联的认证。对因褶皱、揉搓等无法认证的加盖"无法认证"戳记,认证不符的加盖"认证不符"戳记,丢失被盗金税卡开具的加盖"丢失被盗"戳记。认证完毕后,应将认证相符的和无法认证的专用发票抵扣联退还给企业,并同时向企业下达《认证结果通知书》。对认证不符合,确认为丢失、被盗金税卡开具的专用发票,将及时组织查处。

认证戳记式样由省级税务机关统一制定。

防伪税控企业应将税务机关认证相符的专用发票抵扣联,连同《认证结果通知书》、认证清单一起按月装订成册以备查。

经税务机关认证确定为"无法认证""认证不符"以及"丢失被盗"的专用发票,防伪税控企业如已申报扣税的,应调减当月进项税额。

(二)增值税专用发票的抵扣

增值税专用发票的抵扣:用于抵扣增值税进项税额的专用发票应经税务机关认证相符且符合抵扣条件,而认证相符的专用发票应作为购买方的记账凭证,不得退还给销售方。

【温馨提示】 认证相符的专用发票不符合国家有关抵扣规定的,也不能进行抵扣。例如,国家税务总局规定的不得从销项税额中抵扣。

三、增值税专用发票的管理

纳税人必须严格按《增值税专用发票使用规定》保管、使用专用发票。对违反规定发生被盗、丢失专用发票的纳税人,处以 1 万元以下的罚款,并可视具体情况规定丢失专用发票的纳税人,停止领购专用发票(在一定期限内最长不超过半年)。对纳税人申报遗失的专用发票,如发现非法代开虚开问题的,该纳税人应承担偷税骗税的连带责任。

纳税人丢失专用发票后,必须按规定程序向当地主管税务机关、公安机关报失。关于代开、虚开增值税专用发票的处理:对代开虚开专用发票的,一律按票面所列货物的适用税率全额征收补税款,并按偷税给予处罚。对纳税人取得代开虚开的增值税专用发票,不得作为增值税的合法抵扣凭证,抵扣进项税额。代开虚开发票构成犯罪的,按全国人大常委会发布的《关于惩治虚开、伪造和非法出售增值税专用发票犯罪的决定》,处以刑罚。

对纳税人善意取得虚开增值税专用发票处理,购货方与销售方存在真实的交易,销售方使用的是其所在省、自治区、直辖市和计划单列市的专用发票。专用发票注明的销售方名称、印章货物数量金额及税额等全部内容,与实际相符且没有证据表明购货方知道销货方提供的专用发票是以非法手段取得的,对购货方不以偷税论处;或者没有证据表明,购货方知道销货方提供的专用发票是以非法手段获得,对购货方不以偷税或者骗取出口退税论处。但应按有关规定不予抵扣进项税款或者不予出口退税。购货方已经抵扣的进项税款或者取得的出口退税,应依法追缴。购货方能够重新从销售方取得防伪税控系统开出的合法有效专用发票,或者取得公开开出的合法有效专用发票,且取得了销售方所在地税务机关已经或者正在依法对销售方代开专用发票行为进行查处证明的,购货方所在地税务机关应依法准予抵扣进项税款或者出口退税。

四、我国实行以票控税的模式

(一) 发票的验证平台

国家税务总局全国增值税发票查验平台已运行很久。查验平台支持增值税专用发票、增值税普通发票、增值税普通发票(卷票)、增值税电子普通发票、增值税电子普通发票(通行费)、机动车销售统一发票、二手车销售统一发票、货物运输业增值税专用发票的在线查验。当日开具发票最快可于次日进行查验,平台可查验最近1年内增值税发票管理新系统开具的发票。

对于验证不符合规定的发票,不得作为税收凭证。

(二) 销售平台系统要与增值税发票税控系统后台对接

《关于增值税发票开具有关问题的公告》(国家税务总局公告2017年第16号)规定,自2017年7月1日起,销售方开具增值税发票时,发票内容应按照实际销售情况开具,不得根据购买方要求填开与实际交易不符的内容。销售方开具发票时,通过对接销售平台系统与增值税发票税控系统后台,导入相关信息开票的,系统导入的开票数据内容应与实际交易相符;如不相符,应及时修改完善销售平台系统。

案例导入解析

业务1属于购进业务,材料成本1 000 000元,运费成本20 000元,进项税额131 800元。

业务2属于购进业务,材料成本600 000元,进项税额78 000元。

业务3企业发生火灾,应做进项税额转出。企业发生火灾,其材料成本已经做过抵扣,应该从进项税额中转出,记入进项税额转出,其进项税额转出额=100 000×13%+2 000×9%=13 180(元)。

业务4属于销售业务,销售额200万元,销项税额为26万元。

业务5属于视同销售,销售额=500×400=200 000(元),则销项税额=500×400×13%=26 000(元)。

业务6销售额113 000元属于含税销售额,转化为不含税销售额=113 000÷(1+13%)=100 000(元),其销项税额=100 000×13%=13 000(元)。

增值税本期应纳税额=本期销项税额−本期进项税额+本期进项税额转出(260 000+26 000+13 000)−(130 000+1 800+78 000)+13 180=102 380(元)。

【做一做】根据此业务数据,进行纳税申报表的填制(参考表2-6至表2-10)。

注意要点:

(1)本案例分析是对企业遇到的实际问题的分析。通过分析我们应该知道,进项税额的抵扣和认定相关,同时和发票的形式相关,只有增值税进项发票才能予以抵扣。对普通发票,一般不允许抵扣。

(2)不论何种形式的发票,销项税额都必须以实际税率为标准缴纳增值税。

(3)视同销售问题,注意税收计算。

(4)进项税额转出,企业在购进时是为了进行生产,由于生产产生增加值,所以允许进项税额从销项税额中抵扣,以保证不重复征税。如果生产在此停止,也就是用于自己消费,那这就是最后一个环节,税负应由自己承担,且应进入进项税额转出。

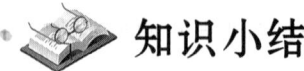

知识小结

本项目我们学习了增值税知识、增值税税法要素、增值税应纳税额的计算。根据纳税人不同,具体内容分为小规模纳税人和一般纳税人的业务处理、应纳税额计算以及纳税申报表的填制等。在明确知识目标和能力目标的基础上,采取任务驱动法,以宏远公司2019年6月的纳税资料作为项目引入提出了两大任务:一是计算该企业当月应纳增值税额,二是正确填写增值税纳税申报表。在理论部分介绍了相关的理论知识以及相关的法律法规。计算增值税应纳税额,包括一般纳税人应纳税额的计算、小规模纳税人应纳税额的计算、进口货物应纳税额的计算、出口货物退税、增值税专用发票的使用与管理、增值税的纳税申报、纳税义务发生的时间、纳税期限、纳税地点和纳税申报。

职场警示·思政结合

偷税漏税案例——安徽合肥900多亿元虚开增值税案告破[①]

2019年5月,安徽合肥税务局和合肥警方合力出击,成功破获900多亿元偷税漏税案件。多地公安和税务部门在皖粤两省四地(合肥、潮州、中山、深圳)同时出击,成功抓获邱某等11名偷税漏税团伙主犯及成员,摧毁虚开发票窝点5处,当场缴获群发虚开发票短信基站4台、电脑40多台、手机100多部,以及大量税控盘、空白发票、虚假身份证件、公章、银行

---

① 资料来源:http://www.fhycs.com/zhengce/316.html。

卡等赃物。本案涉及虚开发票900多亿元,是2019年破获的涉案金额最多的偷税漏税案例。

早在2018年11月,合肥市公安局就从税务局获取一条虚开发票涉案线索:2018年10月、11月,一名涉案嫌疑女子先后在合肥市税务局办税大厅内自助领票机上,使用36个不同税控盘领取空白增值税专用发票。该涉案女子的异常行为引起了税务部门的关注。经税务部门核实,该36户公司均纳税异常,涉嫌虚开增值税专用发票。

根据这一线索,合肥市公安局经侦支队立即介入侦查。一个以广东潮州邱某塔为首的暴力虚开发票犯罪团伙渐渐浮出水面。经侦查发现,自2017年以来,广东潮州饶平籍犯罪嫌疑人邱某塔兄弟和詹某坚等人为获取非法利润,伙同相关财务公司人员,在合肥等地注册了大量空壳公司。在这些空壳公司的掩护下,该团伙又以每月支付3 000元至5 000元的价格从外地雇请人员,通过电话或互联网远程遥控,利用办税服务厅自助办税设备大量领购空白发票。与此同时,他们设法联系购买发票的下家,并在出租房内对外疯狂虚开增值税专用发票以牟利。截至案发,该案件共涉及合肥区域的虚开企业1 300多户,对外虚开增值税专用发票9万余份,价税合计10亿多元;对外虚开增值税普通发票2万余份,价税合计1亿多元。案件涉及外省市虚开企业11 000余户,对外虚开增值税发票合计131万份,金额达910亿元,这严重危害了我国的税收征管制度,给国家造成巨额税款损失。

2018年11月19日,在获取邱某塔犯罪团伙虚开增值税专用发票的相关线索后,合肥警方协同税务部门成立侦办"11.19"特大偷税漏税案例联合专案组。当日下午,专案组成功锁定领票女子及接头人身份,该女子为黄某(25岁,安庆人,合肥某财务公司负责人),主要负责为虚开团伙领取发票;进而锁定与其接头的詹某(26岁),广东省潮州市饶平县人,负责与黄某莫交接发票、金税盘。经查询、比对分析,专案组准确掌握邱某塔犯罪团伙活动规律以及犯罪特点,邱某塔犯罪团伙注册的涉案暴力虚开空壳公司从最早的293户,增加到589户,最终确定有966户空壳公司,收网条件渐渐成熟。专案组经前期摸排,确定了邱某塔犯罪团伙在广东潮州、深圳、中山,安徽合肥四个地市6个犯罪窝点,以及9名主要犯罪嫌疑人的住址。经过数日蹲守,2019年1月11日,在当地公安机关的大力协助下,专案负责人现场下达抓捕指令,7个行动小组60余名警迅速出击,直捣犯罪窝点,所有涉案人员无一漏网。

偷税漏税案例如此多,各企业一定要警醒:①不要虚开、接受、介绍虚开增值税专用发票,这些都是违法犯罪行为,都将受到法律的惩罚。②作为未来职业人,一定要加强税法知识学习,应该清楚地知道:什么该做,什么不该做!

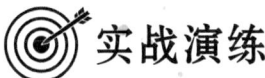

实战演练

一、单项选择题

1. 目前,不属于我国增值税税率是( )。

    A. 17%　　　　B. 13%　　　　C. 9%　　　　D. 6%

2. 下列描述中,正确的是( )。

    A. 增值税是对全部增值额征收的税

B. 增值税是对全部生产额征收的税
C. 增值税是对全部销售额征收的税
D. 增值税是对消费品征收的税

3. 对于小规模纳税人,它的增值税征收率为( )。
   A. 13%　　　　B. 9%　　　　C. 6%　　　　D. 3%

4. 下列属于视同销售的是( )。
   A. 企业购买的原材料投入生产
   B. 企业将自产的产品用于发放职工福利
   C. 企业将自产的产品进行生产
   D. 企业将自产的产品用于公益事业

5. 企业是小规模纳税人,2020年5月销售额为200 000元,企业采用按月纳税,企业5月份应纳增值税为( )元。
   A. 1 000　　　B. 2 000　　　C. 3 000　　　D. 6 000

6. 西安银行增值税税率为( )。
   A. 13%　　　　B. 9%　　　　C. 6%　　　　D. 3%

7. 纳税人出口货物,增值税税率为( )。
   A. 13%　　　　B. 9%　　　　C. 6%　　　　D. 0

8. A企业生产衣服,且为一般纳税人,2020年5月的销售额为200万元,则其销项税额为( )万元。
   A. 6　　　　　B. 12　　　　C. 18　　　　D. 26

9. 下列项目中,免征增值税的是( )。
   A. 生产机器设备的生产者销售的机器
   B. 生产面包的生产者销售的面包
   C. 生产农产品的生产者销售自产的农产品
   D. 生产服装的生产者销售的服装

10. 洪庆公司为小规模纳税人,2020年1~3月销售收入为28万元,企业实行增值税按季缴纳,该企业第一季度应纳增值税税额为( )万元。
    A. 1.68　　　B. 0.84　　　C. 0.28　　　D. 0

二、多项选择题

1. 下列企业为一般纳税人,其增值税税率为13%的有( )。
   A. 销售粮食　　B. 销售服装　　C. 销售汽车　　D. 销售机床

2. 下列可以免征增值税的有( )。
   A. 农业生产者销售自产农产品
   B. 向社会收购的古书旧书
   C. 直接用于科研、试验和教学的进口设备、仪器
   D. 由残疾人组织直接进口供残疾人专用的物品

3. 销售额中的价外费用包括( )。
   A. 手续费　　　B. 补贴　　　C. 基金　　　D. 违约金

4. 下列企业增值税税率为6%的有(　　)。
   A. 餐饮企业　　　B. 金融企业　　　C. 旅游企业　　　D. 机器制造企业
5. 红星公司为一般纳税人,主营业务为服装生产。2020年5月,该公司的销售额为1 000万元,进项税额为60万元,则以下表述正确的有(　　)。
   A. 红星公司本月的销项税额为130万元
   B. 红星公司本月的进项税额为60万元
   C. 红星公司本月的应纳增值税额为70万元
   D. 红星公司本月的应纳增值税额为30万元
6. 小影公司为一般纳税人,取得如下发票。其中,不允许抵扣的有(　　)。
   A. 从宏达公司取得的购货普通发票
   B. 从欣欣公司取得的购货增值税专用发票
   C. 从小微公司取得的虚开增值税专用发票
   D. 从农业生产手中购买的自产农产品开具的收款收据
7. 宏远公司为小规模纳税人,则增值税缴纳可以选择(　　)。
   A. 按月纳税　　　B. 按季纳税　　　C. 按月按季都可以　　　D. 只能按年
8. 宏达公司是一般纳税人,2020年5月将一批自产的绿豆糕发给职工,其成本价为30万元,无市场价,其成本利润率10%。下列说法中,正确的有(　　)。
   A. 应纳税销售额为30万元
   B. 销项税额为3.9万元
   C. 应纳税销售额为33万元
   D. 增值税销项税额为4.29万元
9. 顶呱呱公司为餐饮企业,且为一般纳税人。2020年4月,该企业的销售额为200万元,则下列说法中,正确的有(　　)。
   A. 增值税税率为3%　　　　　　　B. 增值税税率为6%
   C. 本期销项税额为12万元　　　　D. 本期销项税额为6万元
10. 向阳国旅为一般纳税人。2020年5月,该公司从客户处收取旅游费200万元,支付酒店50万元、客运公司30万元。则下列说法中,正确的有(　　)。
    A. 增值税税率为6%　　　　　　　B. 增值税税率为3%
    C. 应纳税收入为120万元　　　　 D. 应纳税额为7.2万元

三、判断题

1. A企业是新设立企业,年应税收入为100万元,其可以认定为一般纳税人。(　　)
2. B企业是生产服装的一般纳税人,其增值税税率为13%。(　　)
3. 小规模纳税人可以开具增值税专用发票。(　　)
4. 企业为防疫防控生产的物资可免交增值税。(　　)
5. A企业将外购的货物用于集体福利的行为属于视同销售。(　　)
6. B企业将自产的货物用于公益事业的行为属于视同销售。(　　)
7. 企业将进口的残疾人产品供残疾人使用,则免征增值税。(　　)
8. 从农业生产者手中购买的农产品,可以按买进价的9%税率进行进项税额抵扣。(　　)

9. 出口产品,可对其实行退税政策。 （ ）
10. 古旧图书,可对其免征增值税。 （ ）

四、实务操作

宏远公司为一般纳税人,2019 年 7 月发生的经济业务如下:

1. 7 月 1 日,因产品生产需要,从咸阳彩虹厂购入显像管一批,金额合计 200 万元,税额为 26 万元;支付运费 2 万元,税额为 1 800 元。取得增值税专用发票和运输单位开具的运输发票。货款已经支付,材料已经入库。销货方纳税人识别号为 610014389436028,发票代码为 1498056476,号码为 00415467;运输发票的号码为 0003501453。

2. 7 月 6 日,从绵阳常虹厂购入显像管一批,取得增值税专用发票,金额合计 100 万元,税额为 13 万元。销货方纳税人识别号为 610023589346021,发票代码为 1334834987,号码为 00149876。

3. 7 月 12 日,收到增值税销项负数发票,从西安市黄河厂购入的显像管因质量问题退货,金额为 100 万元,税额为 13 万元。销货方纳税人识别号为 610035598538044,发票代码为 1458904554,号码为 00847655。

4. 7 月 16 日,仓库发生意外火灾,烧毁外购的显像管。该批显像管的实际成本为 102 000 元,其中运费成本 2 000 元。

5. 7 月 22 日,销售彩电一批,金额为 600 万元,税额为 78 万元,取得增值税专用发票,发票号码为 02752155,购货方纳税人识别号为 610015789436056。

6. 7 月 23 日,将一批彩电作为福利发放给本厂职工,每台不含税售价 2 000 元,共 100 台。

7. 7 月 25 日,销售给吉祥村小学彩电 10 台,收取价款 40 000 元,取得增值税普通发票 02452124,购货方纳税人识别号为 610107000056845。

要求:
（1）计算本月应纳增值税额。
（2）填制纳税申报表。

项目三 消费税纳税实务

 **学习目标**

1. 知识目标
熟悉消费税基本法律知识,掌握消费税的税制要素
掌握不同情况下消费税税额的计算方法
掌握消费税纳税申报与税款的缴纳

2. 能力目标
能根据学习内容判断应征收消费税的项目,选择适用税率
能根据业务资料,熟练地计算不同情况下的应纳消费税额
能根据业务资料填制消费税纳税申报表及税款缴纳书

3. 情感目标
培养学生的公民纳税意识、敬业精神、团队合作能力、良好的职业操守及良好的消费习惯

4. 重点难点
消费税税款的计算及纳税申报
委托加工应税消费品应纳税额的计算

> **案例导入**

小张今年大学毕业,在家长的帮助和自己的努力下,到一家企业财务科上班。小张去到财务科报到,科长说,"李会计要退休了,这个月办理退休手续,你就接替李会计的岗位,负责纳税,有什么问题可以请教李会计"。科长给小张拿来一沓资料,小张仔细认真地看着:发票一是直接对外销售的应税消费品发票;发票二是自产自用的应税消费品发票;发票三是委托加工的应税消费品发票;发票四是进口的应税消费品发票。看着这些发票,小张的脑子像过电影一样回想着学过的知识。该如何计算不同发票的应税消费品的消费税呢?

任务一 消费税概述

一、消费税的发展历程和法律法规及政策

消费税是一种古老的税种,其雏形最早产生于古罗马帝国时期。当时,由于农业、手工业的发展,城市的兴起与商业的繁荣,诸如盐税、酒税等产品税相继出现,这就是消费税的原形。作为流转税的主体税种,消费税不仅可以保证国家财政收入的稳定增长,而且可以调节产业结构和消费结构,限制某些奢侈品、高能耗品的生产,正确引导消费。同时,它也体现了一个国家的产业政策和消费政策。消费税发展至今,已成为世界各国普遍征收的税种,目前已被120多个国家或地区采用,而且还有扩展的趋势。特别是近年来,在为了可持续发展而进行的税收法律制度改革的浪潮中,各国纷纷开征或调整消费税,以便建立一个既有利于环境和生态保护,又有利于经济发展的绿色税收法律制度。

美国消费税法的发展历史较悠久,早在18世纪就开始立法,征收消费税。随着几次大规模的税制改革,消费税也几经调整不断改进,现已日臻完善。我国现代的消费税法的起步较晚,但近年来,通过借鉴美国、英国、德国等发达国家的有益经验,得到了发展和完善。

美国现行消费税法的依据主要是1986年的美国税收收入法典。同其他税收法律相比,有关消费税的法律产生较早。美国于1789年就开征了消费税,它是联邦政府最早征收的两个税种之一。后来在南北战争期间,联邦政府为了增加财政收入,不断扩大消费税的征税范围,使其成为当时的主体税种。消费税在当时的美国税收法律体系中占有重要的地位。但随着个人所得税和社会保障税的兴起,消费税法的地位不断降低,消费税的地位也逐渐下降,后者占整个联邦税收总收入比例远远低于前两者,目前维持在0.4%左右,是美国联邦和地方都征收的辅助税种。近年来,随着美国政府"低税率、宽税基"的税制改革的不断深入,消费税法也做了相应的调整。

我国的消费税是中央税,它是我国国务院财政收入中仅次于增值税的第二大税源。早在1951年政务院就根据国家公布和实行的《全国税政实施要则》规定,颁布《特种消费行为税暂行条例》,开始征收特种消费行为税,后来由于种种原因,消费税被迫取消。现行课征的消费税是1994年税制改革中新设立的一种税,其法律依据是1994年开始实施的《中华人民

共和国消费税暂行条例》《中华人民共和国消费税暂行条例实施细则》,以及国家税务总局发布的《消费税征收范围注释》《消费税若干具体问题的规定》等。这些规范性文件都是为适应当时我国深化经济体制改革,对税收法律制度进行大规模改革的需要而制定的。它标志着我国消费税法律制度的基本建立。

经国务院批准,财政部、国家税务总局联合下发通知,规定自2006年4月1日起,对我国现行消费税税目、税率及相关政策进行调整:新增了高尔夫球及球具、高档手表、游艇、木制一次性筷子、实木地板等税目,增列成品油税目,取消护肤护发品税目,还调整了白酒、小汽车、摩托车、汽车轮胎等税目的税负水平。

在消费税政策调整之后,新的消费税税目可被划分为三种不同的类型:第一类是烟、酒及酒精、鞭炮、烟火等特殊消费品,对它们的消费会给人民身心健康带来不良后果,因此需要调节,这也是属于经典型的消费税课征对象。第二类是小汽车、摩托车、贵重首饰、高尔夫球及球具、高档手表、游艇等奢侈性消费品,它们会对社会消费行为产生消极导向,因此需要在政策上予以限制。第三类是成品油、木制一次性筷子、实木地板等资源性产品,此类消费具有稀缺性和不可再生性,需要进行调节。

2009年1月1日起我国正式实施《中华人民共和国消费税暂行条例》和《中华人民共和国消费税暂行条例实施细则》。

二、消费税的概念、纳税人、征收对象、征税范围(税目)、税率

(一) 消费税的概念

消费税是以特定消费品为课税对象而征收的一种税,属于流转税的范畴。消费税是典型的间接税。消费税是1994年税制改革在流转税中新设置的一个税种。在对货物普遍征收增值税的基础上,选择部分消费品对其征收消费税,其目的是调节产品结构、引导消费方向、保证国家财政收入。消费税的特点:①消费税以税法规定的特定产品为征税对象,即国家可以根据宏观产业政策和消费政策的要求,有目的、有重点地选择一些消费品征收消费税,以适当地限制某些特殊消费品的消费需求。征收环节单一,征收范围具有较大的选择性。②税率差别较大,按不同的产品设计不同的税率,同一产品、同等纳税。③消费税是价内税,是价格的组成部分,税负可以转嫁。④消费税实行从价定率、从量定额和复合计税三种计算方法。

(二) 消费税的纳税人

消费税的纳税人是指在我国境内生产、委托加工、零售和进口《中华人民共和国消费税暂行条例》规定的应税消费品的单位和个人,以及国务院确定的销售该条例规定的消费品的其他单位和个人。它们应当依照该条例缴纳消费税。消费税的纳税人具体包括:在我国境内生产、委托加工、零售和进口应税消费品的国有企业、集体企业、私有企业、股份制企业、其他企业,行政单位、事业单位、军事单位、社会团体和其他单位、个体经营者及其他个人。根据《国务院关于外商投资企业和外国企业适用增值税、消费税、营业税等税收暂行条例有关问题的通知》规定,在我国境内生产、委托加工、零售和进口应税消费品的外商投资企业和外国企业,也是消费税的纳税人。消费税是国家为体现消费政策,对生产、委托加工、零售和进口的应税消费品征收的一种税。消费税是对在中国境内从事生产和进口税法规定的应税消

费品的单位和个人征收的一种流转税,是对特定的消费品和消费行为在特定的环节征收的一种间接税。

(三)消费税的征收对象

1. 生产应税消费品

(1) 纳税人生产的应税消费品,对外销售的,在销售时纳税。

(2) 纳税人自产自用的应税消费品,用于连续生产应税消费品的,不纳税。

(3) 纳税人自产自用的应税消费品,用于其他方面的,于移送使用时纳税。

(4) 工业企业以外的单位和个人的下列行为,可被视为应税消费品的生产行为,按规定征收消费税:将外购的消费税非应税产品以消费税应税产品对外销售的;将外购的消费税低税率应税产品以高税率应税产品对外销售的。

2. 委托加工应税消费品

(1) 委托加工的应税消费品,委托方为消费税的纳税义务人;受托方为消费税的扣缴义务人,受托方在向委托方交货时代收代缴消费税。

注意:委托个人(含个体工商户)加工的应税消费品,由委托方收回后缴纳消费税,个人不能成为消费税的扣缴义务人。

(2) 委托加工的应税消费品,委托方用于连续生产应税消费品的,所纳税款准予按规定抵扣。

3. 进口应税消费品

进口应税消费品,应缴纳的关税、进口消费税和进口增值税,由海关代征,于报关进口时纳税。

4. 零售应税消费品

在零售环节,对金银首饰(含铂金)、钻石及钻石饰品征收消费税。

(1) 从事零售业务的纳税人,在零售时纳税。

(2) 金银首饰的带料加工、翻新改制、以旧换新等业务,在零售环节缴纳消费税;但金银首饰的修理和清洗业务,不缴纳消费税。

(3) 用于馈赠、赞助、集资、广告、样品、职工福利、奖励等方面的零售应税消费品,在移送时缴纳消费税。

5. 批发环节应税消费品

卷烟,在批发环节加征一道从价计征的消费税。

(1) 烟草批发企业将卷烟销售给零售单位的,要再征一道税率11%和0.005元/支的税。

(2) 烟草批发企业将卷烟销售给其他烟草批发企业的,不缴纳消费税。

【温馨提示】 卷烟批发企业在计算应纳税额时,不得扣除已含的生产环节的消费税税款。

(四)消费税的征税范围和税率

现行的消费税的征收范围包括了以下五种类型的产品。

第一类:对一些产品的过度消费会对人类健康、社会秩序、生态环境等方面造成危害的特殊的消费品,如烟、酒、鞭炮、焰火等。

第二类:奢侈品,非生活必需品,如贵重首饰、高档化妆品等。

第三类:高能耗及高档消费品,如小轿车、摩托车。

第四类:不可再生的和替代的石油类消费品,如汽油、柴油等。

第五类:具有一定财政意义的产品,如高档护肤护发品等。

1. 烟的消费税税目和税率

烟的消费税税目和税率,如表3-1所示。

表3-1 烟的消费税税目和税率

税目	税率
生产环节:甲类卷烟[调拨价70元(不含增值税)/条以上(含70元)]	56%加0.003元/支
生产环节:乙类卷烟[调拨价70元(不含增值税)/条以下]	36%加0.003元/支
商业批发环节:甲类卷烟[调拨价70元(不含增值税)/条以上(含70元)]	11%加0.005元/支
生产环节:雪茄烟	36%
生产环节:烟丝	30%

【温馨提示】 每标准箱150元,每条0.6元,每支0.003元。(每箱=250条,每标准条200支)。甲类卷烟,即每标准条调拨价格在70元(不含增值税)以上(含70元)的卷烟;乙类卷烟,即每标准条调拨价70元(不含增值税)/条以下。

2. 酒及酒精的消费税税目和税率

酒及酒精的消费税税目和税率,如表3-2所示。

表3-2 酒及酒精的消费税税目和税率

税目	税率
白酒	20%加0.5元/500克(毫升)
黄酒	240元/吨
甲类啤酒	250元/吨
乙类啤酒	220元/吨
其他酒	10%

【温馨提示】 (1)酒精不再征收消费税。

(2)甲类啤酒,指每吨出厂价(含包装物及包装物押金)≥3 000元(含3 000元,不含增值税)的啤酒。

(3)乙类啤酒是指每吨出厂价(含包装物及包装物押金)<3 000元的啤酒。

(4)包装物押金不包括重复使用的塑料周转箱的押金。

(5)果啤属于啤酒,按啤酒征收消费税。

(6)对饮食业、商业、娱乐业举办的啤酒屋(啤酒坊)利用啤酒生产设备生产的啤酒应当征收消费税。葡萄酒,属于"其他酒"子目。

(7)配制酒的子类目和税率适用:①以蒸馏酒或食用酒精为酒基,具有国家相关部门批准的国食健字或卫食健字文号并且酒精度≤38度的配制酒；②以发酵酒为酒基，酒精度≤20度的配制酒；前两类，按"其他酒"10%适用税率征收消费税。

（8）其他配制酒，按"白酒"适用20%税率加0.5元/500克（或500毫升）征收消费税。

【做中学3-1】 某啤酒厂2021年1月10日销售A型啤酒20吨给副食品公司，开具增值税专用发票，注明价款58 000元，收取包装物押金3 050元。其中，包含重复使用的塑料周转箱押金50元；销售B型啤酒10吨给宾馆，开具普通发票，注明价款32 760元，收取包装物押金150元。该啤酒厂应缴纳的消费税是（　　）元。

A. 5 000　　　　B. 6 600　　　　C. 7 200　　　　D. 7 500

【解析】 C。A型啤酒：[58 000＋(3 050－50)÷1.13]÷20＝3 032.74（元），3 032.74＞3 000，单位税额为250元/吨；B型啤酒：(32 760＋150)÷1.13÷10＝2 912.39（元），2 912.39＜3 000，单位税额为220元/吨；应纳消费税＝20×250＋10×220＝7 200（元）。

【做中学3-2】 某市一娱乐公司2021年1月1日开业，经营范围包括娱乐、餐饮及其他服务，当年取得不含增值税的餐饮收入600万元（其中包括销售自制的180吨甲类啤酒所取得的收入），计算该公司应缴纳的消费税和增值税。

【解析】 该娱乐公司销售自制啤酒应缴纳的消费税＝180×250÷10 000＝4.5（万元）；餐饮收入应缴纳的增值税＝600×6%＝36（万元）。

3. 高档化妆品的消费税税目和税率

高档化妆品的消费税税目和税率，如表3-3所示。

表3-3　高档化妆品的消费税税目和税率

税目	税率
高档化妆品	15%

高档化妆品的范围：自2016年10月1日起，取消对普通美容、修饰类化妆品征收消费税，将"化妆品"税目名称更名为"高档化妆品"，其包括高档美容、修饰类化妆品、高档护肤类化妆品和成套化妆品，即生产（进口）环节销售（完税）价格（不含增值税）在10元/毫升（克）或15元/片（张）及以上的美容、修饰类化妆品和护肤类化妆品。

【温馨提示】 高档化妆品不包括舞台、戏剧、影视演员化妆用的上妆油、卸装油、油彩。

4. 贵重首饰及珠宝玉石的消费税税目和税率

贵重首饰及珠宝玉石的消费税税目和税率，如表3-4所示。

表3-4　贵重首饰及珠宝玉石的消费税税目和税率

税目	税率
金银首饰、珀金首饰和钻石及钻石饰品	5%
其他贵重首饰和珠宝玉石	10%

【温馨提示】 出国人员免税商店销售的金银首饰征收消费税。

5. 鞭炮、烟火的消费税税目和税率

鞭炮、烟火的消费税税目和税率,如表3-5所示。

表 3-5 鞭炮、烟火的消费税税目和税率

税目	税率
鞭炮、烟火	15%

【温馨提示】 鞭炮、烟火中不包括:体育上用的发令纸、鞭炮药引线。

6. 成品油的消费税税目和税率

成品油的消费税税目和税率,如表3-6所示。

表 3-6 成品油的消费税税目和税率

税目	税率
汽油	1.52元/升
柴油	1.20元/升
航空煤油	1.20元/升
石脑油	1.52元/升
溶剂油	1.52元/升
润滑油	1.52元/升
燃料油	1.20元/升

【温馨提示】 航空煤油的消费税暂缓征收。取消车用含铅汽油消费税,汽油税目不再划分二级子目,统一按照无铅汽油税率征收消费税。变压器油、导热类油等绝缘油类产品不属于润滑油,不征收消费税。取消汽车轮胎的消费税。

7. 小汽车的消费税税目和税率

小汽车的消费税税目和税率,如表3-7所示。

表 3-7 小汽车的消费税税目和税率

税目	税率
气缸容量在1.0升(含1.0升)以下乘用车	1%
气缸容量在1.0升以上至1.5升(含1.5升)的乘用车	3%
气缸容量在1.5升以上至2.0升(含2.0升)的乘用车	5%
气缸容量在2.0升以上至2.5升(含2.5升)的乘用车	9%
气缸容量在2.5升以上至3.0升(含3.0升)的乘用车	12%
气缸容量在3.0升以上至4.0升(含4.0升)的乘用车	25%
气缸容量在4.0升以上的乘用车	40%
中轻型商用客车(含驾驶员座位在内的座位数≤23座)	5%
超豪华小汽车(零售环节)	10%

【温馨提示】 排量小于 1.5 升(含)的乘用车底盘(车架)改装、改制的属于乘用车;大于 1.5 升的乘用车底盘(车架)或用中轻型商用客车底盘(车架)改装、改制的属于中轻型商用客车。不包括:

(1) 电动汽车;

(2) 车身长度≥7 米,并且座位 10~23 座(含)以下的商用客车;

(3) 沙滩车、雪地车、卡丁车、高尔夫车。

8. 摩托车的消费税税目和税率

摩托车的消费税税目和税率,如表 3-8 所示。

表 3-8 摩托车的消费税税目和税率

税目	税率
气缸容量在 250 毫升(含 250 毫升)以下的摩托车	3%
气缸容量在 250 毫升的以上的摩托车	10%

9. 其他的消费税税目和税率

其他的消费税税目和税率,如表 3-9 所示。

表 3-9 其他的消费税税目和税率

税目	税率
高尔夫球及球具	10%
高档手表	20%
游艇	10%
木制一次性筷子	5%
实木地板	5%
电池	4%
涂料	4%
商业批发环节:乙类卷烟[调拨价 70 元(不含增值税)/条以下]	11%加 0.005 元/支

【温馨提示】 取消气缸容量 250 毫升(不含)以下的小排量摩托车消费税。高尔夫球具范围包括高尔夫球、高尔夫球杆及高尔夫球包(袋)等。

高尔夫球杆的杆头、杆身和握把属于本税目的征收范围。

高档手表,每只不含增值税的销售价格≥10 000 元。

游艇,8 米≤长度≤90 米,内置发动机,可以在水上移动,一般为私人或团体购置,主要用于水上运动和休闲娱乐等非车利活动的各类机动艇。

对无汞原电池、金属氢化物镍蓄电池(又称氢镍蓄电池或镍氢蓄电池)、锂原电池、锂离子蓄电池、太阳能电池、燃料电池和全钒液流电池免征消费税。

2015 年 12 月 31 日前,对铅蓄电池缓征消费税;自 2016 年 1 月 1 日起,对铅蓄电池按 4%税率征收消费税。对施工状态下的、挥发性有机物含量低于 420 克/升(含)的涂料免征消费税。

【做中学3-3】 企业生产销售的下列产品中,属于消费税征税范围的是( )。
A. 电动汽车　　　　　　　　　B. 体育上用的鞭炮药引线
C. 销售价格为9 000元的手表　　D. 铅蓄电池
【解析】 D。电动汽车、体育上用的鞭炮药引线和价格低于10 000元的手表不属于消费税征税范围。

【做中学3-4】 下列行为涉及的货物中,属于消费税征税范围的是( )。
A. 批发商批发销售的雪茄烟
B. 首饰厂生产的金银镶嵌首饰
C. 鞭炮加工厂销售田径比赛用的发令纸
D. 出国人员免税商店销售的金银首饰
【解析】 D。卷烟在批发环节征税;金银首饰在零售环节征税;发令纸不属于消费税的征税范围。

【做中学3-5】 下列各项中,属于消费税征收范围的是( )。
A. 电动汽车　　B. 卡丁车　　C. 高尔夫车　　D. 小轿车
【解析】 D。电动汽车、卡丁车、高尔夫车不属于消费税的征税范围。

【做中学3-6】 下列各项中,应同时征收增值税和消费税的有( )。
A. 批发环节销售的卷烟
B. 零售环节销售的金基合金首饰
C. 生产环节销售的普通护肤护发品
D. 取得外国政府捐赠的进口小汽车
【解析】 AB。选项C征收增值税不征收消费税;外国政府、国际组织无偿援助的进口物资和设备属于增值税(和消费税)免税项目,因此选项D免征增值税(和消费税)。

【做中学3-7】 下列经营业务中,应当征收消费税的有( )。
A. 涂料厂生产销售的涂料
B. 烟草公司批发的卷烟
C. 汽车加油站销售的汽油
D. 汽车制造厂生产销售的卡车
【解析】 AB。(解析略)

任务二　应纳税额的计算方法

一、消费税不同计税方法下应纳税额的计算

(一)从价定率

消费税是价内税,即以含消费税的价格作为计税价格。实行从价定率计征消费税的,应

纳税额的计算公式如下：

$$应纳税额 = 应税消费品的销售额 \times 适用税率$$

1. 计税销售额的确定

销售额为纳税人销售应税消费品,而向购买方收取的全部价款和价外费用。

由于消费税和增值税是交叉征税,消费税是价内税,增值税是价外税,因此从价定率征收消费税的消费品,其消费税税基和增值税税基是一致的,都是以含消费税而不含增值税的销售额作为计税基数。并且在增值税一章,有关增值税确认销售额的规定同样适用于消费税。

纳税人按照人民币以外的货币结算销售额的,应当将其折合为人民币。折合率可以选择销售额发生的当天或者当月一日的人民币汇率中间价。纳税人应当在事先确定采用何种折合率,确定以后12个月内不得变更。

价外费用是指价外收取的各种性质的收费,包括价外向购买方收取的手续费补贴、基金、集资费、返还利润、奖励费、违约金、滞纳金、延期付款利息、赔偿金、代收款项、代垫款项、包装费、包装物租金、储备费、优质费、运输装卸费以及其他各种性质的价外费用。无论会计制度规定如何核算,价外费用均应并入销售额以便计算应纳税额,但下列项目不包括在内：①向购买方收取的销项税额；②受托加工应征消费税的消费品而代收缴的消费税；③符合国家税收法律、法规规定条件,代为收取的政府性基金或者行政事业性收费；④以委托方名义开具发票,代委托方收取的款项。

税法规定各种性质的价外费用都并入销售额计算征税,目的是防止企业以各种名义减少销售额以逃避纳税。但是在计算应纳税额时,需要注意的是应将增值税一般纳税人向购买方收取的价外费用和逾期包装物的押金视作含税收入,在计算时应将其换算成不含税收入再并入销售额。另外,纳税人发生应税行为价格明显偏低或偏高且不具有合理商业目的的,或者有视同销售行为而无销售额的,主管税务机关有权按下列顺序确定销售额：

按纳税人最近时期同类货物、劳务、服务、无形资产或者不动产的平均价格确定。

按其他纳税人最近时期同类货物、劳务、服务、无形资产或者不动产的平均价格确定。

按组成计税价格确定,组成计税价格的公式为：

$$组成计税价格 = 成本 \times (1 + 成本利润率) \div (1 - 比例税率)$$

其中,属于应征消费税的货物,其组成计税价格中应加计消费税税额,成本利润率由国家税务总局规定。

2. 含增值税销售额的换算

纳税人应纳消费品的销售额中,未扣除增值税税款或者因不得开具增值税专用发票而发生价款和增值税税款合并收取的,在计算消费税时,应将含增值税的销售额换算为不含增值税的销售额。其换算公式如下：

$$应税消费品的销售额 = 含增值税的销售额 \div (1 + 增值税税率或征收率)$$

(二) 从量定额

按从量定额办法计算消费税,应纳税额的计算取决于应税消费品的销售数量和单位税

额两个因素。应纳税额的基本计算公式为:

$$应纳税额 = 应税消费品的销售数量 \times 定额税率(单位税额)$$

1. 销售数量的确定

根据应税消费品的应税行为,应税消费品的数量具体规定如下:

(1) 销售应税消费品的,为应税消费品的销售数量。纳税人通过自设的、非独立核算的门市部销售自产应税消费品的,应当按照门市部对外的销售数量征收消费税。

(2) 自产自用应税消费品的(用于连续生产应税消费品的除外),为应税消费品的移送使用数量。

(3) 委托加工应税消费品的,为纳税人收回的应税消费品数量。

(4) 进口的应税消费品,为海关核定的应税消费品进口征税数量。

2. 计量单位的换算标准

黄酒、啤酒是以"吨"为税额单位;成品油是以"升"为税额单位。规范不同产品的计量单位,是为了准确计算应纳税额。"吨"与"升"两个计量单位的换算标准如表3-10所示。

表3-10 计量单位的换算标准

品名	换算标准	品名	换算标准
啤酒	1吨＝988升	黄酒	1吨＝962升
汽油	1吨＝1 388升	柴油	1吨＝1 176升
石脑油	1吨＝1 385升	溶剂油	1吨＝1 282升
润滑油	1吨＝1 126升	燃料油	1吨＝1 015升
航空煤油	1吨＝1 246升		

(三) 从价定率和从量定额复合(混合)计税

在现行消费税的征收范围中,只有卷烟、粮食白酒、薯类白酒采用混合计税方法。其基本计算公式为:

$$应纳税额 = 应税销售额 \times 比例税率 + 应税销售数量 \times 定额税率(单位税额)$$

粮食白酒、薯类白酒的计税依据与前面从价定率、从量定额相同,卷烟的计税依据有以下几个方面的特殊规定:

(1) 纳税人销售的卷烟因放开销售价格而经常发生价格上下浮动的,应以该牌号规格卷烟当月的加权平均价格确定征收类别和适用税率。但销售的卷烟有下列情况之一的,不得列入加权平均计算:①销售价格明显偏低且无正当理由的;②无销售价格的。

(2) 卷烟因接装过滤嘴、改变包装等提高销售价格后,应按照新的销售价格确定征税类别和适用税率。

(3) 实际销售价格高于计税价格和核定价格的卷烟,按实际销售价格征收消费税;实际销售价格低于计税价格和核定价格的卷烟,按计税价格或核定价格征收消费税。

(4) 非标准(每条包装多于或者少于200支)包装卷烟应当折算成标准条包装卷烟的数量,依其实际销售收入计算确定其折算成标准条包装后的实际销售价格,并确定适用的比例税率。折算的实际销售价格高于计税价格的,应按照折算的实际销售价格确定适用比例税率;折算的实际销售价格低于计税价格的,应按照同牌号规格标准条包装卷烟的计税价格和适用税率征税。卷烟的折算标准如下:1箱＝250条,1条＝10包,1包＝20支。

二、消费税计税的特殊规定

(一)自设非独立核算门市部销售应税消费品计税的规定

纳税人通过自设非独立核算门市部销售的自产应税消费品,应按门市部对外销售额或者销售数量征收消费税。

(二)以最高销售价格作为计税依据的规定

纳税人用于换取生产资料和消费资料、投资入股和抵偿债务等的自产的应税消费品,应当以纳税人同类应税消费品的最高销售价格作为计税依据。

(三)酒类关联企业间关联交易消费税处理

白酒生产企业销售给销售单位的白酒,生产企业的消费税计税价格低于销售单位对外销售价格70%以下的,税务机关应核定消费税最低计税价格。白酒生产企业向商业销售单位收取的"品牌使用费",是随着应税白酒的销售而向购货方收取的,属于应税白酒销售价款的组成部分。

【温馨提示】 独立交易价格、无关联关系价格、成本加合理费用利润、其他方法定价的价格,不论企业采取何种方式以何种名义收取价款,均应并入白酒的销售额中缴纳消费税。

(四)多种消费品销售应分别核算

对既销售金银首饰,又销售非金银首饰的生产、经营单位,应将两类商品划分清楚,并分别核算销售额。

第一,凡划分不清楚或不能分别核算,且在生产环节销售的,一律从高适用税率征收消费税;在零售环节销售的,一律按金银首饰征收消费税。金银首饰与其他产品组成成套消费品以备销售的,应按销售额全额征收消费税。兼营不同税率应税消费品的,分别核算销售额、销售数量,按不同税率。

第二,未分别核算销售额、销售数量、组成成套消费品,从高税率征收消费税。

由于消费税税源较为集中,税负相对较重,计税价格的核定成为确定计税依据的重要环节。卷烟、白酒和小汽车的计税价格由国家税务总局核定,其他应税消费品的计税价格由各省、自治区、直辖市税务机关核定。进口的应税消费品的计税价格由海关核定。

卷烟最低计税价格的核定,根据国家税务总局令第26号。自2012年1月1号起,卷烟消费税最低计税价格核定范围为卷烟生产企业在生产环节销售的所有牌号、规格的卷烟。

计税价格由国家税务总局按照卷烟批发环节的销售价格扣除卷烟批发环节的批发毛利后的所得,核定并发布。计税价格的核定公式如下:

某牌号、规格卷烟计税价格 ＝ 批发环节销售价格×(1－适用批发毛利率)

卷烟批发环节销售价格,按照税务机关采集的、所有卷烟批发企业在价格采集期内销售的该牌号、规格卷烟的数量、销售额进行加权平均计算。

实际销售价格高于核定计税价格的卷烟,按实际销售价格征收消费税。反之,按计税价格征收消费税。

(五) 白酒最低计税价格的核定

根据《国家税务总局关于加强白酒消费税征收管理的通知》的规定,自2009年8月1号起对白酒消费税实行最低计税价格核定管理办法。

第一,白酒消费税最低计税价格的核定范围。白酒生产企业销售给销售单位的白酒,生产企业消费税计税价格低于销售单位对外销售价格(不含增值税,下同)70%以下的,税务机关应核定消费税最低计税价格。其中,销售单位,是指销售公司、购货公司以及委托境内其他单位和个人包销本企业生产白酒的商业机构。销售公司、购销公司,是指专门购进并销售白酒生产企业生产的白酒,并与该白酒生产企业存在关联性质的公司。包销,是指销售单位依据协定价格从白酒生产企业购进白酒,同时承担大部分包装材料等成本费用并负责销售白酒。

白酒生产企业应将各种白酒的消费税计税价格和销售单位销售价格,按照规定的式样和要求,在主管税务机关规定的时限内填报。白酒消费税最低计税价格由白酒生产企业自行申报,税务机关核定。

主管税务机关应将白酒生产企业申报的、销售给销售单位的、消费税计税价格低于销售单位对外销售价格70%以下的、年销售额1 000万元以上的各种白酒,按照规定的式样及要求,在规定的时限内逐级上报至国家税务总局。国家税务总局选择其中部分白酒、核定消费税最低计税价格;其他需要核定消费税最低计税价格的白酒,其消费税最低计税价格由各省、自治区、直辖市和计划单列市国家税务总局核定。

第二,白酒消费税最低计税价格的核定标准:①生产企业销售给销售单位的白酒,生产企业消费税计税价格高于销售单位对外销售价格70%(含70%)以上的,税务机关暂不核定消费税最低计税价格。②白酒生产企业销售给销售单位白酒,生产企业消费税计税价格低于销售单位对外销售价格70%以下的,消费税最低计税价格由税务机关根据生产规模、白酒品牌、利润水平等情况在销售单位对外销售价格按50%至70%范围内自行核定。其中生产规模较大、利润水平较高的企业生产的需要核定消费税最低计税价格的白酒,税务机关核定幅度原则上应选择在销售单位对外销售价格的60%至70%范围内。根据《国家税务总局关于部分白酒消费税计税价格核定及相关管理事项的通知》,国家税务总局选择核定消费税计税价格的白酒,核定比例统一确定为60%,纳税人应按下列公式计算白酒消费税计税价格:

当月该品牌、规格白酒消费税计税价格 = 该品牌、规格白酒销售单位上月平均销售价格 × 核定比例

单位上月平均销售价格已核定最低计税价格的白酒,生产企业实际销售价格高于消费税最低计税价格的,按实际销售价格申报纳税;实际销售价格低于消费税最低计税价格的,按最低计税价格申报纳税。已核定最低计税价格的白酒,销售单位对外销售价格持续上涨或下降时间达到三个月以上,累计上涨或下跌幅度在20%(含)以上的白酒,税务机关重新核定最低计税价格。

白酒生产企业未按规定上报销售单位的销售价格的,主管国家税务总局应按照销售单位的销售价格征收消费税。

关于当即投入生产的原材料、可抵扣的已纳消费税大于当期应纳消费税的不足抵扣部分的处理。按当期应纳消费税的数额申报抵扣，不足抵扣部分结转下一期以申报抵扣的方式处理。

三、外购应税消费品已纳税额的扣除

为了避免重复征税，现行税法规定，将外购应税消费品用于继续生产应税消费品的，准予从应纳消费税税额中，按当期生产领用数量扣除外购应税消费品已纳的消费税税款。

（一）扣税范围

在消费税15个税目中除酒、小汽车、高档手表、游艇、电池、涂料等6个税目外，其余税目也有扣税规定，具体税目如下所示：

（1）以外购已税烟丝为原料生产的卷烟；
（2）以外购已税化妆品为原料生产的化妆品；
（3）以外购已税珠宝、玉石为原料生产的贵重首饰及珠宝、玉石；
（4）以外购已税鞭炮、焰火为原料生产的鞭炮、焰火；
（5）以外购已税摩托车零件生产的摩托车（如用外购两轮摩托车改装的三轮摩托车）；
（6）以外购已税杆头、杆身和握把为原料生产的高尔夫球杆；
（7）以外购已税木制一次性筷子为原料生产的木制一次性筷子；
（8）以外购已税实木地板为原料生产的实木地板；
（9）以外购已税石脑油为原料生产的应税消费品；
（10）以外购已税润滑油原料生产的润滑油。

（二）扣税方法

上述当期准予扣除外购应税消费品已纳消费税税款的，在计税时按当期生产领用数量计算。

1. 从价定率

$$当期准予扣除的外购应税消费品已纳税额 = 当期准予扣除的外购应税消费品买价 \times 外购应税消费品适用税率$$

$$当期准予扣除的外购应税消费品买价 = 期初库存的外购应税消费品买价 + 当期购进的外购应税消费品买价 - 期末库存的外购应税消费品买价$$

外购已税消费品的买价是指购货发票上注明的销售额（不包括增值税税款）。

纳税人用外购的、已税珠宝玉石生产的、改在零售环节征收消费税的金银首饰（镶嵌首饰），在计税时一律不得扣除外购珠宝玉石的已纳税款。允许扣除已纳税款的应税消费品，只限于从工业企业购进的应税消费品和进口环节已缴纳消费税的应税消费品，对从境内商业企业购进应税消费品的已纳税款一律不得扣除。

2. 从量定额

$$当期准予扣除的外购应税消费品已纳税额 = 当期准予扣除的外购应税消费品数量 \times 外购应税消费品单位税额$$

$$当期准予扣除的外购应税消费品数量 = 期初库存的外购应税消费品数量 + 当期购进的外购应税消费品数量 - 期末库存的外购应税消费品数量$$

四、税额减征的规定

为保护生态环境,促进替代污染排放汽车的生产和消费,促进汽车工业技术进步,对生产销售达到低污染排放值的小轿车、越野车和小客车减征30%的消费税。其计算公式为:

$$减征税额 = 按法定税率计算的消费税额 \times 30\%$$

$$应征税额 = 按法定税率计算的消费税额 - 减征税额$$

低污染排放限值是指相当于欧盟指令94/12/EC,96/69/EC排放标准(简称欧洲Ⅱ号标准)。

【做中学3-8】 某小轿车生产企业为增值税一般纳税人,2019年6月生产并销售小轿车300辆,每辆含税销售价格169 500元,适用消费税税率9%,经审查该企业生产的小轿车已达到减征消费税的标准。请计算该企业2019年6月的应纳税额。

【解析】
(1) 销售额=16.95÷(1+13%)×300=4 500(万元)。
(2) 应纳税额=4 500×9%×(1-30%)=283.5(万元)。

任务三 实 务 操 作

一、生产销售环节应税消费品应纳税额的计算

(一)直接对外销售应纳消费税的计算

直接对外销售情况下,应纳税额计算办法涉及以上三种计算办法,前面已做介绍。

为了避免重复征税,现行税法规定,将外购应税消费品继续生产应税消费品销售的,准予从应纳消费税税额中按当期生产领用数量计算扣除外购已税消费品已纳的消费税税款。

【做中学3-9】 某企业用外购已税烟丝生产卷烟,当月销售额为180万元(每标准条不含增值税调拨价格为180元,共计40标准箱),当月月初库存的外购烟丝的账面余额70万元,当月购进烟丝30万元,月末库存的外购烟丝的账面余额为50万元。请计算该厂当月销售卷烟的应纳消费税税款(卷烟适用比例税率为56%,定额税率为150元/每标准箱,烟丝适用比例税率为30%),上述款项均不含增值税。

【解析】
(1) 当月应纳消费税税额=180×56%+40×0.015=101.4(万元)。
(2) 当月准予扣除的外购烟丝已纳税款=(70+30-50)×30%=15(万元)。
(3) 当月销售卷烟的应纳消费税=101.4-15=86.4(万元)。

(二)自产自用应税消费品应纳税额的计算

1. 纳税人自产自用的应税消费品

纳税人自产自用的应税消费品,用于连续生产应税消费品的不纳税;用于其他方面的,于移送使用时纳税。

上述用于其他方面,是指纳税人将应税消费品用于生产非应税消费品和在建工程;管理部门非生产机构提供劳务,以及用于馈赠、赞助、集资广告、样品、职工福利、奖励等方面的应税消费品。

纳税人自产自用的应税消费品,按照纳税人生产的同类消费品的销售价格计算纳税。即只要是在税法规定的范围内,它们都要视同销售,依法缴纳消费税。

2. 计算方法

1) 从价定率

(1) 同类产品售价。

(2) 组成计税价格=(成本+利润)÷(1－消费税税率)

应纳消费税税额=应税消费品销售额×适用税率

应纳增值税税额=应税消费品销售额×13%

2) 从量定额

应纳消费税税额 = 移送使用数量×单位税额

应纳增值税税额= 同类产品售价×13%

= [成本×(1+成本利润率)+消费税税额]×13%

3) 复合计税

应纳消费税税额 = 移送使用数量×单位税额+销售价格×适用税率

(1) 同类消费品售价。

(2) 组成计税价格=(成本+利润+移送使用数量×定额税率)÷(1－比例税率)

应纳增值税税额=组成计税价格×13%

【做中学 3-10】 2020年2月,啤酒厂自产啤酒15吨,无偿提供给某啤酒节。已知,每吨成本1 000元,无同类产品售价。计算该酒厂2020年2月的应纳消费税与应纳增值税。(税务机关核定的消费税单位税额为220元/吨)

【解析】

应纳消费税=15×220=3 300(元)

应纳增值税=[15×1 000×(1+10%)+3 300]×13%=2 574(元)

【做中学 3-11】 某酒厂以自产特制粮食白酒2 000斤用于厂庆庆祝活动,每斤白酒成本12元,无同类产品售价。计算该酒厂2020年2月的应纳消费税与应纳增值税。

【解析】

应纳消费税=2 000×0.5+[12×2 000×(1+10%)+2 000×0.5]÷(1－20%)×20%=7 850(元)

应纳增值税=[12×2 000×(1+10%)+2 000×0.5]÷(1－20%)×16%=5 480(元)

二、委托加工应税消费品应纳税额的计算

(一) 委托加工应税消费品的含义

"委托加工应税消费品"是指由委托方提供原料和主要材料,受托方只收取加工费和代

垫部分辅助材料加工的应税消费品。

对于受托方提供原材料生产的应税消费品;受托方先将原材料卖给委托方,然后再接受加工的应税消费品;或者由受托方以委托方名义购进原材料生产的应税消费品。不论纳税人在财务上是否对其作销售处理,都不得将其作为委托加工应税消费品,而应当按照销售自制应税消费品缴纳消费税。

(二)委托加工应税消费品应纳税额的计算

1. 从价定率应纳税额的计算

纳税人委托加工的应税消费品,按照受托方的同类消费品的销售价格计算纳税;受托方没有同类消费品销售价格的,按照组成计税价格计算纳税。

组成计税价格计算公式为:

$$组成计税价格 = (材料成本 + 加工费) \div (1 - 消费税税率)$$
$$应纳税额 = 同类消费品的销售价格 \times 适用税率$$
$$应纳税额 = 组成计税价格 \times 适用税率$$

2. 从量定额应纳税额的计算

采用从量定额计算消费税的委托加工应税消费品,其应纳税额为纳税人收回的应税消费品数量乘以单位税额,即:

$$应纳税额 = 委托收回数量 \times 单位税额$$

3. 复合计税应纳税额的计算

$$代收代缴消费税 = 应税销售额 \times 适用税率 + 应税销售数量 \times 单位税额$$

销售额依次按受托方同类消费品售价。

$$组成计税价格 = (材料成本 + 加工费 + 委托加工数量 \times 定额税率) \div (1 - 消费税税率)$$

【做中学 3-12】 某企业受托加工一批高档化妆品,委托方提供的材料成本为 80 000 元,双方协议的加工费为 5 230 元。计算某企业应代收代缴的消费税。

【解析】 组成计税价格=(80 000+5 230)÷(1-15%)=100 270.59(元)
应代收代缴的消费税=100 270.59×15%=15 040.59(元)

【做中学 3-13】 某鞭炮企业 2018 年 4 月受托为某单位加工一批鞭炮,委托单位提供的原材料金额为 70 万元,收取委托单位不含税增值税的加工费为 9 万元,鞭炮企业当地无加工鞭炮的同类产品市场价格。计算鞭炮企业应代收代缴的消费税。

【解析】 组成计税价格=(70+9)÷(1-15%)=92.94(万元)
应代收代缴的消费税=92.94×15%=13.94(万元)

三、进口应税消费品应纳消费税税额的计算

纳税人进口应税消费品,按照组成计税价格和规定的税率计算应纳消费税税额,组成计税价格包括到岸价、关税和消费税。

(一) 进口一般应税消费品应纳消费税税额的计算

1. 从价定率——销售额的确定

进口应税消费品,按照组成计税价格和规定税率计算纳税。组成计税价格和应纳税额的计算公式如下:

$$组成计税价格 = (关税完税价格 + 关税) \div (1 - 消费税税率)$$

$$应纳税额 = 组成计税价格 \times 消费税税率$$

2. 从量定额——销售量的确定

从量定额的进口应税消费品,按照海关核定的应税消费品进口征税数量和规定的单位税额计算纳税。进口应税消费品的应纳税额计算公式为:

$$应纳税额 = 海关核定的进口数量 \times 单位税额$$

3. 复合计税办法

$$应纳税额 = (关税完税价格 + 关税 + 进口数量 \times 消费税定额税率) \div (1 - 消费税比例税率) \times 消费税比例税率 + 进口应税消费品数量 \times 消费税定额税率$$

【温馨提示】 进口环节消费税除国务院另有规定外,一律不得给予减税免税。

【做中学 3-14】 2018 年 5 月 1 日,某企业进口成套高档化妆品一批。关税完税价格为 500 000 元,设关税税率 40%,消费税税率 15%。计算该产品的组成计税价格及应纳税额。

【解析】 组成计税价格 = (500 000 + 500 000 × 40%) ÷ (1 − 15%) = 823 529.41(元);
应纳税额 = 823 529.41 × 15% = 123 529.41(元)。

(二) 进口卷烟应纳消费税税额的计算

从 2009 年 5 月 1 日起,进口卷烟的消费税适用比例税率有了调整,其消费税应纳税额的计算方法如下:

第一步,确定进口卷烟消费税适用比例税率。

$$每标准条进口卷烟(200 支)确定消费税适用比例税率的价格 = (关税完税价格 + 关税 + 消费税定额税率) \div (1 - 消费税比例税率)$$

其中,关税完税价格和关税税额为每标准条(200 支)的关税完税价格及关税税额;消费税定额税率为每标准条(200 支)0.6 元(依据现行消费税的定额税率折算而成);消费税税率固定为 36%。

第二步,计算进口卷烟的应纳消费税税额。

$$进口卷烟消费税组成计税价格 = (关税完税价格 + 关税 + 消费税定额税率) \div (1 - 消费税适用比例税率)$$

$$应纳消费税税额 = 进口卷烟消费税组成计税价格 \times 进口卷烟消费税适用比例税率 + 海关核定的进口卷烟数量 \times 消费税定额税率$$

其中,消费税定额税率为每标准箱(50 000 支)150 元。

【做中学 3-15】 从国外进口卷烟 320 箱(每箱 250 条,每条 200 支),支付买价 300 万元,支付到达我国海关前的运输费用 14 万元,保险费用 9 万元。已知进口卷烟的关税税率为20%。请计算卷烟在进口环节应缴纳的消费税。

【解析】 第一步,确定进口卷烟消费税适用比例税率。

每标准条进口卷烟(200支)确定消费税适用比例税率的价格=$[(300+14+9)\times 10\,000\times(1+20\%)+320\times 250\times 200\times 0.003]\div(1-36\%)\div(320\times 250)=76.64$(元)。

每条卷烟价格76.64元大于70元,适用消费税率56%。

第二步,计算进口卷烟应纳消费税税额。

$$\text{应纳消费税税额}=\text{进口卷烟消费税组成计税价格}\times\text{进口卷烟消费税适用比例税率}+\text{海关核定的进口卷烟数量}\times\text{消费税定额税率}$$
$$=80\,000\times 76.64\times 56\%+80\,000\times 0.6=3\,481\,472(\text{元})$$

【做中学3-16】 某商贸公司,2018年7月从国外进口一批应税消费品,该批应税消费品的关税完税价格是90万元,按规定应缴纳关税18万元。假定进口的应税消费品的消费税率为10%,请计算该批消费品进口环节应纳消费税税额。

【解析】 组成计税价格=$(90+18)\div(1-10\%)=120$(万元)

应纳消费税税额=$120\times 10\%=12$(万元)

四、批发和零售环节应税消费品应纳税额的计算

(一) 批发环节应纳消费税税额的计算

批发环节的应税消费品特指卷烟,在我国境内从事卷烟批发业务的所有单位和个人,自2015年5月10日起,应就其批发销售的所有牌号、规格的卷烟,按11%的比例税率,每次0.005元的单位定额双重计征消费税。此外,计算批发环节卷烟消费税时,还应注意以下几点:

(1) 应将卷烟销售额与其他商品销售额分开核算,未分开核算的,一并征收消费税。

(2) 卷烟批发企业在计算卷烟消费税时,不得扣除卷烟生产环节已缴纳的消费税税额。

(3) 卷烟批发企业之间销售的卷烟,不缴纳消费税;只有在将卷烟销售给零售商等其他单位和个人时,才缴纳消费税。

(二) 零售环节应纳消费税税额的计算

零售环节的应税消费品特指金银首饰、钻石及钻石饰品。自2016年12月1日起,对超豪华小汽车,[在生产(进口)环节]在按现行税率征收消费税基础上,(在零售环节)加征消费税税率10%。

对既销售金银首饰、又销售非金银首饰的生产经营单位,应分别核算两类商品的销售额;凡划分不清楚或不能分别核算、在生产环节销售的,一律从高适用税率征收消费税;在零售环节销售的,一律按金银首饰的征收标准征收消费税。金银首饰与其他产品组成套装消费品销售的,应按销售额全额征收消费税。对纳税人采取以旧换新方式销售金银首饰的,按实际收到的、不含增值税的价款计算消费税。

【做中学3-17】 某企业2018年6月7日出售金银首饰及珠宝玉石,其中:

(1) 金银首饰的零售价为154 660元,钻石及钻石饰品的零售价为96 950元,其他首饰的零售价为53 200元。

(2) 采取以旧换新的方式销售金项链150条,新项链每条的零售价为2 000元,旧项链每条的零售价为1 000元。每条项链实收差价款是1 000元。

要求:计算该企业6月份应缴纳的消费税税额。

【解析】 (1) 消费税税额=(154 660+96 950)÷(1+16%)×5%=10 845.26(元)。

根据规定,金银首饰、珠宝玉石的消费税在零售环节缴纳,其他首饰的消费税在生产、进口或委托加工环节缴纳。

(2) 消费税税额=150×1 000÷(1+16%)×5%=6 465.52(元)。

【做中学3-18】 A厂以生产高档化妆品为主,为增值税一般纳税人。厂内高档化妆品的不含增值税的价款为6 280元/箱。自设的非独立核算的门市部零售高档化妆品50箱,不含增值税的价款为7 000元/箱。

要求:就门市部的业务,计算A厂的应纳消费税税额。

【解析】 纳税人通过自设的非独立核算门市部销售自产应税消费品,其应按照门市部对外销售价格或数量计算消费税。

根据上述规定,门市部对外零售高档化妆品业务的应纳消费税税额的计算如下:

应纳消费税税额 = 50×7 000×15% = 52 500(元)

任务四 消费税的纳税申报

一、消费税的征收管理

(一) 纳税义务发生时间

(1) 纳税人销售应税消费品的,按不同的销售结算方式,纳税义务发生时间分别为:①采取赊销和分期收款结算方式的,为书面合同约定的收款日期的当天;书面合同没有约定收款日期或者无书面合同的,为发出应税消费品的当天。②采取预收货款结算方式的,为发出应税消费品的当天。③采取托收承付或委托银行收款方式的,为发出应税消费品并办妥托收手续的当天。④采取其他结算方式的,为收讫销售款或者取得索取销售款凭据的当天。

(2) 纳税人自产自用应税消费品的,为移送使用的当天。

(3) 纳税人委托加工应税消费品的,为纳税人提货的当天。

(4) 纳税人进口应税消费品的,为报关进口的当天。

(二) 纳税地点

纳税人销售的、自产自用的应税消费品,除国务院财政、税务主管部门另有规定外,应当向纳税人机构所在地或者居住地的主管税务机关申报纳税。

委托加工的应税消费品,除受托方为个人外,由受托方向机构所在地或者居住地的主管税务机关解缴消费税税款。

进口的应税消费品,应当向报关地海关申报纳税。

（三）纳税期限

消费税的纳税期限分别为 1 日、3 日、5 日、10 日、15 日、1 个月或者 1 个季度。纳税人的具体纳税期限,由主管税务机关根据纳税人应纳税额的大小分别核定;不能按照固定期限纳税的,可以按次纳税。

纳税人以 1 个月或者 1 个季度为 1 个纳税期的,自期满之日起 15 日内申报纳税;以 1 日、3 日、5 日、10 日或者 15 日为 1 个纳税期的,自期满之日起 5 日内预缴税款,于次月 1 日起 15 日内申报纳税并结清上月应纳税款。

纳税人进口应税消费品,应当自海关填发《海关进口消费税专用缴款书》之日起 15 日内缴纳税款。

二、消费税纳税申报表的填制

纳税人无论当期有无销售或是否盈利,均应当在次月 1 日至 15 日内,根据应税消费品分别填写《酒类应税消费品消费税纳税申报表》《烟类应税消费品消费税纳税申报表》《成品油消费税纳税申报表》《小汽车消费税纳税申报表》《其他应税消费品消费税纳税申报表》,并向主管税务机关进行纳税申报。

除纳税申报表外,每类申报表都有附表,如《本期准予扣除税额计算表》《本期代收代缴税额计算表》《准予扣除消费税凭证明细表》等,在申报时一并填写。消费税纳税申报表的具体填制方法可参见本书项目七纳税申报。

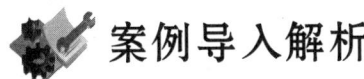

案例导入解析

消费税是调节税种,对生产和消费行为具有重要的调节职能,是流转税的第二大税种。1994—2018 年,累计征收的国内消费税为 105 176 亿元,其中 2018 年征收 10 632 亿元。这些税款推动了我国经济社会积极稳健的发展。我国境内属于消费税纳税范围的单位和个人都应按照法律的规定及时、准确地履行缴纳消费税税款的义务,使所有的企业和个人在市场经济的浪潮中公平竞争。税金是取之于民、用之于民。国务院会根据经济发展、产业政策、行业发展和居民消费水平的变化等因素,对消费税税率进行相应的调整。

知识小结

1. 消费税的概念及特点

根据《中华人民共和国消费税暂行条例》的规定,消费税是对在我国境内从事生产、委托加工和进口应税消费品、零售应税消费品的单位和个人,就其销售额或销售款,在特定环节征收的一种税。

消费税的特点:征税项目具有选择性;征税环节具有单一性;征收方案具有多样性;税收调节具有特殊性;消费税具有转嫁性。

2. 消费税实务的内容

消费税实务的内容有以下几点：一是消费税纳税人和征税对象及征税范围。其包括消费税纳税人的确定；征税对象的确定：生产应税消费品、委托加工应税消费品、进口应税消费品、零售应税消费品、批发环节的应税消费品；征税范围：15个税目、三个税率（即比例税率、定额税率和复合税率）。二是消费税应纳税额的计算方法。其包括从价定率、从量定额、复合计税、计税依据的特殊规定等。三是实务操作。其包括：①生产销售环节消费税应纳税额的计算。例如，直接对外销售消费税应纳税额的计算，从价定率的计算、从量定额的计算；自产自用消费税应纳税额的计算，应税消费品的确定、计税依据的确定、从价定率的计算、从量定额的计算和复合计税计算。②委托加工消费税应纳税额的计算。例如，应税消费品的确定、计税依据的确定、应纳税额的计算。③进口应税消费品应纳税额的计算。例如，进口一般应税消费品应纳税额的计算，进口卷烟应纳税额的计算。④批发、零售环节应税消费品应纳税额的计算。例如，批发环节应税消费品应纳税额的计算，零售环节应税消费品应纳税额的计算。四是消费税的纳税申报。其包括：①纳税义务发生时间。②纳税地点，自产行为、委托加工行为、进口行为等各不相同。③纳税期限，以月为单位的，次月15日前完成纳税申报。

职场警示·思政结合

消费税案例分析——五粮液集团

2009年9月9日午间，深圳股市第三大权重股五粮液突发公告称，公司接到证监会调查通知书，具体内容为："因你公司涉嫌违反证券法律法规，根据《中华人民共和国证券法》的有关规定，我会决定立案调查，请予以配合。"

五粮液突遭调查，业界对此产生了一些猜测，其中有，五粮液遭证监会调查或与其涉嫌少交消费税有关。

2009年4月，封某、周某等四位小股民发现五粮液有少缴消费税的嫌疑。于是，他们委托上海市某律师事务所的律师向成都市中级人民法院提起诉讼，要求五粮液及为其年报出具审计意见的会计师事务所赔偿损失。

该名律师提出的诉讼理由是，通过对五粮液2006—2008年年报的分析，五粮液3年存在少缴消费税约19.51亿元的嫌疑。该名律师表示，从2008年年报披露的宜宾五粮液供销有限公司等相关信息，可分析计算出五粮液在2008年少缴消费税约5.42亿元。依据同样的计算办法，计算出五粮液在2007年存在少缴消费税约8.84亿元，2006年存在少交消费税5.25亿元的嫌疑。

那么，五粮液集团是否存在偷税漏税行为？如果存在偷税漏税行为，五粮液集团又是如何进行的呢？

对此，我们可以进行以下分析。

1. 计税收入小于成本

按照税收法律规定，五粮液的消费税的计税收入＝（酒类产品成本＋合理的利润）÷(1－消费税税率)，从公式可以看出：计税收入大于成本。以2006年为例，五粮液2006年年报披露:2006年全年共销售五粮液系列酒18.97吨,实现酒类主营业务收入733 337.37万元。主营业务税金及附加中披露:本期消费税为54 327.52万元。

根据上述信息,五粮液2006年的消费税计税收入=本期消费税−按销售量计算应交消费税=[54 327.52−(18.97×2 000×0.5)]÷0.2=176 787.6(万元)。

而2006年五粮液年报披露的酒类主营业务成本为345 978.68万元。按照税法的规定,计税收入应大于酒类产品成本,即计税收入至少为345 978.68万元,但五粮液酒类计税收入比酒类主营业务成本还少了169 191.08万元。因此,五粮液存在消费税偷税33 838.22万元(169 191.08×20%)的嫌疑。

2. 消费税未占收入的10%以上

根据国家税务总局的规定,酒类企业合并报表收入的50%～70%应交纳消费税,按照白酒比例税率的20%计算。在未包括从量税的基础上,当期的消费税税额至少要占收入的10%以上,也就是说,白酒生产企业的消费税负应在10%以上。2006年,五粮液白酒类主营业务收入为733 337.37万元,上交消费税54 327.52万元,消费税占收入的7.41%,小于10%的"红线"。因此,企业有可能存在偷漏税的行为。

根据以上分析和相关资料,可知五粮液集团偷漏税方式可能为:通过设立销售公司,五粮液集团酒厂将自产的酒低价售予自身的销售公司,再由销售公司高价对外出售。因为白酒在销售应税消费品时征税,即当酒厂销售白酒产品时征收。此时,征税的计税基础是卖给自身销售公司的低价,这样便减少了消费税的支出。另外,和当地的政府"合作"。由于消费税属于中央税,所得税属于共享税,以上的运作方式可以增加地方财政收入。

根据以上的分析,五粮液集团确实存在少缴消费税的情况,但其避税方式在法律上没有明文禁止,属于合理避税。

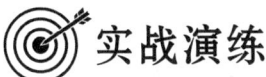

实战演练

一、单项选择题

1. 目前,我国对特定消费行为不征消费税,只征( )。
   A. 所得税　　　B. 行为税　　　C. 资源税　　　D. 关税
2. 我国除另有规定外,只是对所有货物在普遍征收增值税的基础上,对一部分消费品征收( )。
   A. 消费税　　　B. 个人所得税　　C. 关税　　　D. 资源税
3. 我国消费品实行( )课征收。
   A. 单环节　　　　　　　　　　　B. 双循环
   C. 多环节　　　　　　　　　　　D. 多环节及双环节混合
4. 金银首饰应在( )征收消费税。
   A. 生产环节　　B. 流通环节　　C. 消费环节　　D. 零售环节
5. 消费税属于( )。
   A. 价内税　　　B. 价外税转价内税　C. 价外税　　　D. 价内税转价外税
6. 进口应税消费品应按组成计税价格计算纳税,组成计税价格的计算公式为( )。

A. (成本＋利润)÷(1－消费税税率)

B. (材料成本＋加工费)÷(1－消费税税率)

C. (关税完税价格＋关税)÷(1－消费税税率)

D. 销售额÷(1＋征收率)

7. 进口消费品的消费税由(　　)代征。
   A. 海关　　　　　　　　　　　　B. 税务机关
   C. 市场监督管理局　　　　　　　D. 邮政部门

8. 2018年6月,某销售公司销售化妆品的收入额为4 000元,该公司6月化妆品销售收入的应纳消费税为(　　)元。
   A. 40 000　　　B. 34 188　　　C. 10 256　　　D. 29 744

9. 纳税人进口的应税消费品,其纳税义务的发生时间为(　　)当天。
   A. 纳税人办完入关手续　　　　　B. 消费税报关进口
   C. 纳税人提货　　　　　　　　　D. 纳税人接到通知

10. 出口应税消费品的免税办法由(　　)规定。
    A. 国家税务总局　　　　　　　　B. 国务院
    C. 全国人大及其常委会　　　　　D. 税务机关

11. 生产自用的应当缴纳消费税的应税消费品,其组成计税价格公式为(　　)。
    A. (成本＋利润)÷(1－消费税)　　B. (成本＋利润)÷(1＋消费税)
    C. (完税价格＋关税)÷(1＋消费税)　　D. (完税价格＋关税)÷(1－消费税)

12. 委托加工的应税消费品在(　　)征收消费税。
    A. 加工环节　　B. 纳税人提货时　　C. 销售环节　　D. 交付原材料时

13. 消费税纳税义务发生时间为(　　)。
    A. 赊销方式下收到货款的当天
    B. 分期收款结算方式下实际收缴款项的日期
    C. 预收货款结算方式下收到货款的当天
    D. 预收货款结算方式下发生应税消费品的当天

二、多项选择题

1. 消费税是对特定的(　　)征收的一种税。
   A. 工业品　　B. 农产品　　C. 药品消费　　D. 消费品
   E. 消费行为

2. 我国对消费税的纳税环节确定在(　　)。
   A. 生产环节　　B. 流通环节　　C. 进口环节　　D. 出口环节
   E. 零售环节

3. 我国现行的税率主要有(　　)。
   A. 比例税率　　B. 平均税率　　C. 固定税率　　D. 不固定税率
   E. 累进税率

4. 除征收增值税外,对下列消费品再征收一道消费税,进行价格调节的有(　　)。
   A. 高档化妆品　　B. 小轿车　　C. 自行车　　D. 卷烟

E. 以上都不对
5. 应征收消费税的产品有( )。
   A. 将自产的应税消费品奖励职工
   B. 出厂前的、进行化学检验的高档化妆品
   C. 委托加工的应税消费品
   D. 自行车轮胎
   E. 作为展销品的高档化妆品

三、技能训练题

1. 某卷烟厂为增值税一般纳税人,2019年10月,该卷烟厂的有关生产经营情况如下:
   (1) 从某烟丝厂购进已税烟丝200吨,每吨不含税单价2万元,取得烟丝厂开具的增值税专用发票,注明货款400万元、增值税68万元,烟丝已验收入库。
   (2) 将成本为42万元的库存烟叶运往烟丝厂并加工成烟丝,取得烟丝厂开具的增值税专用发票,注明支付加工费8万元、增值税1.36万元。卷烟厂收回烟丝时,烟丝厂未按规定代收代缴消费税。
   (3) 卷烟厂生产领用外购已税烟丝150吨,生产卷烟2万标准箱,(每箱50 000支,每条200支,每条的调拨价在70元以上),当月销售给卷烟专卖18 000箱,取得不含税的销售额36 000万元。(提示:烟丝消费税率30%,卷烟消费税比例税率56%,定额税一箱150元,相关票据已通过主管税务机关认证)
   要求:
   (1) 计算卷烟厂10月份应缴纳的增值税。
   (2) 计算卷烟厂10月份应缴纳的消费税。

2. 某企业为增值税一般纳税人,2019年8月,该企业发生如下业务:
   (1) 与甲企业(地处县城)签订加工合同,为甲企业加工一批高档化妆品。甲企业提供的原材料成本为20万元,加工结束后开具增值税专用发票,注明收取加工费及代垫辅助材料价格共计8万元,增值税1.36万元。
   (2) 进口一批高档化妆品以作原材料,支付货款60万元,国外采购代理人佣金3万元,支付进口高档化妆品运抵我国输入地点起卸前的运输费用及保险费共计9万元,支付包装劳务费1万元,关税税率20%;支付海关监管区至公司仓库的运费2万元,其中,运输费用1.5万元、装卸费0.3万元、建设基金0.2万元,取得运费发票。本月生产领用进口化妆品的80%。
   (3) 将高档护肤品和化妆品组成成套化妆品的销售,某大型商场一次性购买240套。该企业开具增值税专用发票,注明金额48万元。其中,高档护肤品18万元、化妆品30万元。
   (4) 销售其他化妆品,取得不含税销售额150万元。
   (5) 将成本为1.4万元的新研制的高档化妆品赠送给消费者,本月取得的相关票据均符合税法规定,并在当月认证抵扣。
   根据上述资料回答下列问题:
   (1) 8月,该企业受托加工化妆品应代收代缴消费税和城市维护建设税共( )万元。
   　　A. 4.9412　　B. 6.3012　　C. 0.4411　　D. 5.3823
   (2) 8月,该企业进口高档化妆品应纳进口关税为( )万元。

A. 13.80　　　　B. 14　　　　C. 14.4　　　　D. 14.60

(3) 8月,该企业国内销售环节应纳增值税为(　　)万元。

A. 13.85　　　　B. 13.99　　　　C. 15.914　　　　D. 14.86

(4) 8月,该企业国内销售环节应纳消费税为(　　)万元。

A. 25.2　　　　B. 31.23　　　　C. 59.4　　　　D. 15.3653

项目四
企业所得税纳税实务

 学习目标

1. 知识目标

掌握企业所得税的纳税人、征税对象和税率

掌握税法中对各类收入的确认

掌握税前扣除项目的范围和标准,掌握各类资产的税务处理

了解企业所得税的优惠政策

了解企业所得税征收管理的基本规定

2. 能力目标

掌握应纳税所得额的计算

掌握常见项目的纳税调整

掌握应纳税额的计算

掌握查账征收企业所得税的纳税申报

3. 情感目标

培养学生细致、细心分析问题的能力,养成依法纳税的职业习惯

4. 重点难点

应纳税所得额的计算;应纳税额的计算;纳税申报

税前扣除项目的范围和标准;纳税调整;税收优惠

案例导入

小明同学进入西安先锋股份有限公司进行实习,公司为居民企业,其纳税识别号为916101137101068985,从业人员有100人,资产总额为6 000万元,属于工业企业,法人代表为张山,会计主管为汪峰。该公司2019年的营业额如下:

(1) 取得收入4 500万元。
(2) 发生销售成本2 400元。
(3) 发生销售费用800万元(其中,广告费540万元),管理费用700万元(其中,业务招待费40万元,研发费用100万元),财务费用70万元(为银行借款利息)。
(4) 发生的各项税金300万元(含增值税200万元)。
(5) 取得营业外收入200万元。
(6) 2018年12月投资西安沣河股份有限公司100万元,2019年8月分得股利50万元。
(7) 当年的工资总额为400万元,职工福利费60万元,职工教育经费35万元,工会经费10万元。

就以上业务,请小明计算:
(1) 西安先锋股份有限公司的会计利润。
(2) 西安先锋股份有限公司的纳税调整额。
(3) 西安先锋股份有限公司的应纳税所得额。
(4) 西安先锋股份有限公司的应纳所得税额。

任务一 企业所得税概述

一、企业所得税的概念和计税原理

(一) 企业所得税的概念

在国外,企业所得税也称为公司税、公司所得税、法人税或法人所得税等。我国的企业所得税,是指在中华人民共和国境内,对企业和其他取得收入的组织,应当依照《中华人民共和国企业所得税法》(以下简称《企业所得税法》)就其取得的各项所得缴纳的一种税收。在我国现行税制中,企业所得税是仅次于增值税的第二大税种。其特点主要有三:

(1) 征税范围广。在中华人民共和国境内,企业和其他取得收入的组织都是企业所得税的纳税人,都要依照税法的规定缴纳企业所得税。
(2) 企业所得税通常以经营所得为征税对象,征税理由具有公平性、合理性。
(3) 企业所得税作为终端税种,纳税人与实际负担人通常是一致的,属于直接税,因而可以在企业和国家之间直接进行利润分配的调节。

(二) 企业所得税的计税原理

根据企业所得税的概念和特点可以看出,企业所得税的计税原理是对企业的利润(即所得)进行征税,而非企业的收入。《企业所得税法》将该所得额称为"应纳税所得额"。征税过程遵循"所得多的多征,所得少的少征,无所得的不征"的原则。

二、企业所得税的主要法律法规及规范性文件类型

(一) 税收法律

《企业所得税法》在 2007 年 3 月 16 日第十届全国人民代表大会第五次会议上通过,自 2008 年 1 月 1 日施行,共 8 章 60 条。2017 年 2 月 24 日全国人民代表大会常务委员会对个别条款进行了修正。

(二) 税收行政法规

《中华人民共和国企业所得税法实施条例》(以下简称《实施条例》),是国务院根据《企业所得税法》的规定制定的,经 2007 年 11 月 28 日国务院第 197 次常务会议通过,于 2007 年 12 月 6 日发布,自 2008 年 1 月 1 日起施行,共 8 章 132 条。

(三) 税收部门规章

税收部门规章,是指国家税务总局根据法律或者国务院的行政法规、决定、命令,在其职权范围内制定的,在全国范围内对税务机关、纳税人、扣缴义务人及其他税务当事人具有普遍约束力的税收规范性文件。税收部门规章的名称一般为"规定""规程""规则""实施细则""决定"或"办法"。税务规章以国家税务总局令的形式发布,如《非居民承包工程作业和提供劳务税收管理暂行办法》。

(四) 其他常见的税收行政公文

其他常见的税收行政公文,包括国家税务总局公告、税总发、税总函等公文。根据《国家税务总局关于印发〈全国税务机关公文处理办法〉的通知》的规定:

(1) 国家税务总局公告,适用于向国内外宣布重要事项或者法定事项。税务机关应当依照有关法律、法规、规章向国内外公布税收的规范性文件和其他重要税收事项。公告应当公开发布,无主送、抄送。

(2) 税总发,一般适用于各类通知。

(3) 税总函,一般适用于局部的、阶段性的或临时性的工作等。

三、企业所得税的纳税义务人、征税对象和税率

(一) 纳税义务人

大多数国家对个人以外的组织或者实体课税,是以法人作为标准确定纳税人的,实行法人税制是企业所得税制改革的方向。因此,我国《企业所得税法》规定,在中华人民共和国境内,企业和其他取得收入的组织(统称企业)为企业所得税的纳税人,依法缴纳企业所得税;为避免重复征税,还规定了个人独资企业和合伙企业不适用企业所得税法。

需要注意的是,《实施条例》第三条规定,《企业所得税法》第二条所称,依法在中国境内成立的企业,包括依照中国法律、行政法规,在中国境内成立的企业、事业单位、社会团体以及其他取得收入的组织。由于我国的一些社会团体组织、事业单位在完成国家事业计划的过程中,开展了多种经营和有偿服务活动,取得了除财政部门各项拨款以及财政部和国家物价部门批准的各项规费收入以外的经营收入。因此,其具有了经营的特点,应纳入征税

范围。

根据不同企业承担的纳税义务,企业所得税的纳税人分为居民企业和非居民企业。居民企业承担全面纳税义务,就其境内外全部所得纳税;非居民企业承担有限纳税义务,一般只就其来源于我国境内的所得纳税。在国际上,居民企业的判定标准有"登记注册地标准""实际管理机构地标准"和"总机构所在地标准"等,大多数国家都采用了多个标准相结合的办法。我国采用了"登记注册地标准"和"实际管理机构地标准"相结合的办法,对居民企业和非居民企业做了明确界定。

1. 居民企业

居民企业是指依法在中国境内成立,或者依照外国(地区)法律成立但实际管理机构在中国境内的企业。其中,实际管理机构,是指对企业的生产经营、人员、账务、财产等实施实质性全面管理和控制的机构。

2. 非居民企业

非居民企业,是指依照外国(地区)法律成立且实际管理机构不在中国境内,但在中国境内设立机构、场所的;或者在中国境内未设立机构、场所,但有来源于中国境内所得的企业。

上述所称机构、场所,是指在中国境内从事生产经营活动的机构、场所,包括:

(1) 管理机构、营业机构、办事机构;

(2) 工厂、农场、开采自然资源的场所;

(3) 提供劳务的场所;

(4) 从事建筑、安装、装配、修理、勘探等工程作业的场所;

(5) 其他从事生产经营活动的机构、场所。

非居民企业委托营业代理人在中国境内从事生产经营活动的,包括委托单位或者个人经常代其签订合同,或者储存、交付货物等,该营业代理人视为非居民企业在中国境内设立的机构、场所。

(二) 征税对象

企业所得税的征税对象,是指企业取得的各项所得,包括销售货物所得、提供劳务所得、转让财产所得、股息红利等权益性投资所得、利息所得、租金所得、特许权使用费所得、接受捐赠所得和其他所得。

1. 居民企业的征税对象

居民企业应当就其来源于中国境内、境外的所得缴纳企业所得税。上述所称来源于中国境内、境外的所得,按照以下原则确定:

(1) 销售货物所得,按照交易活动发生地确定;

(2) 提供劳务所得,按照劳务发生地确定;

(3) 转让财产所得,不动产转让所得按照不动产所在地确定,动产转让所得按照转让动产的企业、机构或其所在地确定,权益性投资资产转让所得按照被投资企业所在地确定;

(4) 股息、红利等权益性投资所得,按照分配所得的企业所在地确定;

(5) 利息所得、租金所得、特许权使用费所得,按照负担、支付所得的企业、机构、或其所在地确定,或者按照负担、支付所得的个人的住所确定;

(6) 其他所得,由国务院财政、税务主管部门确定。

2. 非居民企业的征税对象

非居民企业在中国境内设立机构、场所的,应当就其所设机构、场所取得的、来源于中国境内的所得,以及发生在中国境外但与其所设机构、场所有实际联系的所得,缴纳企业所得税。

非居民企业在中国境内未设立机构、场所的,或者虽设立机构、场所,但取得的所得与其所设机构、场所没有实际联系的,应当就其来源于中国境内的所得缴纳企业所得税。

上述所称实际联系,是指非居民企业在中国境内设立的机构、场所,拥有的据以取得所得的股权、债权,以及拥有、管理、控制据以取得所得的财产等。

(三)税率

企业所得税税率既要考虑国家财政收入的稳定增长和企业的负担能力,还要考虑国际上尤其是周边国家(地区)的税率水平。全世界159个实行企业所得税的国家(地区)平均税率为28.6%,我国周边18个国家(地区)的平均税率为26.7%。我国企业所得税实行比例税率,具体包括以下三种情况:

(1) 基本税率为25%。适用于居民企业和在中国境内设有机构、场所,且所得与机构、场所有关联的非居民企业。

(2) 低税率为20%。适用于在中国境内未设立机构、场所的,或者虽设立机构、场所,但取得的所得与其所设机构、场所没有实际联系的非居民企业。

(3) 优惠税率。《企业所得税法》第二十八条规定:符合条件的小型微利企业,减按20%的税率征收企业所得税;国家需要重点扶持的高新技术企业,减按15%的税率征收企业所得税。

四、企业所得税税收优惠

(一)企业所得税优惠事项

优惠事项是指《企业所得税法》所规定的优惠事项,以及国务院和民族自治地方根据《企业所得税法》授权制定的企业所得税优惠事项。其具体包括免税收入、减计收入、加计扣除、加速折旧、所得减免、抵扣应纳税所得额、减低税率、税额抵免及其他专项税收优惠等。

国家税务总局颁布的《企业所得税优惠事项管理目录(2017年版)》(以下简称《目录》)共规定了69项税收优惠事项,我们将《企业所得税法》中规定的税收优惠事项概括如下。

1. 免税收入

《企业所得税法》第二十六条规定,企业的下列收入为免税收入:

(1) 国债利息收入;

(2) 符合条件的居民企业之间的股息、红利等权益性投资收益;

(3) 在中国境内设立机构、场所的非居民企业从居民企业取得与该机构、场所有实际联系的股息、红利等权益性投资收益;

(4) 符合条件的非营利组织的收入。

2. 免征减征企业所得税

《企业所得税法》第二十七条规定,企业的下列所得,可以免征、减征企业所得税:

(1) 从事农、林、牧、渔业项目的所得;

(2) 从事国家重点扶持的公共基础设施项目投资经营的所得；
(3) 从事符合条件的环境保护、节能节水项目的所得；
(4) 符合条件的技术转让所得；
(5) 本法第三条第三款规定的所得。

3. 减低税率

《企业所得税法》第二十八条规定：

(1) 符合条件的小型微利企业，减按20%的税率征收企业所得税。

(2) 国家需要重点扶持的高新技术企业，减按15%的税率征收企业所得税。

4. 民族自治区域税收优惠

《企业所得税法》第二十九条规定，民族自治地方的自治机关对本民族自治地方的企业应缴纳的企业所得税中属于地方分享的部分，可以决定减征或者免征。自治州、自治县决定减征或者免征的，须报省、自治区、直辖市人民政府批准。

5. 加计扣除

《企业所得税法》第三十条规定，企业的下列支出，可以在计算应纳税所得额时加计扣除：

(1) 开发新技术、新产品、新工艺发生的研究开发费用；

(2) 安置残疾人员及国家鼓励安置的其他就业人员所支付的工资。

6. 抵扣应纳税所得额

《企业所得税法》第三十一条规定，创业投资企业从事国家需要重点扶持和鼓励的创业投资，可以按投资额的一定比例抵扣应纳税所得额。

7. 加速折旧

《企业所得税法》第三十二条规定，企业的固定资产由于技术进步等原因，确需加速折旧的，可以缩短折旧年限或者采取加速折旧的方法。

8. 减计收入

《企业所得税法》第三十三条规定，企业综合利用资源，生产符合国家产业政策规定的产品所取得的收入，可以在计算应纳税所得额时减计收入。

9. 税额抵免

《企业所得税法》第三十四条规定，企业购置用于环境保护、节能节水、安全生产等专用设备的投资额，可以按一定比例实行税额抵免。

10. 其他专项税收优惠

《企业所得税法》第三十六条规定，根据国民经济和社会发展的需要，或者由于突发事件等原因对企业经营活动产生重大影响的，国务院可以制定企业所得税专项优惠政策，报全国人民代表大会常务委员会备案。

(二) 企业所得税税收优惠事项的办理

2018年4月25日，国家税务总局颁布了修订后的《企业所得税优惠政策事项办理办法》，规范了企业所得税税收政策优惠事项的办理。

1. 办理原则

企业享受优惠事项采取"自行判别、申报享受、相关资料留存备查"的办理方式。企业应当根据经营情况以及相关税收规定，自行判断是否符合优惠事项规定的条件，符合条件的可以按照《目录》列示的时间自行计算减免税额,并通过填报企业所得税纳税申报表享受税收优惠。

2. 留存备查资料

(1) 企业在年度纳税申报及享受优惠事项前无需再履行备案手续,原备案资料全部作为留存备查资料保留在企业,以备税务机关的后续核查。

(2) 留存备查资料,是指与企业享受优惠事项有关的合同、协议、凭证、证书、文件、账册、说明等资料。留存备查资料分为主要留存备查资料和其他留存备查资料两类。主要留存备查资料由企业根据《目录》列示的资料清单准备,其他留存备查资料由企业根据享受优惠事项情况自行补充准备。

(3) 企业享受优惠事项的,应当在完成年度汇算清缴后,将留存备查资料归集齐全并整理完成,以备税务机关核查。

(4) 企业同时享受多项优惠事项,或者享受的优惠事项按照规定分项目核算的,应当按照优惠事项或者项目分别归集留存备查资料。

(5) 由于我国企业所得税实行法人所得税制,因此跨地区经营汇总纳税企业享受优惠事项的,应当由总机构负责统一归集并留存相关备查资料。但是分支机构按照规定可以独立享受优惠事项的,则由分支机构负责归集并留存相关备查资料。

3. 企业的权利义务和法律责任

企业依法享有税收优惠的权利,也有依法按时且如实申报、接受监督和检查的义务。企业可以根据经营情况自行判断其是否符合相关优惠事项规定的条件。在符合条件的情况下,企业可以自行按照《目录》中列示的"享受优惠时间",在预缴申报时开始享受或者在年度纳税申报时享受优惠事项。

(1) 企业对优惠事项留存备查资料的真实性、合法性承担法律责任。企业留存备查资料,应从企业享受优惠事项当年的企业所得税汇算清缴期结束次日起保留 10 年。

(2) 企业享受优惠事项后发现其不符合优惠事项规定条件的,应当依法及时自行调整并补缴税款及滞纳金。

(3) 企业未能按照税务机关要求提供留存备查资料;提供的留存备查资料与实际生产经营情况、财务核算情况等不符,无法证实符合优惠事项规定条件的;存在弄虚作假情况的,税务机关将依法追缴其已享受的企业所得税优惠,并按照税收征管法等相关规定处理。

任务二　应纳税所得额的计算

应纳税所得额是企业所得税的计税依据,也是征税对象的具体化。在企业所得税中,应纳税所得额是一个重要概念。本任务将给大家初步介绍应纳税所得额计算中涉及的一些基本问题。

一、应纳税所得额的计算方法

应纳税所得额的计算方法有以下两种。

第一种方法,直接法。按照《企业所得税法》的规定,企业每一纳税年度的收入总额,减除不征税收入、免税收入、各项扣除以及允许弥补的以前年度亏损后的余额,为应纳税所得额。其计算方法为:

$$应纳税所得额 = 收入总额 - 不征税收入 - 免税收入 - 各项扣除 - 以前年度亏损$$

上述公式中,收入总额是指企业以货币形式和非货币形式从各种渠道取得的收入;不征税收入和免税收入的范围依据《企业所得税法》来确定;各项扣除,是指企业实际发生的与取得收入有关的、合理的支出,包括成本、费用、税金、损失和其他支出;企业纳税年度发生的亏损,准予向以后年度结转,用以后年度的所得弥补,但结转年限最长不得超过5年。一般认为,应纳税所得额是指企业的净利润,但从以上公式中,可以看出,应纳税所得额并不完全等同于会计中的利润总额。

第二种方法,间接法。它是指在会计利润总额的基础上,进行纳税调整,从而计算出应纳税所得额。按照《企业所得税年度纳税申报表(A类)》的计算方法,企业所得税的申报一般以间接法计算应纳税所得额。其计算方法为:

$$应纳税所得额 = 利润总额 + (-) 纳税调增(减)额 - 弥补以前年度亏损$$

$$利润总额 = 营业利润 + 营业外收入 - 营业外支出$$

$$营业利润 = 营业收入 - 营业成本 - 税金及附加 - 期间费用 - 资产减值损失 + 公允价值变动收益 + 投资收益$$

从以上公式可以看出,在以间接法计算应纳税所得额时,必须以会计报表中的利润总额为基础,进而调整纳税额。

二、纳税调整

纳税调整是企业所得税中的概念。《企业所得税法》第二十一条规定,在计算应纳税所得额时,企业财务、会计处理办法与税收法律、行政法规的规定不一致的,应当依照税收法律、行政法规的规定计算。即,企业在会计核算时,可以按会计制度的有关规定进行账务处理;但在计算应纳税所得额和申报纳税时,在与税法规定和会计制度规定有差异的情况下,要按税法规定进行纳税调整。因此,在计算企业应纳税所得额时,企业应以会计上的利润总额为基础,按照税法的规定进行调整并计算出应税所得,且按规定计算应交纳的企业所得税。这一过程,就是纳税调整。

纳税调整是因会计制度和税收法规的差异而形成的,税会差异造成的差额即为纳税调增(减)额。纳税调整包括纳税调增和纳税调减,具体调整方法如表4-1所示。

表4-1 调整方法

项目	会计准则	税法	纳税调整	示例
收入、利得	确认	不确认	调减	国债利息收入
	不确认	确认	调增	产品对外捐赠
费用、损失	确认	不确认	调增	税收滞纳金
	不确认	确认	调减	无形资产研发

依照《纳税调整项目明细表》(A105000),企业应按照"收入类调整项目""扣除类调整项目""资产类调整项目""特殊事项调整项目""特别纳税调整应税所得""其他"六大项目分类填报,并根据"账载金额"和"税收金额"项目,分别计算出纳税"调增金额"和"调减金额"这两项目的金额。"账载金额"是指纳税人按照国家统一会计制度规定而核算的项目金额。"税收金额"是指纳税人按照税收规定计算的项目金额。纳税调整额,是指两者之间的差额。

三、弥补以前年度亏损

《企业所得税法》第十八条规定,企业纳税年度发生的亏损,准予向以后年度结转,用以后年度的所得弥补,但结转年限最长不得超过5年。前述亏损,是指企业依照《企业所得税法》和实施条例的规定,将每一纳税年度的收入总额减除不征税收入、免税收入和各项扣除后小于零的数额。在计算弥补以前年度亏损时,应当注意以下问题:

(1) 亏损弥补期是自亏损年度的下一年度起连续5年不间断地计算,5年内不论是盈利还是亏损,都作为实际弥补期限计算。

(2) 连续发生亏损,其亏损弥补期限应按每个年度分别计算,按先亏先补的原则弥补。

(3) 企业境外业务之间的盈亏可以互相弥补,但企业境外投资中,除合并、撤销、依法清算外形成的亏损不得用境内盈利弥补。

(4) 企业筹办所耗的时间不纳入亏损年度的范围,企业开始生产经营的年度,为开始计算企业损益的年度。企业从事生产经营之前因筹办活动而发生的费用支出,不得计为当期的亏损。企业可以在开始经营之日的当年一次性扣除该费用,也可以按照税法有关长期待摊费用的规定处理,但一经选定,不得改变。

(5) 凡企业以前年度发生亏损,且该亏损属于《企业所得税法》规定允许弥补的,应允许调增的应纳税所得额弥补该亏损。弥补该亏损后仍有余额的,按照《企业所得税法》规定计算企业应缴纳的所得税。

任务三　收入项目的税务处理

一、一般规定

(一) 收入总额

收入总额是《企业所得税法》中的基本概念,是指企业以货币形式和非货币形式从各种渠道取得的收入,是计算应纳税所得额的基础。其具体包括以下九类收入:①销售货物收入;②提供劳务收入;③转让财产收入;④股息、红利等权益性投资收益;⑤利息收入;⑥租金收入;⑦特许权使用费收入;⑧接受捐赠收入;⑨其他收入。

(二) 不征税收入

根据《企业所得税法》第七条的规定,收入总额中的下列收入为不征税收入:①财政拨款;②依法收取并纳入财政管理的行政事业性收费、政府性基金;③国务院规定的其他不征税收入。

企业取得的不征税收入,应按照《财政部、国家税务总局关于专项用途财政性资金企业所得税处理问题的通知》(财税〔2011〕70号)的规定进行处理。凡未按照文件规定进行管理的,应作为企业的应税收入计入应纳税所得额,企业据此再依法缴纳企业所得税。

(三) 免税收入

根据《企业所得税法》第二十六条的规定,企业的下列收入为免税收入:①国债利息收入;②符合条件的居民企业之间的股息、红利等权益性投资收益;③在中国境内设立机构、场所的非居民企业从居民企业取得与该机构、场所有实际联系的股息、红利等权益性投资收益;④符合条件的非营利组织的收入。

(四) 收入确认和计量的基本原则

1. 以权责发生制为原则

根据《企业所得税法实施条例》(以下简称《实施条例》)第九条的规定,企业应纳税所得额的计算,以权责发生制为原则,属于当期的收入和费用,不论款项是否收付,均作为当期的收入和费用;不属于当期的收入和费用,即使款项已经在当期收付,均不作为当期的收入和费用。

2. 以收付实现制为补充

虽然我国税制以权责发生制为原则,但考虑到纳税必要资金、横向配比等,在《企业所得税法实施条例》和国务院财政、税务主管部门另有规定的情况下,企业应纳税所得额按照收付实现制计算。

3. 收入的计量

企业以货币形式取得的收入,包括现金、存款、应收账款、应收票据、准备持有至到期的债券投资以及债务的豁免等,一般按账面金额确定收入额。企业以非货币形式取得的收入,包括固定资产、生物资产、无形资产、股权投资、存货、不准备持有至到期的债券投资、劳务以及有关权益等,应当按照公允价值确定收入额。这里的公允价值,是指按照市场价格确定的价值。

二、税法中收入实现的确认

(一) 销售货物收入的确认

销售货物收入,是指企业销售商品、产品、原材料、包装物、低值易耗品以及其他存货取得的收入。

《企业所得税法》及实施条例另有规定外,企业销售收入的确认,必须遵循权责发生制原则和实质重于形式原则。

(1) 企业销售商品时满足下列条件的,应确认收入的实现:①商品销售合同已经签订,企业已将商品所有权相关的主要风险和报酬转移给购货方;②企业对已售出的商品既没有保留继续管理权,也没有实行有效的控制;③收入的金额能够可靠地计量;④已发生或将发生的销售方的成本能够可靠地核算。

(2) 符合前文的收入确认条件,采取下列商品销售方式的,应按以下规定确认收入实现时间:①销售商品采取托收承付方式的,在办妥托收手续时确认收入。②销售商品采取预收款方式的,在发出商品时确认收入。③销售商品需要安装和检验的,在购买方接受商品、安装和检验完毕时确认收入。如果安装程序比较简单,可在发出商品时确认收入。④销售商品采取支付手续费方式委托代销的,在收到代销清单时确认收入。

(3) 采取售后回购方式销售商品的,销售的商品按售价确认收入,回购的商品作为购进商品处理。有证据表明不符合销售收入确认条件的,如以销售商品方式进行融资,收到的款项应确认为负债;回购价格大于原售价的,差额应在回购期间确认为利息费用。

(4) 销售商品以旧换新的,销售商品应当按照相关确认条件确认收入,回收的商品作为购进商品处理。

(5) 企业为促进商品销售而在商品价格上给予的价格扣除属于商业折扣,涉及商业折扣的商品销售,应当按照扣除商业折扣后的金额确定销售商品收入金额。

(6) 债权人为鼓励债务人在规定的期限内付款而向债务人提供的债务扣除属于现金折扣,涉及现金折扣的销售商品,应当按扣除现金折扣前的金额确定销售商品收入金额,现金折扣在实际发生时作为财务费用扣除。

(7) 企业因售出商品的质量不合格等而在售价上给的减让属于销售折让;企业因售出商品质量、品种不符合要求等而发生的退货属于销售退回。企业已经确认销售收入的售出商品发生销售折让和销售退回时,应当在发生当期冲减当期销售商品收入。

(二) 劳务收入的确认

劳务收入,是指企业从事建筑安装、修理修配、交通运输、仓储租赁、金融保险、邮电通信、咨询经纪、文化体育、科学研究、技术服务、教育培训、餐饮住宿、中介代理、卫生保健、社区服务、旅游、娱乐、加工以及其他劳务服务活动取得的收入。

根据《国家税务总局关于确认企业所得税收入若干问题的通知》规定,企业在各个纳税期末,提供劳务交易的结果能够可靠估计的,应采用完工进度(完工百分比)法确认提供劳务收入。

企业在确认当期劳务收入的同时,应当结转当期劳务成本。

(三) 转让财产收入的确认

转让财产收入,是指企业转让固定资产、生物资产、无形资产、股权、债权等财产取得的收入。

企业转让股权收入,应在转让协议生效且完成股权变更手续时,确认收入的实现。

企业取得财产(包括各类资产、股权、债权等)转让收入、债务重组收入、接受捐赠收入、无法偿付的应付款收入等,不论是以货币形式、还是非货币形式体现,除另有规定外,均应一次性计入确认收入的年度计算,并据此缴纳企业所得税。

(四) 股息、红利等权益性投资收益的确认

股息、红利等权益性投资收益,是指企业因权益性投资从被投资方取得的收入。股息、红利等权益性投资收益,除国务院财政、税务主管部门另有规定外,须按照被投资方作出利润分配决定的日期确认收入的实现。

(五) 利息收入的确认

利息收入,是指企业将资金提供他人使用但不构成权益性投资,或者因他人占用本企业资金取得的收入,包括存款利息、贷款利息、债券利息、欠款利息等收入。利息收入,按照合同约定的债务人应付利息的日期确认收入的实现。

（六）租金收入的确认

租金收入，是指企业提供固定资产、包装物或者其他有形资产的使用权取得的收入。租金收入，按照合同约定的承租人应付租金的日期确认收入的实现。如果交易合同或协议中规定租赁期限跨年度，且租金提前一次性支付的，根据《实施条例》第九条规定的收入与费用配比原则，出租人可在租赁期内对上述已确认的收入，分期均匀计入相关年度收入。

（七）特许权使用费收入的确认

特许权使用费收入，是指企业提供专利权、非专利技术、商标权、著作权以及其他特许权的使用权取得的收入。特许权使用费收入，按照合同约定的特许权使用人应付特许权使用费的日期确认收入的实现。

（八）接受捐赠收入的确认

接受捐赠收入，是指企业接受的来自其他企业、组织或者个人无偿给予的货币性资产、非货币性资产。接受捐赠收入，按照实际收到捐赠资产的日期确认收入的实现。

（九）其他收入的确认

其他收入，是指企业取得的除《企业所得税法》第六条第一项至第八项规定的收入外的其他收入，包括企业资产溢余收入、逾期未退包装物押金收入、确实无法偿付的应付款项、已作坏账损失处理后又收回的应收款项、债务重组收入、补贴收入、违约金收入、汇兑收益等。

三、收入项目的纳税调整

依据《纳税调整项目明细表》，收入类纳税调整项目包括：视同销售收入，未按权责发生制原则确认的收入，投资收益，按权益法核算长期股权投资对初始投资成本调整确认收益，交易性金融资产初始投资调整，公允价值变动净损益，不征税收入，销售折扣、折让和退回，及其他。

（一）视同销售收入

根据《实施条例》第二十五条的规定，企业发生非货币性资产交换，以及将货物、财产、劳务用于捐赠、偿债、赞助、集资、广告、样品、职工福利或者利润分配等用途的，应当视同销售货物、转让财产或者提供劳务，但国务院财政、税务主管部门另有规定的除外。税法规定确认应税收入的应当进行纳税调增。对视同销售收入进行纳税调整时，应当注意以下几点：

（1）在对视同销售收入进行纳税调增时，同时应当结转视同销售成本，对视同销售成本进行纳税调减。

（2）企业在计算业务招待费、广告费和业务宣传费等费用时，其销售（营业）收入额应包括《实施条例》第二十五条规定的视同销售（营业）收入额。

【做中学4-1】 企业将自产的20台产品用于市场推广，该产品的单位生产成本为2 000元，同期销售价为2 500元。该企业需进行哪些纳税调整？

【解析】 该业务属于视同销售业务，而会计处理不确认收入。税法规定应确认视同销售收入5万元，纳税调整增加5万元；并应确认视同销售成本4万元，纳税调整减少4万元。

（二）未按权责发生制原则确认的收入

1. 跨期收取的利息收入、租金收入和特许权使用费

《企业所得税法》及其实施条例规定，按照合同约定的付款日期确认跨期收取的利息收入、租金收入和特许权使用费收入,其与会计上的收入确认可能存在税会差异,需要按照税法规定进行纳税调整。在进行该项调整时,应当注意以下几点:

(1) 在对未按权责发生制原则确认的收入进行调整时,不存在相应成本的调整。

(2) 跨期收取的租金:《国家税务总局关于贯彻落实企业所得税法若干税收问题的通知》规定,如果交易合同或协议中规定租赁期限跨年度,且租金提前一次性支付的,根据《企业所得税法实施条例》第九条规定的收入与费用配比原则,出租人可对上述已确认的收入,在租赁期内,分期均匀计入相关年度收入。

(3) 跨期收取的特许权使用费:《国家税务总局关于确认企业所得税收入若干问题的通知》明确,属于提供设备和其他有形资产的特许权费,在交付资产或转移资产所有权时确认收入;属于提供初始及后续服务的特许权费,在提供服务时确认收入。如果纳税人会计上确认的特许权费收入与此不一致,则应当对其进行纳税调整。

2. 分期确认收入

企业的下列生产经营业务可以分期确认收入的实现:①以分期收款方式销售货物的,按照合同约定的收款日期确认收入的实现;②企业受托加工制造大型机械设备、船舶、飞机,以及从事建筑、安装、装配工程业务或者提供其他劳务等,持续时间超过12个月的,按照纳税年度内的完工进度或者完成的工作量确认收入的实现。

3. 采取产品分成方式取得收入

按照企业分得产品的日期确认收入的实现,其收入额按照产品的公允价值确定。

【做中学4-2】 甲公司出租办公用房给丙公司使用,合同约定押金2万元,租赁期限从2017年3月1日至2022年2月28日,租金每月2万元,首次租金于2017年2月28日支付,且一次性支付半年租金12万元,以后租金每半年支付一次。

【解析】 甲公司2017年确认租金收入为20万元,而税收应确认收入为2017年丙公司应支付的租金24万元,当年所得税申报时纳税调整增加额为4万元。

【做中学4-3】 承[做中学4-2],若合同约定5年的租金由丙公司在2017年一次性支付给甲公司120万元。

【解析】 甲公司2017年确认租金收入为20万元,2017年所得税汇算清缴申报时甲公司可以选择在所得税申报时一次性确认收入120万元,纳税调整增加额为100万元;也可以选择在所得税申报时确认收入20万元,不做纳税调整。

(三) 投资收益

在纳税人持有或处置交易性金融资产、持有待售资产、衍生工具、交易性金融负债、长期股权投资、短期投资、长期债券投资等投资项目时,会计核算确认投资收益与税收规定投资收益不一致的;纳税人收回、转让或清算处置投资项目,会计处理与税收规定不一致的,需要进行纳税调整。

(四) 按权益法核算长期股权投资对初始投资成本调整确认收益

当长期股权投资的初始投资成本小于投资时,会计核算规则与税法规定不一致,存在税会差异,需要进行纳税调减。

【做中学4-4】 2019年1月5日,甲公司支付价款2 000万元以购入乙公司30%的股份,准备长期持有,购入时乙公司可辨认净资产公允价值为12 000万元。甲公司在投资后可对乙公司产生重大影响。甲公司应做哪些纳税调整?

【解析】 会计处理:按权益法核算的长期股权投资为3 600万元(12 000×30%),初始投资成本为2 000万元,确认营业外收入1 600万元(3 600-2 000)。

税法规定:通过支付现金方式取得的投资资产,以购买价款为成本,该长期股权投资的计税基础为2 000万元,对1 600万元不确认收入,故需要进行纳税调减。

(五)交易性金融资产初始投资调整

对纳税人根据税法规定,确认的交易性金融资产初始投资金额与会计核算的交易性金融资产初始投资账面价值的差额,需要进行纳税调增。

【做中学4-5】 2020年8月20日,A公司从二级市场购买B公司股票30万股,并将其划分为交易性金融资产。在购买日,该股票每股价格为8元(含已宣告未发放的现金股利0.4元),且A公司支付相关交易费用2 800元。A公司应做哪些纳税调整?

【解析】 A公司发生的交易费用2 800元记入"投资收益"借方科目,计入当期会计损益,属于税会差异,需要进行纳税调增。

(六)公允价值变动净损益

企业会计准则核算以公允价值计量,且其变动计入当期损益的金融资产、金融负债、投资性房地产等。公允价值当期变动对企业利润总额会产生影响,但《企业所得税法实施条例》第五十六条规定,企业的各项资产,包括固定资产、生物资产、无形资产、长期待摊费用、投资资产、存货等,以历史成本为计税基础。因此,需要对税会差异进行纳税调整。

(七)不征税收入

纳税人的计入收入总额,但属于税法规定不征税的财政拨款、依法收取并纳入财政管理的行政事业性收费以及政府性基金、国务院规定的其他不征税收入,一般应当进行纳税调减;但纳税人以前年度取得的财政性资金已作为不征税收入处理,在5年(60个月)内未发生支出且未缴回财政部门或其他拨付资金的政府部门的,应计入应税收入,进行纳税调增。

(八)销售折扣、折让和退回

对企业不符合税法规定的销售折扣、折让和退回因会计处理与税法规定有差异的,需要进行纳税调整。

任务四 税前扣除项目的税务处理

一、企业所得税税前扣除

(一)企业所得税税前扣除的概念和原则

企业所得税税前扣除,是指对企业实际发生的、与取得收入有关的、合理的支出,包括成本、费用、税金、损失和其他支出,准予在计算应纳税所得额时扣除。

除税收法规另有规定外,税前扣除一般应当遵循以下原则:

(1) 权责发生制原则。它是指企业的支出应当在发生的所属期扣除。企业发生的支出可区分为收益性支出和资本性支出。收益性支出在发生当期直接扣除;资本性支出应当分期扣除或者计入有关资产成本,不得在发生当期直接扣除。

(2) 配比原则。它是指企业发生的费用应当与收入配比扣除。可以进行税前扣除的支出是指与取得收入直接相关的支出,企业的不征税收入用于支出所形成的费用或者财产,不得扣除或者计算对应的折旧、摊销扣除。

(3) 合理性原则。企业符合生产经营活动常规的支出,应当计入当期损益或者有关资产成本的必要和正常的支出,可以扣除。除《企业所得税法》及其实施条例另有规定外,企业实际发生的成本、费用、税金、损失和其他支出,不得重复扣除。

(二) 可以扣除的范围

根据《企业所得税法》第八条的规定,企业实际发生的与取得收入有关的、合理的支出,包括成本、费用、税金、损失和其他支出,准予在计算应纳税所得额时扣除。《企业所得税法实施条例》对上述扣除范围作了解释。

(1) 成本,是指企业在生产经营活动中发生的销售成本、销货成本、业务支出以及其他耗费。

(2) 费用,是指企业在生产经营活动中发生的销售费用、管理费用和财务费用,已经计入成本的有关费用除外。

(3) 税金,是指企业发生的除企业所得税和允许抵扣的增值税以外的各项税金及其附加。

(4) 损失,是指企业在生产经营活动中发生的固定资产和存货的盘亏、毁损、报废损失,转让财产损失,呆账损失,坏账损失,因自然灾害等不可抗力因素造成的损失以及其他损失。

企业发生的损失,减除责任人赔偿和保险赔款后的余额,依照国务院财政、税务主管部门的规定扣除。企业已经作为损失处理的资产,在以后纳税年度全部收回或者部分收回时,应当计入当期收入。

(5) 其他支出,是指除成本、费用、税金、损失外,企业在生产经营活动中发生的与生产经营活动有关的、合理的支出。

(三) 不得扣除的范围

不得扣除的范围包括以下几点。

(1) 根据《企业所得税法》及其实施条例的规定,在计算应纳税所得额时,下列支出不得扣除:①向投资者支付的股息、红利等权益性投资收益款项;②企业所得税税款;③税收滞纳金;④罚金、罚款和被没收财物的损失;⑤超过规定以外的捐赠支出;⑥赞助支出;⑦未经核定的准备金支出;⑧与取得收入无关的其他支出。

上述所称赞助支出,是指企业发生的、与生产经营活动无关的各种非广告性质的支出;未经核定的准备金支出,是指不符合国务院财政、税务主管部门规定的各项资产减值准备、风险准备等准备金支出。

(2)《企业所得税法》第十四条规定,企业对外投资期间,投资资产的成本在计算应纳税所得额时不得扣除。

(3)《企业所得税法实施条例》第四十九条规定,企业之间支付的管理费、企业内营业机构之间支付的租金和特许权使用费,以及非银行企业内营业机构之间支付的利息,不得扣除。

二、税前扣除项目及其标准

(一) 公益性捐赠支出

根据《企业所得税法实施条例》第五十三条的规定,企业当年发生以及以前年度结转的公益性捐赠支出,不超过年度利润总额12%的部分,准予扣除。年度利润总额,是指企业依照国家统一会计制度的规定计算的年度会计利润。

(二) 资产类扣除项目

资产类扣除项目包括以下几点。

(1) 固定资产折旧、无形资产摊销费用、长期待摊费用。企业按照规定计算的固定资产折旧、无形资产摊销费用和按照规定摊销的长期待摊费用,准予扣除。

(2) 投资资产的成本。企业对外投资期间,投资资产的成本在计算应纳税所得额时不得扣除。企业在转让或者处置投资资产时,投资资产的成本,准予扣除。

(3) 存货成本。企业使用或者销售存货,按照规定计算的存货成本,准予在计算应纳税所得额时扣除。

(4) 转让资产的净值。企业转让资产,该项资产的净值,准予在计算应纳税所得额时扣除。

(三) 职工薪酬支出

1. 工资薪金支出

工资薪金,是指企业在每一纳税年度支付给本企业职工的所有现金形式或者非现金形式的劳动报酬,包括基本工资、奖金、津贴、补贴、年终加薪、加班工资,以及与员工任职或者受雇有关的其他支出。企业发生的合理的工资薪金支出,准予扣除。

2. 职工福利费、工会经费、职工教育经费支出

职工福利费是指企业为职工提供的除职工工资、奖金、津贴、纳入工资总额管理的补贴、职工教育经费、社会保险费和补充养老保险费(年金)、补充医疗保险费及住房公积金以外的福利待遇支出,包括发放给职工的各项现金补贴和非货币性集体福利。

企业发生的职工福利费支出,不超过工资薪金总额14%的部分,准予扣除。企业拨缴的工会经费,不超过工资薪金总额2%的部分,准予扣除。未超过标准的职工福利费、工会经费按实际发生数扣除,超过标准的只能按标准扣除,超出部分不得扣除,也不得结转在以后年度扣除。企业发生的职工教育经费支出,除国务院财政、税务主管部门另有规定外,不超过工资薪金总额8%的部分,准予扣除;超过部分,准予在以后纳税年度结转扣除。

3. 社会保险费用支出

社会保险费用支出主要包括以下五类。

(1) 各类基本社会保障性缴款(五险):是指纳税人依照国务院有关主管部门或者省级人民政府规定的范围和标准,为职工缴纳的基本社会保险费。

(2) 住房公积金：是指纳税人依照国务院有关主管部门或者省级人民政府规定的范围和标准，为职工缴纳的住房公积金。

(3) 补充养老保险费、补充医疗保险费：企业为本企业职工支付的补充养老保险费、补充医疗保险费，分别在不超过职工工资总额5%的部分，准予扣除，超过部分，不得扣除。

(4) 商业保险费、人身安全保险费：企业为投资者或者职工支付的商业保险费，不得扣除。企业依照国家有关规定为特殊工种职工支付的人身安全保险费，和符合国务院财政、税务主管部门规定可以扣除的商业保险费，准予扣除。

(5) 财产保险费：企业参加财产保险，按照规定缴纳的保险费，准予扣除。

(四) 其他费用支出

1. 借款费用

借款费用是指企业因借款而发生的利息、折价或者溢价的摊销和辅助费用，以及因外币借款而发生的汇兑差额。

根据《企业所得税法实施条例》的规定，企业在生产经营活动中发生的合理的、不需要资本化的借款费用，准予扣除。企业为购置、建造固定资产、无形资产和经过12个月以上的建造才能达到预定可销售状态的存货发生借款的，在有关资产购置、建造期间发生的合理的借款费用，应当作为资本性支出计入有关资产的成本，并依照本条例的规定扣除。

(1) 利息支出。企业在生产经营活动中发生的下列利息支出，准予扣除：①非金融企业向金融企业借款的利息支出、金融企业的各项存款利息支出和同业拆借利息支出、企业经批准发行债券的利息支出；②非金融企业向非金融企业借款的利息支出，不超过按照金融企业同期同类贷款利率计算的数额的部分。

(2) 汇兑损失。企业在货币交易中，以及纳税年度终了时将人民币以外的货币性资产、负债按照期末即期人民币汇率中间价折算为人民币时产生的汇兑损失，除已经计入有关资产成本以及与向所有者进行利润分配相关的部分外，准予扣除。

2. 业务招待费、广告费和业务宣传费

(1) 业务招待费。企业发生的与生产经营活动有关的业务招待费支出，按照发生额的60%扣除，但最高不得超过当年销售（营业）收入的5‰。

(2) 广告费和业务宣传费。企业发生的符合条件的广告费和业务宣传费支出，除国务院财政、税务主管部门另有规定外，不超过当年销售（营业）收入15%的部分，准予扣除；超过部分，准予在以后纳税年度结转扣除。

3. 环境保护专项资金、劳保费

(1) 环境保护专项资金：企业依照法律、行政法规有关规定提取的用于环境保护、生态恢复等方面的专项资金，准予扣除。上述专项资金提取后改变用途的，不得扣除。

(2) 劳保费：企业发生的合理的劳动保护支出，准予扣除。

4. 租赁费

企业根据生产经营活动的需要租入固定资产支付的租赁费，按照以下方法扣除：

(1) 以经营租赁方式租入固定资产发生的租赁费支出，按照租赁期限均匀扣除；

(2) 以融资租赁方式租入固定资产发生的租赁费支出，按照规定构成融资租入固定资产价值的部分应当提取折旧费用，分期扣除。

5. 手续费及佣金支出

企业发生与生产经营有关的手续费及佣金支出,不超过以下规定限额以内的部分,准予扣除;超过部分,不得扣除。

(1)保险企业:财产保险企业按当年全部保费收入扣除退保金等后余额的15%(含本数,下同)计算限额;人身保险企业按当年全部保费收入扣除退保金等后余额的10%计算限额。

(2)电信企业:实际发生的相关手续费及佣金支出,不超过企业当年收入总额的5%的部分,准予在企业所得税前据实扣除。

(3)从事代理服务企业:从事代理服务、主营业务收入为手续费、佣金的企业(如证券、期货、保险代理等企业),其为取得该类收入而实际发生的营业成本(包括手续费及佣金支出),准予在企业所得税前据实扣除。

(4)其他企业:按与具有合法经营资格中介服务企业或个人所签订服务协议或合同确认的收入金额的5%计算限额。

6. 总机构分摊的费用

非居民企业在中国境内设立的机构、场所,就其中国境外总机构发生的与该机构、场所生产经营有关的费用,能够提供总机构出具的费用汇集范围、定额、分配依据和方法等证明文件,并合理分摊的,准予扣除。

任务五 资产的税务处理

资产的税务处理一般是指在企业所得税中对各项资产进行税前折旧、摊销和扣除。其主要包括资产的分类、确认、计价、扣除方法等内容。根据《企业所得税法实施条例》的规定,纳入税务处理范围的主要有固定资产、生物资产、无形资产、长期待摊费用、投资资产、存货等,除盘盈固定资产外,各类资产均以历史成本为计税基础。历史成本是指企业取得该项资产时实际发生的支出。由于资产是资本投资形成的财产,因此资本性支出以及无形资产受让、开办、开发费用,不允许作为成本、费用从纳税人的收入总额中作一次性扣除,只能采取分次计提折旧或分次摊销的方式予以扣除。此外,《企业所得税法实施条例》还规定,企业持有各项资产期间资产增值或者减值,除国务院财政、税务主管部门规定可以确认损益外,不得调整该资产的计税基础。因此,资产的处理在会计和税法上存在一定差异。

一、固定资产的税务处理

固定资产,是指企业为生产产品、提供劳务、出租或者经营管理,而持有的、使用时间超过12个月的非货币性资产,包括房屋、建筑物、机器、机械、运输工具以及其他与生产经营活动有关的设备、器具、工具等。

(一)固定资产的计税基础

根据《企业所得税法实施条例》第五十八条,固定资产按照以下方法确定计税基础:

(1)外购的固定资产,以购买价款和支付的相关税费以及直接归属于使该资产达到预定用途发生的其他支出为计税基础。

(2) 自行建造的固定资产,以竣工结算前发生的支出为计税基础。

(3) 融资租入的固定资产,以租赁合同约定的付款总额和承租人在签订租赁合同过程中发生的相关费用为计税基础,租赁合同未约定付款总额的,以该资产的公允价值和承租人在签订租赁合同过程中发生的相关费用为计税基础。

(4) 盘盈的固定资产,以同类固定资产的重置完全价值为计税基础。

(5) 通过捐赠、投资、非货币性资产交换、债务重组等方式取得的固定资产,以该资产的公允价值和支付的相关税费为计税基础。

(6) 改建的固定资产,除《企业所得税法》第十三条第(一)项和第(二)项规定的支出外,以改建过程中发生的改建支出增加计税基础。

(二) 固定资产折旧扣除的范围

根据《企业所得税法》第十一条规定,在计算应纳税所得额时,企业按照规定计算的固定资产折旧,准予扣除。下列固定资产不得计算折旧扣除:

(1) 房屋、建筑物以外未投入使用的固定资产。

(2) 以经营租赁方式租入的固定资产。

(3) 以融资租赁方式租出的固定资产。

(4) 已足额提取折旧仍继续使用的固定资产。

(5) 与经营活动无关的固定资产。

(6) 单独估价作为固定资产入账的土地。

(7) 其他不得计算折旧扣除的固定资产。

(三) 固定资产折旧的计提方法

(1) 固定资产按照直线法计算的折旧,准予扣除。

(2) 企业应当自固定资产投入使用月份的次月起计算折旧;停止使用的固定资产,应当自停止使用月份的次月起停止计算折旧。

(3) 企业应当根据固定资产的性质和使用情况,合理确定固定资产的预计净残值。固定资产的预计净残值一经确定,不得变更。

(四) 固定资产折旧的计提年限

除国务院财政、税务主管部门另有规定外,固定资产计算折旧的最低年限如下:

(1) 房屋、建筑物,为20年。

(2) 飞机、火车、轮船、机器、机械和其他生产设备,为10年。

(3) 与生产经营活动有关的器具、工具、家具等,为5年。

(4) 飞机、火车、轮船以外的运输工具,为4年。

(5) 电子设备,为3年。

从事开采石油、天然气等矿产资源的企业,在开始商业性生产前发生的费用和有关固定资产的折耗、折旧方法,由国务院财政、税务主管部门另行规定。

(五) 固定资产折旧的企业所得税处理

(1) 企业固定资产会计折旧年限如果短于税法规定的最低折旧年限,其按会计折旧年限计提的折旧额高于按税法规定的最低折旧年限计提的折旧额,应当调增当期应纳税所得额。

(2) 企业固定资产会计折旧年限已期满且会计折旧已提足,但税法规定的最低折旧年限尚未到期且税收折旧尚未足额扣除,其未足额扣除的部分准予在剩余的税收折旧年限继续按规定扣除。

(3) 企业固定资产会计折旧年限如果长于税法规定的最低折旧年限,其折旧仍按会计折旧年限计提扣除,税法另有规定的除外。

二、生物资产的税务处理

生物资产是指有生命的动物和植物,可以分为消耗性生物资产和生产性生物资产。《企业所得税法实施条例》中对生产性生物资产的税务处理做了明确规定。所谓生产性生物资产,是指企业为生产农产品、提供劳务或者出租等而持有的生物资产,包括经济林、薪炭林、产畜和役畜等。

(一) 生物资产的计税基础

生产性生物资产按照以下方法确定计税基础:

(1) 外购的生产性生物资产,以购买价款和支付的相关税费为计税基础。

(2) 通过捐赠、投资、非货币性资产交换、债务重组等方式取得的生产性生物资产,以该资产的公允价值和支付的相关税费为计税基础。

(二) 生物资产的折旧方法和折旧年限

(1) 生产性生物资产按照直线法计算的折旧,准予扣除。

(2) 企业应当自生产性生物资产投入使用月份的次月起计算折旧;停止使用的生产性生物资产,应当自停止使用月份的次月起停止计算折旧。

(3) 企业应当根据生产性生物资产的性质和使用情况,合理确定生产性生物资产的预计净残值。生产性生物资产的预计净残值一经确定,不得变更。

(4) 生产性生物资产计算折旧的最低年限如下:①林木类生产性生物资产,为10年;②畜类生产性生物资产,为3年。

三、无形资产的税务处理

无形资产,是指企业为生产产品、提供劳务、出租或者经营管理而持有的、没有实物形态的非货币性长期资产,包括专利权、商标权、著作权、土地使用权、非专利技术、商誉等。

(一) 无形资产的计税基础

无形资产按照以下方法确定计税基础:

(1) 外购的无形资产,以购买价款和支付的相关税费以及直接归属于使该资产达到预定用途发生的其他支出为计税基础。

(2) 自行开发的无形资产,以开发过程中该资产符合资本化条件后至达到预定用途前发生的支出为计税基础。

(3) 通过捐赠、投资、非货币性资产交换、债务重组等方式取得的无形资产,以该资产的公允价值和支付的相关税费为计税基础。

(二) 无形资产摊销的范围

在计算应纳税所得额时,企业按照规定计算的无形资产摊销费用,准予扣除。但下列无形资产不得计算摊销费用扣除：

(1) 自行开发的支出已在计算应纳税所得额时扣除的无形资产。

(2) 自创商誉。

(3) 与经营活动无关的无形资产。

(4) 其他不得计算摊销费用扣除的无形资产。

(三) 无形资产的摊销方法及年限

《企业所得税法实施条例》第六十七条规定：

(1) 无形资产按照直线法计算的摊销费用，准予扣除。

(2) 无形资产的摊销年限不得低于10年。作为投资或者受让的无形资产，有关法律规定或者合同约定了使用年限的，可以按照规定或者约定的使用年限分期摊销。

(3) 外购商誉的支出，在企业整体转让或者清算时，准予扣除。

四、长期待摊费用的税务处理

长期待摊费用是指企业发生的应在一个年度以上或几个年度进行摊销的费用。在计算应纳税所得额时，企业发生的下列支出作为长期待摊费用，按照规定摊销的，可以扣除：

(1) 已足额提取折旧的固定资产的改建支出。

(2) 租入固定资产的改建支出。

(3) 固定资产的大修理支出。

(4) 其他应当作为长期待摊费用的支出。

固定资产的改建支出，是指改变房屋或者建筑物结构、延长使用年限等发生的支出。

已足额提取折旧的固定资产的改建支出，按照固定资产预计尚可使用年限分期摊销；租入固定资产的改建支出，按照合同约定的剩余租赁期限分期摊销；其他固定资产的改建支出，应当适当延长折旧年限。

固定资产的大修理支出，是指同时符合下列条件的支出：

(1) 修理支出达到取得固定资产时的计税基础50%以上。

(2) 修理后固定资产的使用年限延长2年以上。

大修理支出，按照固定资产尚可使用年限分期摊销。

其他应当作为长期待摊费用的支出，自支出发生月份的次月起，分期摊销，摊销年限不得低于3年。

五、投资资产的税务处理

投资资产，是指企业对外进行权益性投资和债权性投资形成的资产。

(一) 投资资产的成本

投资资产按照以下方法确定成本：

(1) 通过支付现金方式取得的投资资产，以购买价款为成本。

(2) 通过支付现金以外的方式取得的投资资产，以该资产的公允价值和支付的相关税费为成本。

(二) 投资资产成本的扣除方法

企业对外投资期间,投资资产的成本在计算应纳税所得额时不得扣除。企业在转让或者处置投资资产时,投资资产的成本,准予扣除。

六、存货的税务处理

存货,是指企业持有以备出售的产品或者商品、处在生产过程中的在产品、在生产或者提供劳务过程中耗用的材料和物料等。

(一) 存货的计税基础

存货按照以下方法确定成本:

(1) 通过支付现金方式取得的存货,以购买价款和支付的相关税费为成本。

(2) 通过支付现金以外的方式取得的存货,以该存货的公允价值和支付的相关税费为成本。

(3) 生产性生物资产收获的农产品,以产出或者采收过程中发生的材料费、人工费和分摊的间接费用等必要支出为成本。

(二) 存货成本的计算方法和扣除

企业使用或者销售的存货的成本计算方法,可以在先进先出法、加权平均法、个别计价法中选用一种。计价方法一经选用,不得随意变更。

企业使用或者销售存货,按照规定计算的存货成本,准予在计算应纳税所得额时扣除。

七、资产转让的税务处理

企业转让各类资产,该项资产的净值,准予在计算应纳税所得额时扣除。

财产净值,是指有关资产、财产的计税基础减除已经按照规定扣除的折旧、折耗、摊销、准备金等后的余额。

需要注意的是,除国务院财政、税务主管部门另有规定外,企业在重组过程中,应当在交易发生时确认有关资产的转让所得或者损失,相关资产应当按照交易价格重新确定计税基础。

任务六　企业所得税应纳税额的计算

由于我国企业所得税实行查账征收和核定征收两种征收方式,并且采取按年计征、分月(季)预缴、年终汇算清缴、多退少补的办法,因此在实践中,计算企业实际应当缴纳的企业所得税应纳税额时,会涉及以下三部分内容:①在平时按月或按季预缴所得税额的计算;②在汇算清缴时对年度应纳所得税额的计算;③核定征收企业应纳所得税额的计算。

(一) 在平时按月或按季预缴所得税额的计算

对于实行查账征收方式申报企业所得税的纳税人,在按月(季)预缴企业所得税时,可以采用以下方法:据实预缴、按照上一纳税年度应纳税所得额的平均额预缴或者按照税务机关确定的其他方法预缴。

(1) 据实预缴。在据实预缴的方式下,企业以会计制度核算的实际利润作为应纳税所得额,统一按照《企业所得税法》规定的基本税率(25%)计算应纳税所得额,计算过程中暂不进行纳税调整,待会计年度终了再进行纳税调整。本月(季)应纳所得税额的计算公式为:

$$本月(季)应纳所得税额 = 实际利润 \times 税率(25\%)$$

(2) 按照上一纳税年度应纳税所得额的平均额预缴。在此种情况下,本月(季)应纳所得税额的计算公式为:

$$本月(季)应纳所得税额 = 上一纳税年度应纳税所得额 \div 12(4) \times 税率(25\%)$$

(3) 按照税务机关确定的其他方法预缴。

(二)在汇算清缴时对年度应纳所得税额的计算

根据《企业所得税法》第二十二条的规定,企业的应纳税所得额乘以适用税率,减除依照《企业所得税法》关于税收优惠的规定减免和抵免的税额后的余额,为应纳税额。其计算公式为:

$$应纳税额 = 应纳税所得额 \times 适用税率 - 减免税额 - 抵免税额$$

这里的应纳税所得额是指对会计利润总额进行纳税调整后的所得,计算方法可以参考任务二中的应纳税所得额的计算。

【做中学4-6】 某工业企业为居民企业,假定该企业2019年发生的经营业务如下:
(1) 全年取得产品销售收入5 600万元,发生产品销售成本4 000万元。
(2) 其他业务收入为800万元,其他业务成本为660万元。
(3) 取得购买国债的利息收入为40万元。
(4) 缴纳非增值税销售税金及附加为300万元。
(5) 发生管理费用760万元,其中新技术的研究开发费用60万元、业务招待费用70万元;发生财务费用200万元。
(6) 取得直接投资其他居民企业的权益性收益30万元(已在投资方所在地,按15%税率缴纳所得税)。
(7) 取得营业外收入100万元,发生营业外支出250万元,其中含公益捐赠38万元。
要求:计算该企业2017年度应缴纳的企业所得税额。

【解析】
第一步:计算利润总额。
利润总额=5 600+800+40+30+100-4 000-660-300-760-200-250=400(万元)
第二步:纳税调整。
1. 收入项目的纳税调整
(1) 国债利息收入免征企业所得税,应调减所得额40万元。
(2) 取得直接投资其他居民企业的权益性收益属于免税收入,应调减所得额30万元。
2. 扣除项目的纳税调整
(1) 技术开发费用可以加计扣除50%,应调减所得额:60×50%=30(万元)。
(2) 业务招待费。
按实际发生的60%计算:70×60%=42(万元)。

按销售(营业)收入的5‰计算:(5600+800)×5‰=32(万元)。
按规定扣除限额32万元计算,应调增所得额:70-32=38(万元)。

(3) 公益捐赠

公益捐赠扣除标准=400×12%=48(万元)

实际捐赠38万元,小于扣除标准,可以据实扣除,不做纳税调整。

第三步:计算调整后的应纳税所得额。

应纳税所得额=400-40-30+38-30=338(万元)

第四步:计算应纳税额。

该企业2019年度应缴纳企业所得税额=338×25%=84.5(万元)

(三) 核定征收企业应纳所得税额的计算

1. 核定征收企业的范围

根据我国《税收征管法》的有关规定,纳税人有下列情形之一的,税务机关有权核定其应纳税额:

(1) 依照法律、行政法规的规定可以不设置账簿的。

(2) 依照法律、行政法规的规定应当设置账簿但未设置的。

(3) 擅自销毁账簿或者拒不提供纳税资料的。

(4) 虽设置账簿,但账目混乱或者成本资料、收入凭证、费用凭证残缺不全,难以查账的。

(5) 发生纳税义务,未按照规定的期限办理纳税申报,经税务机关责令限期申报,逾期仍不申报的。

(6) 纳税人申报的计税依据明显偏低,又无正当理由的。

2. 核定征收的办法

核定征收的办法主要有定额征收和核定应税所得率征收两种办法。

(1) 定额征收。定额征收是指税务机关按照一定的标准、程序和方法,直接核定纳税人年度应纳所得税的,由纳税人按规定申报缴纳企业所得税的办法。主管税务机关应对纳税人的有关情况进行调查研究,分类排队,认真测算,再核定纳税人的应纳所得税额。

(2) 核定应税所得率征收。核定应税所得率征收是指税务机关按照一定的标准、程序和方法,预先核定纳税人的应纳税所得率,由纳税人根据纳税年度内的收入总额或成本费用等项目的实际发生额,按预先核定的应税所得率计算缴纳企业所得税的办法。计算公式为:

$$应纳税所得额 = 应税收入额 \times 应税所得率$$

或

$$应纳税所得额 = 成本费用支出额 \div (1-应税所得率) \times 应税所得率$$

$$应税收入额 = 收入总额 - 不征税收入 - 免税收入$$

$$应纳税额 = 应纳税所得额 \times 适用税率$$

【做中学4-7】 某面包店2020年向税务机关申报2019年度的收入总额90万元,成本费用80万元,全年应纳企业所得税2.5万元,税款已经入库。后经税务机关检查,发现其成本、费用无误,但是收入总额不能准确计算。假定应税所得率为20%。按核定应税所得率办法,计算该面包店的应纳所得税额。

【解析】

按成本推算的应纳税所得额＝成本费用支出额÷(1－应税所得率)×应税所得率

80÷(1－20%)×20%＝20(万元)

应纳所得税额＝20×25%＝5(万元)

因此,该面包店还应补缴2019年度的企业所得税税额＝5－2.5＝2.5(万元)。

任务七 企业所得税的征收管理

企业所得税的征收管理主要包括纳税地点、纳税期限、纳税申报要求以及跨地区经营汇总纳税企业所得税征收管理。

一、纳税地点

纳税地点是指税法规定纳税人申报纳税的地点。我国《企业所得税法》对纳税地点主要有如下几方面规定。

(一) 居民企业

(1) 除税收法律、行政法规另有规定外,居民企业以企业登记注册地为纳税地点;但登记注册地在境外的,以实际管理机构所在地为纳税地点。

(2) 居民企业在中国境内设立不具有法人资格的营业机构(分支机构)的,应当汇总计算并缴纳企业所得税。

(3) 除国务院另有规定外,企业之间不得合并缴纳企业所得税。

(二) 非居民企业

(1) 非居民企业取得本法第三条第二款规定的所得(即非居民企业在中国境内设立机构、场所的,应当就其所设机构、场所取得的来源于中国境内的所得,以及发生在中国境外但与其所设机构、场所有实际联系的所得),以机构、场所所在地为纳税地点。

(2) 非居民企业在中国境内设立两个或者两个以上机构、场所的,经税务机关审核批准,可以选择由其主要机构、场所汇总缴纳企业所得税。

(3) 非居民企业取得本法第三条第三款规定的所得(即非居民企业在中国境内未设立机构、场所的,或者虽设立机构、场所但取得的所得与其所设机构、场所没有实际联系的),以扣缴义务人所在地为纳税地点。

二、纳税期限

根据我国《企业所得税法》的规定,企业所得税按年计征,分月或者分季预缴,年终汇算清缴,多退少补。为此,我们需要了解以下规定。

(一) 纳税年度

企业所得税按纳税年度计算。纳税年度自公历1月1日起至12月31日止。

企业在一个纳税年度中间开业,或者终止经营活动,使该纳税年度的实际经营期不足12个月的,应当以其实际经营期为一个纳税年度。

企业依法清算时,应当以清算期间作为一个纳税年度。

(二)预缴期限

企业应当自月份或者季度终了之日起15日内,向税务机关报送预缴企业所得税纳税申报表,预缴税款。

(三)汇算清缴期限

(1)企业应当自年度终了之日起5个月内,向税务机关报送年度企业所得税纳税申报表,并汇算清缴,结清应缴应退税款。

(2)企业在年度中间终止经营活动的,应当自实际经营终止之日起60日内,向税务机关办理当期企业所得税汇算清缴。

(3)企业应当在办理注销登记前,就其清算所得向税务机关申报并依法缴纳企业所得税。

三、纳税申报要求

(1)企业在纳税年度内无论盈利或者亏损,都应当依照《企业所得税法》规定的期限向税务机关报送预缴企业所得税纳税申报表、年度企业所得税纳税申报表、财务会计报告和其他有关资料。

(2)依照《企业所得税法》缴纳的企业所得税,以人民币计算。所得以人民币以外的货币计算的,应当折合成人民币计算并缴纳税款。

四、跨地区经营汇总纳税企业所得税征收管理

根据《企业所得税法》规定,居民企业在中国境内设立不具有法人资格的营业机构(分支机构)的,应当汇总计算并缴纳企业所得税。由于我国企业所得税为中央与地方共享税,分支机构不再是纳税主体,如果非法人的分支机构全部税款缴到总公司所在地,那么分支机构所在地没有税收贡献。分支机构分享了所在地提供的公共产品和公共服务,这必然会导致地区间财政收入的不公平。为平衡地区间利益分配的关系,《国家税务总局关于印发〈跨地区经营汇总纳税企业所得税征收管理暂行办法〉的通知》规定,居民企业在中国境内跨地区(指跨省、自治区、直辖市和计划单列市,下同)设立不具有法人资格分支机构的,除另有规定外,实行"统一计算、分级管理、就地预缴、汇总清算、财政调库"的企业所得税征收管理办法。

(一)汇总纳税的基本原则和适用范围

1. 基本原则

统一计算、分级管理、就地预缴、汇总清算、财政调库。

2. 适用范围

跨地区总分机构企业是指跨省(自治区、直辖市和计划单列市)设立不具有法人资格分支机构的居民企业。

总机构和具有主体生产经营职能的二级分支机构就地预缴企业所得税。三级及三级以下分支机构,其营业收入、职工薪酬和资产总额等统一并入二级分支机构计算。

不具有主体生产经营职能,且在当地不缴纳增值税的产品售后服务、内部研发、仓储等企业内部辅助性的二级分支机构以及上年度符合条件的小型微利企业及其分支机构,不实行本办法。

(二)税款预缴

由总机构统一计算企业应纳税所得额和应纳所得税额,并分别由总机构、分支机构按月或按季就地预缴。具体包括以下三种情形。

1. 分支机构分摊预缴税款

(1)时限。总机构在每月或每季终了之日起10日内,按上年度各省市分支机构的营业收入、职工薪酬和资产总额三项因素,将统一计算的企业当期应纳税额的50%在各分支机构之间进行分摊。

(2)总分机构预缴比例。总机构预缴50%,分支机构预缴50%。

$$所有分支机构应分摊的预缴总额 = 统一计算的企业当期应纳所得额 \times 50\%$$

(3)分支机构分摊比例。其计算公式如下:

$$该分支机构分摊比例 = \frac{该分支机构营业收入}{各分支机构营业收入之和} \times 0.35 + \frac{该分支机构职工薪酬}{各分支机构职工薪酬之和} \times 0.35 + \frac{该分支机构资产总额}{各分支机构资产总额之和} \times 0.30$$

当年新设立的分支机构第2年起参与分摊;当年撤销的分支机构自办理注销税务登记之日起不参与分摊。

(4)分支机构分摊预缴额。其计算公式如下:

$$各分支机构分摊预缴额 = 所有分支机构应分摊的预缴总额 \times 该分支机构分摊比例$$

2. 总机构就地预缴税款

总机构应将统一计算的企业当期应纳税额的25%,就地办理缴库。

3. 总机构预缴中央国库税款

总机构应将统一计算的企业当期应纳税额的剩余25%,就地全额缴入中央国库。

(三)汇总清算

(1)补缴的税款按照预缴的分配比例,50%由各分支机构就地办理缴库;25%由总机构就地办理缴库;其余25%就地全额缴入中央国库。

(2)多缴的税款按照预缴的分配比例,50%由各分支机构就地办理退库;25%由总机构就地办理退库;其余25%就地从中央国库退库。

案例导入解析

(1)该公司会计利润:4 500+200+50-2 400-800-700-70-(300-200)=680(万元)。

(2)该公司的纳税调整额如下所示:

股权投资收益调减额为 50 万元。

业务招待费调增:4 500×5‰=22.5(万元);40×60%=24(万元)。

实际调增:40-22.5=17.5(万元)。

研发费用调减:100×75%=75(万元)。

职工福利费调增:60-400×14%=4(万元)。

职工教育经费调增:35-400×8‰=3(万元)。

工会经费调增:10-400×2%=2(万元)。

调增额合计:17.5+4+3+2=26.5(万元)。

调减额合计:50+75=125(万元)。

(3) 该公司应纳税所得额:680-125+26.5=581.5(万元)。

(4) 该公司应纳所得税额:581.5×25%=145.375(万元)。

知识小结

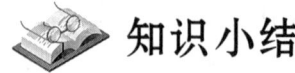

本项目重点掌握企业所得税的居民和非居民概念,企业基本所得税税率和低税率,企业纳税人的纳税义务,企业收入的确认,成本费用的扣除,企业纳税调整,企业所得税的计算。

职场警示·思政结合

公司虚假纳税申报少缴企业所得税被查处

2017 年,深圳市一家主要从事眼镜制品的生产与销售的企业,存在虚假纳税申报以少缴企业所得税的情况。

稽查人员在检查该公司的纳税情况时发现,该公司由原"三来一补"企业转型而来,为来料加工企业,企业所得税的征收方式采取"核定应税所得率征收",检查年度申报应税收入 1 800 多万元,申报缴纳企业所得税 40 多万元。而现场突击调取的资料显示,该公司检查年度账面记载的年营业收入超过 3 亿元,且账册资料、会计核算健全,能准确核算企业所得税,未发现符合核定征收的情形。

针对上述情况及违法事实,深圳市相关部门对该公司实施查账征收企业所得税,并依法作出了处理。依法追补了其少缴纳的税款 320 万元,并处以相应的罚款、加收滞纳金,三项合计 542 万元。

(1) 根据《国家税务总局关于印发〈企业所得税核定征收办法〉(试行)的通知》第三条规定,纳税人具有下列情形之一的,核定征收企业所得税:①依照法律、行政法规的规定可以不设置账簿的;②依照法律、行政法规的规定应当设置但未设置账簿的;③擅自销毁账簿或者拒不提供纳税资料的;④虽设置账簿,但账目混乱或者成本资料、收入凭证、费用凭证残缺不全,难以查账的;⑤发生纳税义务,未按照规定的期限办理纳税申报,经税务机关责令限期申报,逾期仍不申报的;⑥申报的计税依据明显偏低,又无正当理由的。

(2) 根据《税收征收管理法》第六十三条规定,纳税人伪造、变造、隐匿、擅自销毁账簿、记账凭证,在账簿上多列支出或者不列、少列收入,经税务机关通知申报而拒不申报,进行虚假的纳税申报,不缴或者少缴应纳税款的,是偷税。对纳税人偷税的,由税务机关追缴其不缴或者少缴的税款、滞纳金,并处不缴或者少缴的税款50%以上5倍以下的罚款;构成犯罪的,依法追究刑事责任。

(3) 按照上述规定,该公司具备建账能力,且账册健全,不符合核定征收企业所得税的情形,应调整为查账征收企业所得税方式。该公司采取虚假申报应税收入的方式以达到少缴企业所得税的目的,终究难逃税务稽查关。

资料来源:https://www.sohu.com/a/198095747_820953.

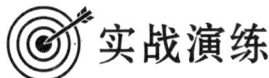

实战演练

一、单项选择题

1. 在企业所得税中,居民企业负有无限纳税义务是指(   )。
   A. 就来源于中国境内的纳税
   B. 就来源于中国境外的纳税
   C. 对来源于境内境外的都要纳税
   D. 以上都对

2. 我国所得税的基本税率是(   )。
   A. 15%
   B. 20%
   C. 10%
   D. 25%

3. 高新技术企业的税率为(   )。
   A. 15%
   B. 20%
   C. 10%
   D. 25%

4. 对于新技术、新产品和新工艺发生的研发费用,未形成无形资产计入当期损益的,据实扣除再加计(   )扣除研发费用。
   A. 80%
   B. 75%
   C. 60%
   D. 50%

5. 企业合理工资薪金支出200万元,则企业税前应扣除的福利费为(   )。
   A. 30万元
   B. 28万元
   C. 25万元
   D. 20万元

6. 企业本年利润总额为60万元,当年发生的公益性捐赠为10万元,则企业应调增应纳税所得额为(   )。
   A. 7.2万元
   B. 3万元
   C. 2.8万元
   D. 2万元

7. 企业本年发生的业务招待费为30万元,销售收入4 000万元,则企业应纳税所得额调整(   )万元。
   A. 20
   B. 18
   C. 12
   D. 10

8. 下列项目,不允许税前扣除的是(   )。
   A. 企业发生的成本
   B. 企业发生的银行贷款利息支出
   C. 为企业职工缴纳的五险一金
   D. 因未按时缴纳税款,税务机关处罚的滞纳金

9. 税法规定,房屋折旧的最低年限是(   )年。
   A. 20
   B. 10
   C. 5
   D. 4

10. 下列各项中,依据《企业所得税法》相关规定可以计提折旧的生物资产是(   )。
    A. 经济林
    B. 防风固沙林
    C. 用材林
    D. 存栏待售牲畜

二、多项选择题

1. 根据企业所得税法的规定,判定居民企业的标准有(   )。
   A. 登记注册地
   B. 实际管理机构所在地
   C. 经营刑法发生地
   D. 所得来源

2. 下面企业中,可以享受免税的有(   )。
   A. 蔬菜种植企业
   B. 农作物新品种选育企业
   C. 远洋捕捞企业
   D. 林木培育企业

3. 下列收入中,不征企业所得税的有( )。
   A. 财政拨款
   B. 依法收取并纳入财政管理的行政性事业收费、政府基金
   C. 销售商品收入
   D. 提供劳务收入

4. 纳税人下列行为中,应视同销售确认所得税收入的有( )。
   A. 将货物用于投资
   B. 将商品用于捐赠
   C. 将产品用于在建工程
   D. 将产品用于福利

5. 税前准予扣除的项目包括( )。
   A. 成本
   B. 费用
   C. 增值税和所得税以外的税金
   D. 固定资产盘亏损失

6. 小型微利企业是指从事国家不限定不禁止的行业,且同时满足三个条件。其分别为( )。
   A. 年度应纳税额不超过300万元
   B. 从业人数不超过300人
   C. 资产总额不超过5 000万元
   D. 资产总额不超过10 000万元

7. 企业应纳税所得额的计算方法有( )。
   A. 直接法
   B. 间接法
   C. 综合法
   D. 分步法

8. 下列项目中,不允许在税前扣除的有( )。
   A. 罚没支出
   B. 社会保险费
   C. 业务招待费
   D. 赞助

9. 下列项目中,在纳税调整时应进行调增的有( )。
   A. 超额福利费支出
   B. 职工教育经费支出
   C. 工会经费
   D. 研发费用

10. 下列项目中,在纳税调整时要做调减的项目有( )。
    A. 国债利息收入
    B. 捐赠

C. 居民企业之间的投资性收益

D. 赞助

三、判断题

1. 国债利息收入免征企业所得税。（ ）
2. 成本可以在所得税前扣除。（ ）
3. 居民企业负有无限纳税义务,是指其来源于境内境外的所得都要缴纳企业所得税。（ ）
4. 赞助允许在税前扣除。（ ）
5. 职工教育经费的扣除标准是工资薪金总额的6%。（ ）
6. 非居民企业优惠减按15%。（ ）
7. 企业缴纳的五险一金允许税前扣除。（ ）
8. 业务招待费的扣除标准只是销售收入的5‰。（ ）
9. 非公益性捐赠支出不允许税前扣除。（ ）
10. 电子设备折旧年限最低为5年。（ ）

四、业务处理

1. 黄河有限公司为居民企业,假定2019年该企业发生的经营业务如下：

   (1) 全年取得产品销售收入6 000万元,发生产品销售成本4 000万元。

   (2) 其他业务收入800万元,其他业务成本700万元。

   (3) 取得购买国债的利息收入40万元。

   (4) 缴纳非增值税销售税金及附加300万元。

   (5) 发生的管理费用760万元,其中新技术的研究开发费用60万元、业务招待费用70万元;发生财务费用200万元。

   (6) 取得直接投资其他居民企业的权益性收益30万元(已在投资方所在地按15%税率缴纳了所得税)。

   (7) 取得营业外收入100万元,发生营业外支出250万元,其中含公益捐赠38万元。

   要求:计算该企业2019年度应纳的企业所得税。

2. 欣欣面包店2020年向税务机关申报2019年度的收入总额为100万元,成本费用为80万元,全年应纳企业所得税2.5万元,税款已经入库。后经税务机关检查,发现其成本、费用无误,但是收入总额不能准确计算。假定应税所得率为20%。

   要求:按核定应税所得率办法征收,计算其应纳所得税额。

项目五
个人所得税

 学习目标

1. 知识目标

理解个人所得税的概念

区分居民纳税人和非居民纳税人

理解综合所得项目

掌握个人所得税征税范围及税目、税率等

2. 能力目标

能正确处理个人所得税业务

能准确填报个人所得税纳税申报表并进行纳税申报

能正确确定个人所得税征税范围

能正确确定个人所得税适用税率

能签证和审查企业代扣代缴个人所得税涉税业务的准确性

3. 情感目标

培养学生细致、认真、良好的职业习惯和遵法守法的职业要求

案例导入

吴涛是西安天煜房地产开发公司的高级管理者,其 2019 年的年收入为 166 000 元。其中:

(1) 月工资 8 700 元,全年工资收入 104 400 元。
(2) 年终一次性奖金为 13 000 元。
(3) 5 月 1 日,参加商城购物抽奖活动,取得中奖奖金 8 000 元。
(4) 4 月在某高校讲课,取得课酬 5 000 元。
(5) 6 月出版一般课外书,取得稿费 50 000 元。
(6) 在业余时间为一家私企担任设计顾问,取得顾问费 20 000 元。
(7) 6 月,取得当年 1 月 1 日投资的股息收入 4 000 元。
(8) 7 月 1 日,出租自有住房一套,合同约定每月租金 1 600 元,共收取 9 600 元。

吴涛办公室的同事 John 为来华的外籍公民,2019 年 6 月份取得的工资薪金收入为 8 700 元。

议一议:吴涛和 John 是否都要缴纳个人所得税?吴涛的哪些收入属于应税项目?怎么交税?税款应该交给谁?

任务一 个人所得税的概述

一、个人所得税的概念

个人所得税是以个人(自然人)取得的各项应税所得为征税对象而征收的一种税。

个人所得税的纳税义务人具体包括中国公民(包括大陆公民、港澳台同胞)、外籍个人、个体工商户、个人独资企业和合伙企业。

【温馨提示】 对个人独资企业或合伙企业取得的生产经营所得征收个人所得税,其不缴纳企业所得税。

二、个人所得税税目

个人所得税的征税对象是个人取得的应税所得。

(一) 综合所得

综合所得包括工资、薪金所得,劳务报酬所得,稿酬所得,特许权使用费所得。

居民个人按纳税年度合并计算个人所得税,非居民个人按月或者按次分项计算个人所得税。

(1) 工资、薪金所得,是指个人因任职或受雇而取得的工资、薪金、奖金、年终加薪、劳动分红、津贴、补贴以及与任职或受雇有关的其他所得。

【温馨提示】 下列项目不属于工资、薪金性质的补贴、津贴,不征收个人所得税,包括:①独生子女补贴;②托儿补助费;③差旅费津贴、误餐补助;④执行公务员工资制度,未纳入基本工资总额的补贴、津贴差额和家庭成员的副食补贴。特殊规定有:①解除劳动关系的一次性补偿收入按"工资、薪金所得"缴纳个税;②离退休人员按规定领取离退休工资或养老金外,"另从原任职单位取得的各类补贴、奖金、实物",不属于免税项目,应缴纳个人所得税;③依法批准设立的非营利性研究开发机构和高校根据规定,从职务科技成果转化收入中给予科技人员的现金奖励,可减按50%计入科技人员当月"工资、薪金所得",并依法缴纳个人所得税。

(2) 劳务报酬所得,是指个人从事设计、装潢、安装、制图、化验、测试、医疗、法律、会计、咨询、讲学、新闻、广播、翻译、审稿、书画、雕刻、影视、录音、录像、演出、表演、广告、展览、技术服务、介绍服务、经济服务、代办服务以及从事其他"非雇佣"的各种劳务取得。

(3) 稿酬所得,是指个人因其作品以图书、报纸形式出版、发表而取得的所得。这里所说的"作品"是指包括中外文字、图片、乐谱等能以图书、报刊方式出版、发表的作品;"个人作品"包括本人的著作、翻译的作品等。

【温馨提示】 作者去世后,财产继承人取得的遗作稿酬,也应征收个人所得税。

(4) 特许权使用费所得,是指提供专利权、商标权、著作权、非专利技术以及其他特许权的使用权取得的所得。

【温馨提示】 作者将自己文字作品手稿原件或复印件公开拍卖(竞价)取得的所得,应按"特许权使用费所得"项目计税;个人取得特许权的"经济赔偿收入",按照"特许权使用费所得"计税;编剧从电视剧的制作单位取得的"剧本使用费",按"特许权使用费所得"计征个人所得税,无论剧本使用方是否为其任职的单位。

(二) 个体工商户生产经营所得

此项所得仅限于生产经营所得,不包括个体工商户的其他所得。

(1) 个人通过在境内注册登记的"个体工商户""个人独资企业""合伙企业"从事生产、经营活动取得的所得。

(2) 个人依法取得执照,从事办学、医疗、咨询以及其他有偿服务活动取得的所得。

(3) 个人承包、承租、转包、转租取得的所得。

(4) 个人从事其他生产、经营活动取得的所得。

(三) 对企事业单位的承包承租经营所得

个人承包经营、承租经营以及转包、转租取得的所得,还包括个人按月或者按次取得的工资、薪金性质的所得。

(四) 利息、股息、红利所得

利息、股息、红利所得,是指个人作为债权人或者股权持有人而取得的利息、股息、红利所得。利息是指个人的存款利息、贷款利息和债券的利息。股息也称股利,是指股票持有人从持股公司取得的投资收益。红利也称分红,是指股份公司或企业根据应分配的利息,按股份分配超过股息部分的利润。

对国债利息、国家发行的金融债券利息以及储蓄存款利息所得暂免征收个人所得税。

个人从公开发行和转让市场取得的上市公司股票取得的股息,如果持股期限≤1个月,全额征税;如果持股期限在1个月至1年,减按50%计入应纳税所得额;持股期限＞1年,免征个人所得税;个人持有"上市公司限售股份",解禁前取得股息红利,则减按50%计入应纳税所得额。

(五) 财产租赁所得

财产租赁所得,是指个人出租建筑物、土地使用权、机器设备、车船以及其他财产取得的所得。个人取得的财产转租收入,属于"财产租赁所得"的征税范围,由财产转租人缴纳个人所得税。在确认纳税义务人时,应以产权凭证为依据;对无产权凭证的,由主管税务机关根据实际情况确定。产权所有人死亡,在未办理产权继承手续期间,该财产出租且有租金收入的,将领取租金的个人视为纳税义务人。

(六) 财产转让所得

财产转让所得,是指转让有价证券、股权、建筑物、土地使用权、机器设备、车船以及其他财产取得的所得。个人通过网络收购玩家的虚拟货币,加价后出售取得的收入,按"财产转让所得"征税。个人发生"非货币性资产交换",以及用于"捐赠、偿债、赞助、投资"等的财产,应当视同转让财产并缴纳个人所得税,但国务院财政、税务主管部门另有规定的除外。

(七) 偶然所得

偶然所得,是指得奖、中奖、中彩以及其他偶然性质取得的所得。彩票,一次中奖收入在1万元以下的暂免征收个人所得税;超过1万元的,全额征收个人所得税。个人取得单张有奖发票奖金不超过800元的暂免征收个人所得税;超过800元的,全额征收个人所得税。个人举报、协查各种违法、犯罪行为而获得的奖金,不征收个人所得税。

(八) 其他所得

其他所得,是指提供担保获得的报酬等。

三、个人所得税的纳税人

个人所得税纳税人包括居民纳税人和非居民纳税人。国际上对个人所得税的征收惯例,以常用的住所标准和居住时间标准,对居民纳税人和非居民纳税人进行了划分。

居民纳税人和非居民纳税人的判定标准及纳税义务范围,分别如表5-1、表5-2所示。

表5-1 居民纳税人的判定标准及纳税义务范围

纳税义务人	判定标准	征税对象范围
承担无限纳税义务,来源于境内、境外的所得都要缴纳税款	(1) 在中国境内有住所的个人 (2) 在中国境内无住所,但在中国境内居住累计满183日的个人	境内、境外所得

表 5-2 非居民纳税人的判定标准及纳税义务范围

纳税义务人	判定标准	征税对象范围
承担有限纳税义务,仅来源于中国境内的所得缴纳个人所得税	(1) 在中国境内无住所且不居住的个人 (2) 在中国境内无住所且居住累计不满183日的个人	境内所得

四、个人所得税的税率形式

(一) 综合所得适用税率表

适用3%~45%的7级超额累进税率,对纳税人在2018年10月1日(含)后实际取得的工资、薪金所得,减除费用统一按照5 000元/月执行,并按照综合所得适用税率表(见表5-3)计算应纳税额。对纳税人在2018年9月30日(含)前实际取得的工资、薪金所得,按照税法修改前的"减除费用3 500元"规定执行。

表 5-3 综合所得适用税率表

级数	全月应纳税所得额	税率	速算扣除数
1	不超过36 000元的	3%	0
2	超过36 000元至144 000元的部分	10%	2 520
3	超过144 000元至300 000元的部分	20%	16 920
4	超过300 000元至420 000元的部分	25%	31 920
5	超过420 000元至660 000元的部分	30%	52 920
6	超过660 000元至960 000元的部分	35%	85 920
7	超过960 000元的部分	45%	181 920

【说明】 表5-3适用于"综合所得"汇算清缴。

(二) 个人所得税预扣率表

个人所得税的预扣率表,如表5-4所示。

表 5-4 个人所得税的预扣率表

级数	累计应纳税所得额	扣除率	速算扣除数
1	不超过36 000元的	3%	0
2	超过36 000元至144 000元的部分	10%	2 520
3	超过144 000元至300 000元的部分	20%	16 920
4	超过300 000元至420 000元的部分	25%	31 920
5	超过420 000元至660 000元的部分	30%	52 920
6	超过660 000元至960 000元的部分	35%	85 920
7	超过960 000元的部分	45%	181 920

【说明】 表5-4适用于"居民纳税人"工资薪金所得按月"预交"个人所得税的计算。

(三) 个人所得税税率表

个人所得税税率表,如表5-5所示。

表5-5 个人所得税税率表(适用于非居民纳税人)

级数	全月(或次)应纳税所得额	税率	速算扣除数
1	不超过3 000元的	3%	0
2	超过3 000元至12 000元的部分	10%	210
3	超过12 000元至25 000元的部分	20%	1 410
4	超过25 000元至35 000元的部分	25%	2 660
5	超过35 000元至55 000元的部分	30%	4 410
6	超过55 000元至80 000元的部分	35%	7 160
7	超过80 000元的部分	45%	15 160

【说明】 表5-5适用于"非居民纳税人"应纳税所得额的计算。

(四) 经营所得税率

个体工商户的生产、经营所得和对企事业单位的承包经营、承租经营所得的适用5%~35%的超额累进税率,具体如表5-6所示。

表5-6 个体工商户的生产、经营所得和对企事业单位的承包经营、承租经营所得的适用税率表

级数	全年应纳税所得额	税率	速算扣除数
1	不超过3 000元的	5%	0
2	超过30 000元至90 000元的部分	10%	1 500
3	超过90 000元至300 000元的部分	20%	10 500
4	超过300 000元至500 000元的部分	30%	40 500
5	超过500 000元的部分	35%	65 500

【说明】 表中对个体工商户业主、个人独资企业和合伙企业自然人投资者、企事业单位承包承租经营2018年第四季度取得的生产经营所得,减除费用按照5 000元/月执行。

(五) 劳务报酬所得

适用比例税率,税率为20%~40%的3级超额累进预扣率,具体如表5-7所示。

表5-7 劳务报酬所得适用预扣率表

级数	每次应纳税所得额	税率	速算扣除数
1	不超过20 000元的部分	20%	0
2	超过20 000元至50 000元的部分	30%	2 000
3	超过50 000元的部分	40%	7 000

【说明】 表5-7适用于"居民纳税人""劳务报酬所得"按月或按次"预交"个人所得税的计算。

(六) 稿酬所得

稿酬所得适用 20% 的比例税率,并按应纳税额减征 30%,且其实际税率为 14%。

(七) 特许权使用费所得,利息、股息、红利所得,财产转让所得,偶然所得等

特许权使用费所得,利息、股息、红利所得,财产转让所得,偶然所得和其他所得适用 20% 的比例税率。

五、个人所得税税收优惠

(一) 免纳个人所得税项目

(1) 国债和国家发行的金融债券利息;

(2) 保险赔偿;

(3) 退休金;

(4) 按照国家统一规定发给干部、职工的安家费、退职费、退休金、离休工资、离休生活补助费;

(5) 个人转让自用 5 年以上,并且是家庭唯一生活用房取得的所得;

(6) 储蓄存款利息;

(7) 持有上市公司股票的股息所得,持股期限大于 1 年,免征个人所得税;

(8) 上市公司股票转让所得;

(9) 彩票一次性中奖收入"在 1 万元以下";

(10) 发票奖金所得"不超过 800 元";

(11) 省级人民政府、国务院部委和中国人民解放军军以上单位,以及外国组织、国际组织颁发的科学、教育、技术、文化、卫生、体育和环境保护等方面的奖金;

(12) 按照国家统一规定发放的补贴、津贴;

(13) 军人的转业费、复员费、退役金;

(14) 外交代表、领事官员和其他人员的所得;

(15) 拆迁补偿款;

(16) 国有企业职工从破产企业取得的一次性安置费收入。

(二) 外籍个人有关规定

(1) 非现金形式的或实报实销的住房补贴、伙食补贴、搬迁费、洗衣费;

(2) 合理标准的境内外出差补贴;

(3) 合理的语言训练费、子女教育费;

(4) 从外商投资企业取得的股息、红利所得;

(5) 符合条件的工资、薪金所得(针对特定外籍专家);

(6) 探亲费(每年不超过"两次")。

(三) 赠与情形

以下情形的房屋产权无偿赠与的,对当事双方不征收个人所得税:

(1) 房屋产权所有人将房屋产权无偿赠与"近亲属";

(2) 房屋产权所有人将房屋产权无偿赠与与其有直接"抚养或赡养义务"的人;

(3) 房屋产权所有人死亡,依法取得房屋产权的"继承人"。

(四) 暂免征收个人所得税的项目

(1) 自 2008 年 10 月 9 日起,暂免征收储蓄存款利息的个人所得税;

(2) 个人举报、协查各种违法、犯罪行为而得到的奖金;

(3) 个人办理代扣代缴税款手续、按规定取得的扣缴手续费;

(4) 个人转让自用 5 年以上,并且是唯一家庭生活用房取得的所得;

(5) 外籍个人按合理标准取得的境内、境外出差补贴;

(6) 外籍个人以非现金形式或者实报实销形式取得的、合理的住房补贴、伙食补贴、搬迁费、洗衣费,暂免征收个人所得税。

任务二　计税依据的确定

一、计税依据的一般规定

$$应纳税所得额 = 各项收入 - 税法规定的扣除项目或扣除金额$$

二、不同的扣除办法

我国现行的个人所得税,根据不同税目分别实行定额、定率和会计核算三种扣除办法,具体如表 5-8 所示。

表 5-8　现行个税不同项目扣除方法比较

扣除方法	应税项目
定额扣除	工资、薪金所得
会计核算	个体工商户生产经营所得 对企事业单位的承包经营、承租经营所得 财产转让所得
无费用扣除	利息、股息、红利所得,偶然所得,其他所得

关于个税专项附加扣除,有以下几点说明:

(1) 子女教育专项附加扣除:每个子女每月 1 000 元。具体规定为:纳税人的子女接受学前教育和学历教育的相关支出,按照每个子女每年 12 000 元(每月 1 000 元)的标准定额扣除。

【温馨提示】　父母分别按扣除标准的 50% 扣除;经约定,也可由其中一方按 100% 扣除。扣除方式在一个纳税年度不得变更。如果纳税人有两个孩子,且接受上述教育,子女教育专项附加扣除可翻倍。

(2) 继续教育专项附加扣除:每年 3 600 元或 4 800 元。具体规定为:纳税人接受学历继续教育的支出,学历教育期间按每年 4 800 元(每月 400 元)定额扣除。接受技能人员职业资格继续教育、专业技术人员职业资格继续教育支出,在取得相关证书的当年,按照每年 3 600 元定额扣除。

【温馨提示】 个人兴趣爱好的培训暂不纳入此次扣除范围。

(3) 大病医疗专项附加扣除：每年60 000元。具体规定为：一个纳税年度内，在社会医疗保险管理信息系统记录的（包括医保目录范围内的自付部分和医保目录范围外的自费部分）、由个人负担超过15 000元的医药费用支出部分，为大病医疗支出，可以按照每年60 000元标准限额据实扣除。

【温馨提示】 纳税人发生的大病医疗支出由纳税人本人扣除；纳税人应当留存医疗服务中相关费用的票据原件和复印件；大病医疗专项附加扣除在纳税人办理汇算清缴时扣除。

(4) 住房贷款利息专项附加扣除：每月1 000元。具体规定为：纳税人本人或者配偶单独或者共同使用商业银行或者住房公积金个人住房贷款，为本人或者其配偶购买中国境内住房，发生的首套住房贷款利息支出，在实际发生贷款利息的年度，按照每月1 000元的标准定额扣除，扣除期限最长不超过240个月。

【温馨提示】 非首套住房贷款利息支出，纳税人不得扣除。纳税人只能享受一次首套住房贷款利息扣除。经夫妻双方约定，可以选择由其中一方扣除，具体扣除方式在一个纳税年度内不得变更。纳税人应当留存住房贷款合同、贷款还款支出凭证。

(5) 住房租金：根据承租住房所在地的不同，扣除限额不同。具体规定为：①直辖市、省会城市、计划单列市以及国务院确定的其他城市：每年14 400元（每月1 200元）。②市辖区户籍人口超过100万的其他城市：每年12 000元（每月1 000元）。③市辖区户籍人口不超过100万（含）的其他城市：每年9 600元（每月800元）。

【温馨提示】 父母双方主要工作城市相同的，只能由一方扣除住房租金支出。父母双方主要工作城市不同的，且各自在其主要工作城市都没有住房的，可以分别扣除住房租金支出。住房租金支出由签订租赁住房合同的承租人扣除。

(6) 赡养老人。

具体规定为：纳税人为独生子女的，按每年24 000元（每月2 000元）的标准定额扣除；纳税人为非独生子女的，与其兄弟姐妹分摊每年24 000元（每月2 000元）的扣除限度。

【温馨提示】 纳税人赡养2个以上老人的，不按老人人数加倍扣除。

以上专项扣除，本年度扣除不完的，不得结转以后年度扣除。

外籍个人如果符合子女教育、继续教育、住房贷款利息或住房租金专项附加扣除条件，可选择按上述项目扣除，也可以选择继续享受现行有关子女教育费、语言训练费、住房补贴等的免税优惠，但同一类支出事项不得同时享受。

任务三　应纳税额的计算

一、综合所得的应纳税额计算

居民纳税人的综合所得：按"年"计征。综合所得适用3%～45%的7级超额累进税率。

应纳税所得额 = 每年收入额 － 5 000×12 － 专项扣除 － 专项附加扣除 － 其他扣除

1. 专项扣除

个人按照国家或省级政府规定的缴费比例缴付或者实际缴付的"三险一金",允许在个人应纳税所得额中扣除;超过规定比例和标准缴付的,超过部分计入个人当期的工资、薪金收入,计征个人所得税。

2. 专项附加扣除

专项附加扣除包括子女教育(见表5-9)、继续教育(见表5-10)、大病医疗(见表5-11)、住房贷款利息(见表5-12)、住房租金(见表5-13)、赡养老人(见表5-14)六项。

表5-9 子女教育专项扣除规定

要点	具体内容		
子女类型	婚生子女、非婚生子女、继子女、养子女		
准予扣除的子女教育类型	学前教育	年满3岁,小学入学前的教育	
	全日制学历教育	义务教育	小学和初中教育
		高中阶段教育	普通高中、中等职业教育、技工教育
		高等教育	大学专科、本科;硕士、博士研究生
扣除标准	每个子女每月可以扣除1 000元,两个子女可以扣除2 000元		
扣除方式	父母分别按扣除标准的50%扣除 经过父母约定,也可以由其中一方按扣除标准的100%扣除		

【温馨提示】 具体扣除方式在一个纳税年度内不得变更。

表5-10 继续教育专项扣除项目规定

要点	具体内容	
准予扣除的教育类型	学历学位教育	高中阶段教育	普通高中、中等职业教育
		高等教育	大学专科、本科、硕士研究生、博士研究生
	职业教育	技能人员职业资格继续教育、专业技术人员职业资格继续教育	
扣除标准	学历教育	每月扣除400元	
	职业教育	取得相关证书的当年,一次性扣除3 600元	
扣除方式	本科及以下学历(学位)教育可以由其父母按照"子女教育"支出扣除,可以由本人按照"继续教育"支出扣除。值得注意的是,两者不得同时扣除		

表5-11 大病医疗专项扣除项目规定

要点	具体内容
准予扣除的大病医疗支出	在医保管理信息系统记录的、由个人负担超过15 000元的医药费用支出
扣除标准	按照每年8万元的标准限额"据实扣除"

(续表)

要点	具体内容	
扣除凭证	医疗服务费用的相关票据原件(或复印件)	
总结	"超过部分"在8万元以内	据实扣除
	"超过部分"大于8万元	扣除8万元

表5-12 住房贷款利息专项扣除项目规定

要点	具体内容
准予扣除的住房贷款利息	纳税人本人或配偶使用商业银行或住房公积金个人住房贷款,为本人或其配偶购买住房,发生的"首套住房"贷款利息支出 【注意】"非首套"住房贷款利息支出,不得扣除
扣除标准	偿还贷款期间,每月1 000元 【注意】定额扣除,即使每年贷款利息低于1.2万元,也按照上述标准扣除;扣除期间最长不超过240个月;纳税人只能享受一次首套住房贷款的利息扣除
扣除方式	经夫妻双方约定,可以选择由其中一方扣除 【注意】具体扣除方式在一个纳税年度内不得变更
扣除凭证	住房贷款合同、贷款还款支出凭证

表5-13 住房租金专项扣除项目规定

要点	具体内容	
准予扣除的住房租金	在主要工作城市没有住房的,且在主要工作城市租赁住房发生的租赁支出。父母双方主要工作城市相同的,只能由一方扣除住房租金支出,由签订租赁住房合同的承租人扣除 【注意】纳税人及其配偶不得同时享受住房贷款利息和住房租金专项附加扣除。因此异地购房、工作城市租房的,可选择享受相应扣除	
扣除人	由签订租赁住房合同的承租人扣除	
扣除标准	直辖市、省会城市、计划单列市以及国务院确定的其他城市	每月1 500元
	市辖区户籍人口超过100万的其他城市	每月1 100元
	市辖区户籍人口不超过100(含)万的其他城市	每月800元
扣除凭证	房屋租赁合同	

表5-14 赡养老人专项扣除项目规定

要点	具体内容
赡养老人	赡养60岁以上父母(包括生父母、继父母、养父母以及其他法定赡养人) 【注意】其他法定赡养人,是指祖父母、外祖父母的子女已经去世,实际承担对祖父母、外祖父母赡养义务的孙子女,外孙子女;不看老人自身是否有生活来源,如领取退休金等
扣除标准	每月2 000元 【注意】赡养2个及以上老人的,不按老人人数加倍扣除;夫妻双方可以分别扣除双方赡养老人的支出;非独生子女与兄弟姐妹分摊扣除额度

(续表)

要点		具体内容
分摊方式	平均分摊	每一纳税人分摊的扣除额最高不得超过每月1 000元,并签订书面分摊协议 【注意】指定分摊与约定分摊不一致,以指定分摊为准
	赡养人约定分摊	
	被赡养人制定分摊	

【注意】 具体分摊方式,在一个纳税年度内不得变更。

3. 其他扣除

企业年金、职业年金、商业健康保险、税收递延型商业养老保险。

4. 3岁以下婴幼儿照护专项附加扣除规定

纳税人照护3岁以下婴幼儿子女的相关支出,按照每个婴幼儿每月1 000元的标准定额扣除。父母可以选择由其中一方按扣除标准的100%扣除,也可以选择由双方分别按扣除标准的50%扣除,具体扣除方式在一个纳税年度内不能变更。3岁以下婴幼儿照护个人所得税专项附加扣除涉及的保障措施和其他事项,参照《个人所得税专项附加扣除暂行办法》有关规定执行。3岁以下婴幼儿照护个人所得税专项附加扣除自2022年1月1日起实施。

【温馨提示】 购买符合规定的商业健康保险,在当年(月)计算应纳税所得额时予以税前的扣除限额为2 400元/年(即200元/月);专项扣除、专项附加扣除和依法确定的其他扣除,以居民个人一个纳税年度的应纳税所得额为限额扣除,一个纳税年度扣除不完的,不能结转以后年度扣除;劳务报酬所得、稿酬所得、特许权使用费所得以收入减除20%的费用后的余额为收入额。稿酬所得的收入额减按70%计算。

$$应纳税额 = 应纳税所得额 \times 适用税率 - 速算扣除数$$

【做中学5-1】 张华为中国公民,系独生子女,单身,在某科技公司任职。2019年取得工资收入80 000元;在某大学兼职代课取得收入50 000元;出版著作一部,取得稿酬70 000元;转让商标使用权,取得特许权使用费收入30 000元。已知:张华个人缴纳三险一金20 000元,赡养老人支出税法规定的扣除金额为24 000元。假设无其他扣除项目,计算张华本年的应纳税额。

【解析】 应纳税所得额=80 000+50 000×(1-20%)+70 000×(1-20%)×70%+30 000×(1-20%)-60 000-20 000-24 000=79 200(元);应纳税额=79 200×10%-2 520=5 400(元)。

二、居民纳税人综合所得预扣预缴个人所得税的计税规定

对工资薪金所得执行累计预扣预缴制,适用7级超额累进预扣率。

【做中学5-2】 上海某职员王某,2019年1月取得工资、薪金收入20 000元,个人缴纳的三险一金合计为4 500元。王某为独生子女,父母现年已62岁,生有一女,现年4岁,名下无房,租房居住。计算王某1月、2月及7月应缴纳的个人所得税税额。

【解析】

1. 王某1月应缴纳的个人所得税额

(1)"生计费"扣除＝5 000(元)。

(2)专项扣除(三险一金)＝4 500(元)。

(3)专项附加扣除＝1 000(子女教育)＋1 500(住房租金)＋2 000(赡养老人)＝4 500(元)。

(4)扣除项合计＝5 000＋4 500＋4 500＝14 000(元)。

(5)应纳税所得额＝20 000－14 000＝6 000(元)。

(6)应纳税所得额不超过36 000元,适用税率为3%。

(7)应纳税额＝6 000×3%＝180(元)。

2. 王某2月应缴纳的个人所得税税额

(1)"生计费"扣除＝5 000×2＝10 000(元)。

(2)专项扣除(三险一金)＝4 500×2＝9 000(元)。

(3)专项附加扣除＝[1 000(子女教育)＋1 500(住房租金)＋2 000(赡养老人)]×2＝9 000(元)。

(4)扣除项合计＝10 000＋9 000＋9 000＝28 000(元)。

(5)应纳税所得额＝20 000×2－28 000＝12 000(元)。

(6)应纳税所得额不超过36 000元,适用税率为3%。

(7)应纳税额＝12 000×3%－180(1月份已纳税款)＝180(元)。

3. 王某7月应缴纳的个人所得税税额

(1)"生计费"扣除＝5 000×7＝35 000(元)。

(2)专项扣除(三险一金)＝4 500×7＝31 500(元)。

(3)专项附加扣除＝[1 000(子女教育)＋1 500(住房租金)＋2 000(赡养老人)]×7＝31 500(元)。

(4)扣除项合计＝35 000＋31 500＋31 500＝98 000(元)。

(5)应纳税所得额＝20 000×7－98 000＝42 000(元)。

(6)应纳税所得额超过36 000元至144 000元的,适用税率为10%,速算扣除数2 520。

(7)应纳税额＝42 000×10%－2 520－180×6＝600(元)。

三、劳务报酬、稿酬所得、特许权使用费所得

每次收入额≤4 000元的,扣除800元;每次收入额＞4 000元的,扣除20%。

【温馨提示】 稿酬所得收入额减按70%计算。

【做中学5-3】 我国居民黄某在2020年共取得5次劳务报酬,分别是3 500元、3 982元、23 000元、31 000元、100 000元。要求计算黄某各次应缴纳的所得税税额。

【解析】

第一次:3 000＜4 000。费用扣除:800元。应纳税所得额＝3 000－800＝2 200(元),应纳税额＝2 200×20%＝440(元)。

第二次：3 982＜4 000。费用扣除：800 元。应纳税所得额＝3 982－800＝3 182(元)，应纳税额＝3 182×20％＝636.4(元)。

第三次：23 000＞4 000。费用扣除：20％。应纳税所得额＝23 000×(1－20％)＝18 400(元)，应纳税额＝18 400×20％＝3 680(元)。

第四次：31 000＞4 000。费用扣除 20％。应纳税所得额＝31 000×(1－20％)＝24 800(元)，应纳税额＝24 800×30％－2 000＝5 440(元)。

第五次：100 000＞4 000。费用扣除：20％。应纳税所得额＝100 000×(1－20％)＝80 000(元)，应纳税额＝80 000×40％－7 000＝25 000(元)。

【做中学5-4】 2020 年 4 月，我国居民田某出版一部科幻小说，取得稿酬 10 000 元。计算田某当月稿酬所得应缴纳的个人所得税税额。

【解析】
(1) 应纳税所得额＝10 000×(1－20％)×70％＝5 600(元)。
(2) 应纳税额＝5 600×20％＝1 120(元)。

【做中学5-5】 2020 年 7 月，我国居民侯某转让一项专利权，取得转让收入 160 000 元，开发此项专利耗费的支出为 20 000 元。计算侯某当月特许权使用费所得应缴纳的个人所得税税额。

【解析】
(1) 应纳税所得额＝160 000×(1－20％)＝128 000(元)。
(2) 应纳税额＝128 000×20％＝25 600(元)。

四、非居民纳税人综合所得的应纳税额

1. 计税方法

(1) 工资、薪金所得：按月计征。

(2) 劳务报酬所得、稿酬所得、特许权使用费所得：按次征收。关于"次"的规定：属于一次性收入，以取得该项收入为一次；属于同一项目连续性收入，以 1 个月内取得的收入为一次。分次支付的，应该合并计税。

(3) 应纳税所得额的计算。①工资、薪金所得：以每月收入减除 5 000 元后的余额为应纳税所得额。可用以下公式表示。

应纳税所得额 ＝ 每月收入额 － 5 000

② 劳务报酬所得、稿酬所得、特许权使用费所得：以收入减除 20％的费用后的余额为收入额；以每次收入额为应纳税所得额；稿酬所得的收入额减按 70％计算。

劳务报酬所得、特许权费用费所得的应纳税所得额 ＝ 每次所得×(1－20％)
稿酬所得的应纳税所得额 ＝ 每次所得×(1－20％)×70％
应纳税额 ＝ 应纳税所得额×适用税率－速算扣除数

2. 个体工商户的生产、经营所得的计税方法

计税方法：按"年"计征。税率按照五级超额累进税率划定。

应纳税所得额 ＝ 收入总额 －（成本＋费用＋损失＋准予扣除的税金）

应纳税额 ＝ 应纳税所得额×适用税率－速算扣除数

【做中学 5-6】 张华为中国公民，自己经营一家餐馆，2020 年取得营业收入 160 000 元，发生可扣除的费用 50 000 元。计算张华 2020 年的应纳税额。

【解析】

应纳税所得额＝160 000－50 000－5 000×12＝50 000（元）

应纳税额＝50 000×10％－1 500＝3 500（元）

3. 对企业事业单位承包、承租经营所得的计税方法

应纳税所得额 ＝ 个人全年承包、承租经营收入总额 － 每月 5 000 元×12

应纳税额 ＝ 应纳税所得额×适用税率－速算扣除数

承包、出租期不足 12 个月时，以其实际经营期为一个纳税年度。

4. 财产租赁所得的计税方法

财产租赁所得，是指个人出租建筑物、土地使用权、机器设备、车船以及其他财产取得的所得。

房地产开发企业与商店购买者个人签订的协议规定，以优惠价格出售其商店给购买者个人，购买者个人在一定期限内必须将购买的商店无偿提供给房地产开发企业以对外出租使用。对购买者个人支出的购房价款，应视同个人财产租赁所得，按照"财产租赁所得"项目征收个人所得税。

应纳税所得额的有关规定。①"次"的规定：以一个月内取得的收入为一次。②依次扣除以下费用：财产租赁过程中缴纳的税费；由纳税人负担的该出租财产实际开支的修缮费用（不超过 800 元）；税法规定的费用扣除标准。③在不同情况下，应纳税所得额的计算公式有如下几种。

在每次（月）收入不超过 4 000 元时，

应纳税所得额 ＝ 每次（月）收入额 － 缴纳的税费 － 修缮费用（800 元为限）－ 800 元

应纳税额 ＝ 应纳税所得额×20％

在每次（月）收入超过 4 000 元时，

应纳税所得额 ＝ ［每次（月）收入额 － 缴纳的税费 － 修缮费用（800 元为限）］×（1－20％）

应纳税额 ＝ 应纳税所得额×20％

【温馨提示】 根据《国家税务总局关于个人所得税若干问题的批复》判定是否超过 4 000 元的基数为"收入额－财产租赁过程中缴纳的税费－修缮费"。

财产租赁所得适用 20％的比例税率；个人按市场价格出租的住房取得的所得，减按 10％的税率征收。

【做中学 5-7】 2018 年 8 月，张某出租自有住房一套，取得租金收入 6 100 元，房屋租赁过程中缴纳的税费为 260 元，支付该房屋的修缮费 1 100 元。计算张某出租住房应缴纳的个人所得税税额。

【解析】

应纳税所得额＝6 100－260－800＝5 040（元）

应纳税额＝5 040×(1－20%)×10%＝403.2(元)

5. 财产转让所得的计税方法

应纳税所得额 ＝ 每次收入额－财产原值－合理税费

应纳税额 ＝ 应纳税所得额×适用税率

6. 偶然所得和其他所得的计税方法

计税方法：按"次"计征。税率按照20%计算。

应纳税所得额，以每次收入额为应纳税所得额，不得扣除任何费用。

应纳税额 ＝ 应纳税所得额(每次收入额)×20%

任务四 个人所得税的征收管理

一、个人所得税的源泉扣缴

(一)扣缴义务人

个人所得税以取得应税所得的个人为纳税义务人，以支付所得的单位或者个人为扣缴义务人。

纳税人有中国公民身份号码的，以中国公民身份号码为纳税人识别号；纳税人没有中国公民身份号码的，由税务机关赋予其纳税人识别号。扣缴义务人扣缴税款时，纳税人应当向扣缴义务人提供纳税人识别号。

(二)扣缴义务人的法定义务

(1) 扣缴义务人在向个人支付(包括现金支付、汇拨支付、转账支付和以有价证券、实物以及其他形式支付)应纳税所得时，不论纳税人是否属于本单位人员，其均应代扣代缴其应纳的个人所得税税款。扣缴义务人依法履行代扣代缴税款义务，纳税人不得拒绝。

【温馨提示】 扣缴义务人在扣缴税款时，必须向纳税人开具税务机关统一印制的代扣代收税款凭证，并详细注明纳税人姓名、工作单位、家庭住址、身份证或护照号码(无身份证、护照的，可用其他能有效证明身份的证件)等个人情况。工资、薪金所得和股息、利息、红利所得等，因纳税人众多，不便一一开具代扣代收税款凭证的，经主管税务机关同意，可不开具，但应通过一定的形式告知纳税人已扣缴税款。纳税人为持有完税依据而向扣缴义务人索取代扣代收税款凭证的，扣缴义务人不得拒绝。扣缴义务人向纳税人提供非正式扣税凭证的，纳税人可以拒收。

(2) 扣缴义务人每月扣缴的税款，应当在次月15日内缴入国库，并向主管税务机关报送《扣缴个人所得税报告表》、代扣代收税款凭证，包括每一位纳税人姓名、单位、职务、收入、税款等内容的《支付个人收入明细表》，以及税务机关要求报送的其他有关资料。

(三)法律责任

(1) 属于2001年5月1日前发生的应税行为，如果纳税人拒绝履行纳税义务，扣缴义务人应当及时报告税务机关处理,并暂时停止支付其应纳税所得额。否则,纳税人应缴纳的税款由扣缴义务人补缴。同时,扣缴义务人还要承担应扣未扣、应收未收的税款应缴纳的滞纳金或罚款。扣缴义务人应补缴的税款按下列公式计算:

$$应纳税所得额 = (支付的收入额 - 费用扣除标准 - 速算扣除数) \div (1 - 税率)$$

$$应纳税额 = 应纳税所得额 \times 适用税率 - 速算扣除数$$

(2) 属于2001年5月1日后发生的应税行为,按照《税收征收管理法》进行处理:扣缴义务人应扣未扣、应收而不收税款的,由税务机关向纳税人追缴税款,对扣缴义务人处应扣未扣、应收未收税款50%以上3倍以下的罚款;纳税人、扣缴义务人逃避、拒绝或者以其他方式阻挠税务机关检查的,由税务机关责令改正,可以处10 000元以下的罚款;情节严重的,处10 000元以上50 000元以下的罚款。

(3) 扣缴义务人的法人代表(或单位主要负责人)、财会部门的负责人及具体办理代扣代缴税款的有关人员,共同对未依法履行代扣代缴的行为负法律责任。根据税法规定,扣缴义务人有偷税或者抗税行为的,除依法追缴税款、处以罚款(罚金)外,对情节严重的,还应追究直接责任人的刑事责任。

(四) 代扣代缴税款的手续费

税务机关应根据扣缴义务人所扣缴的税款,付给扣缴义务人2%的手续费,由扣缴义务人用于代扣代缴费用开支或奖励代扣代缴工作做得较好的办税人员。

二、个人所得税自行申报

(1) "综合所得"的取得需要办理汇算清缴,以下情形中,纳税人需自行申报个人所得税:在两处或者两处以上取得综合所得,且综合所得年收入额减去专项扣除的余额超过6万元;取得劳务报酬所得、稿酬所得、特许权使用费所得中的一项或者多项所得,且综合所得年收入额减去专项扣除的余额超过6万元;纳税年度内预缴税额低于应纳税额的。

(2) 取得应税所得没有扣缴义务人。

(3) 取得应税所得,扣缴义务人未扣缴税款。

(4) 取得境外所得。

(5) 因移民境外注销中国户籍。

(6) 非居民个人在中国境内从两处以上取得工资、薪金所得。

三、纳税期限

(1) 居民个人取得综合所得,按年计算个人所得税;有扣缴义务人的,由扣缴义务人按月或者按次预扣预缴税款;需要办理汇算清缴的,应当在取得所得次年的3月1日至6月30日办理汇算清缴。

(2) 非居民个人取得工资、薪金所得,劳务报酬所得,稿酬所得和特许权使用费所得,有扣缴义务人的,由扣缴义务人按月或者按次代扣代缴税款,不办理汇算清缴。

(3) 关于经营所得,纳税人取得经营所得,按年计算个人所得税,由纳税人在月度或者季度终了后15日内向税务机关报送纳税申报表,并预缴税款;在取得所得次年的3月31日前办理汇算清缴。

（4）利息、股息、红利所得，财产租赁所得，财产转让所得和偶然所得，纳税人取得上述所得，按月或者按次计算个人所得税，有扣缴义务人的，由扣缴义务人按月或者按次代扣代缴税款。

纳税人取得应税所得且没有扣缴义务人，应当在取得所得的次月 15 日内向税务机关报送纳税申报表，并缴纳税款。

扣缴义务人未扣缴税款，纳税人应当在取得所得次年的 6 月 30 日前缴纳税款；税务机关通知期限缴纳的，纳税人应该按照期限缴纳税款。

居民个人从中国境外取得所得，应当在取得所得次年的 3 月 1 日至 6 月 30 日内申报纳税。

非居民个人在中国境内从两处以上取得工资、薪金所得的，应当在取得所得次月的 15 日内申报纳税。

纳税人因移居境外注销中国户籍，应当在注销中国户籍前办理税款清算。

扣缴义务人每月或者每次预扣代扣税款的缴库，应当在次月 15 日内缴入国库，并向税务机关报送扣缴个人所得税申报表。

【温馨提示】 纳税期限的最后一天是法定休假日的，以休假日的此日为期限的最后一日。

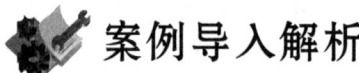

案例导入解析

税法规定：个人所得税的纳税人为对中国居民来源于中国境内、境外的全部所得和非中国居民来源于中国境内的所得征收的一种税。个人所得税纳税人包括：中国公民、个体工商户以及在中国境内有所得的外籍人员（包括无国籍人员）和港澳台同胞。根据税法规定，吴涛和 John 都是个人所得税纳税人，需要缴纳个人所得税。

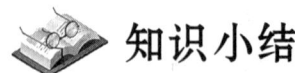

知识小结

本项目介绍了个人所得税的纳税人，其可分为居民个人和非居民个人。由于其纳税义务不同，因此计算方法、适用税率不同，征收方式不同，以及个人所得税税目、税率、计算方法也不同。特别需要注意个人所得税的专项附加扣除的标准、条件、需要的备查资料，个人所得税的计算依据、计算方法、填表申报。

职场警示·思政结合

影视公司不合理计税

某影视公司项目组在拍摄影片时的费用支出主要包括人员食宿费、设备使用费、交通费和场地租赁费等。由于拍摄地点基本都在外地，而且交易对象较为多元（有法人，也有自然人等），许多费用支出无法取得真实票据，因此出现了用交通费、油料费顶替拍摄费用的情况。用于报销拍摄费用的交通费和油料费主要用于临时聘用人员的劳务报酬支出，目的在于不和临时雇佣人员签订劳务合同,减少个税等方面的麻烦。

在影视业专项检查中,北京市相关部门的检查组调取了该公司2013年度和2014年度的电子账,发现该公司费用中交通费、油料费所占比重很大,且与公司的主营业务不符。根据账务信息,检查组审阅了该公司两年的凭证,进一步发现该公司报销的过路过桥费、油料费、停车费发票,数量大且票面金额小。通过与公司自有交通工具比对,和正常的消耗严重不匹配。经初步分析,该企业可能存在个人拿发票报销以计入费用,隐瞒个人所得税收入的问题。

税务局取得了项目组拍摄影片时发放劳务报酬的记录,确认了该项目组以报销油费方式支付劳务报酬的具体金额,共涉及问题发票1 322张,总金额732万元。最终该企业补缴个人所得税100余万元,税务机关对该公司未按照规定代扣代缴个人所得税行为处以1倍罚款。目前税款、罚款总计200余万元,且均已足额入库。

(1) 根据《个人所得税法》及《税收征收管理法》的相关规定,公司支付给临时聘用人员的劳务费应予以代扣代缴。

(2) 针对上述公司许多费用支出无法取得真实票据的情况,建议企业通过建立工作室的方式,取得真实发票进行税前抵扣(即公司将制作费交由工作室进行管理,由工作室统一为公司开票)。税务机关对工作室采用核定征收的方式,其自身的成本票据不会受到税务机关的关注。如此,可以规避公司因取得的大量不合规发票或支出无发票而带来的涉税风险。

(3) 本案中,检查组在前期对同类企业收入成本配比进行了相关调查准备,了解到该类企业的设备、人力成本应该占比较大,并横向对比了同类企业的经营方式,最终发现企业存在隐瞒个人所得税的嫌疑。

与发达国家相比,我国信用体系有待完善,基于此国情下"以票控税"成为我国特有的制度。特别是"金税三期"系统上线后,税务机关的计算、对比、比较效率借助数据库大大提高,稽查水平进一步提升,我国的企业税务系统和操作流程已经逐步走向完善。因此,企业要更好地规避税务风险,就要从宏观的角度出发,整体全面地看待税收政策和相关法律法规的调整和改进,并努力适应这种变化,以一个动态的视角去看待和理解税务政策的变化,时刻保持风险防范意识,合理利用税收优惠政策以促进企业成长和发展。

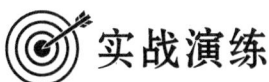 实战演练

一、单项选择题

1. 下列各项中,不属于个人所得税中居民纳税人的是( )。
   A. 在中国境内无住所,但在一个纳税年度中在中国境内居住满183天的个人
   B. 在中国境内无住所,但在境内居住超过90天但不满183天的个人
   C. 在中国境内有住所的个人
   D. 在中国境内无住所,在中国境内居住累计满183天的、年度连续不满6年的个人

2. 下列关于我国个人所得税的特点,不正确的是( )。
   A. 实行混合征收
   B. 超额累进税率与比例税率并用
   C. 费用扣除额较窄

D. 采取源泉扣缴和个人申报两种征纳方法

3. 某大学教授2019年度稿酬收入如下：①公开发表论文两篇,分别取得500元和1 800元稿费。②2018年4月出版一本专著,取得稿酬12 000元。2019年重新修订后再版,取得稿酬13 500元。③2019年3月编著一本教材并出版,取得稿酬5 600元。同年10月添加印数,取得追加稿酬5 200元。该教授2019年度稿酬所得应预扣预缴个人所得税(　　)元。
   A. 2 861.6　　　　B. 1 209.6　　　　C. 1 552　　　　D. 2 821.6

4. 查理是英国某公司驻华代表处职员,2019年在华时间为135天,11月份境内、外工资共81 000元,均由境内公司支付,11月份在华工作时间为10天。查理11月份应纳个人所得税额(　　)元。(注:英国与我国已缔结税收协定)
   A. 0　　　　B. 2 528.13　　　　C. 2 990　　　　D. 6 765

5. 中国内地张先生通过沪港通机制购买中国香港联交所股票,下列各项关于个人所得税的税收处理中,正确的是(　　)。
   A. 股票转让差价免税
   B. 股票转让差价按"财产转让所得"缴纳20%的个人所得税
   C. 取得的股息红利,按照10%的税率缴纳个人所得税
   D. 取得的股息红利,实行差别化待遇缴纳个人所得税

6. 下列各项所得,免征个人所得税的是(　　)。
   A. 个人的房屋租赁所得
   B. 个人根据遗嘱继承房产的所得
   C. 外籍个人取得的现金住房补贴所得
   D. 个人因任职从上市公司取得的股票增值权所得

7. 某个体工商户2019年为其从业人员发放工资105万元,2019年该个体工商户允许税前扣除的从业人员补充养老保险的限额为(　　)万元。
   A. 3.15　　　　B. 5.25　　　　C. 1.05　　　　D. 7.35

8. 王先生通过拍卖行将一幅祖传的字画拍卖,取得收入600 000元。拍卖时,王先生支付相关税费60 000元,主管税务机关核定王先生收藏该字画发生的费用为250 000元。王先生拍卖字画所得应缴纳个人所得税(　　)元。
   A. 58 000　　　　B. 67 000　　　　C. 70 000　　　　D. 120 000

9. 下列收入中,应按"劳务报酬所得"项目缴纳个人所得税的是(　　)。
   A. 企业以工作考察的名义组织营销业绩突出的非雇员出去旅游,通过免收差旅费、旅游费对个人实行的营销业绩奖励,应以所发生费用的全额作为该营销人员当期的劳务收入
   B. 退休后再受雇取得的收入
   C. 在任职单位取得的董事费收入
   D. 个人购买彩票取得的中奖收入

10. 中国公民郑某为某上市公司独立董事(未在该公司任职),2019年12月取得董事费9万元,当月通过中国教育发展基金会捐款3万元,以用于公益事业的发展。郑某的董事费

应预扣预缴个人所得税( )元。
A. 18 520　　　　B. 16 900　　　　C. 12 400　　　　D. 10 600

二、多项选择题

1. 下列各项所得中,应按照"财产转让所得"项目征收个人所得税的有( )。
   A. 个人转让公司债券取得的所得
   B. 个人在杂志上发表散文取得的所得
   C. 将苏东坡的书法作品拍卖取得的所得
   D. 个人将自己的文字作品手稿原件拍卖取得的所得

2. 下列各项中,不适用5%～35%的五级超额累进税率征收个人所得税的有( )。
   A. 出租汽车经营单位将出租车所有权转移给驾驶员的,出租车驾驶员从事客货运营取得的收入
   B. 个体工商户对外投资的所得
   C. 承租人对企业经营成果不拥有所有权取得的所得
   D. 个人依法从事办学、医疗、咨询以及其他有偿服务活动取得的所得

3. 下列各项所得中,适用20%个人所得税税率的有( )。
   A. 稿酬所得
   B. 经营所得
   C. 财产租赁所得
   D. 财产转让所得

4. 下列关于个人投资者收购企业股权后,将盈余积累转增股本有关个人所得税的规定中,正确的有( )。
   A. 新股东以不低于净资产价格收购股权的,企业原盈余积累已全部计入股权交易价格,新股东取得盈余积累转增股本的部分,按股息红利所得征收个人所得税
   B. 新股东以低于净资产价格收购股权的,企业原盈余积累中,对于股权收购价格减去原股本的差额部分已经计入股权交易价格的、新股东取得盈余积累转增股本的部分,不征收个人所得税
   C. 对于股权收购价格低于原所有者权益的差额部分未计入股权交易价格的、新股东取得盈余积累转增股本的部分,应按照"利息、股息、红利所得"项目征收个人所得税
   D. 新股东将所持股权转让时,其财产原值为其收购企业股权实际支付的对价及相关税费

5. 2019年5月28日至6月4日,李某为某大厦设计一个规划图,协议规定按完工进度分3次付款:5月份分别支付10 000元、15 000元;6月支付3 500元;7月份提供装潢获得收入5 000元,除个人所得税外不考虑其他税费。则下列表述正确的有( )。
   A. 设计业务分3次预扣预缴个人所得税
   B. 设计业务和装潢业务分别预扣预缴个人所得税
   C. 设计业务可以和装潢业务合并预扣预缴税款
   D. 设计业务共预扣预缴个人所得税4 840元

6. 下列房产处置中,应缴纳个人所得税的有( )。
   A. 将房产赠与子女
   B. 转让无偿受赠的房产

C. 转让离婚析产房屋

D. 通过离婚析产的方式分割房屋产权

7. 下列所得中,应按"偶然所得"征收个人所得税的有( )。

　　A. 个人取得单张所得超过800元的有奖发票奖金

　　B. 参加有奖销售所得的奖金

　　C. 退休后再受雇取得的收入

　　D. 购买福利彩票所得的奖金

8. 下列个人所得,在计算个人所得税时,不得减除费用的有( )。

　　A. 利息所得

　　B. 特许权使用费所得

　　C. 劳务报酬所得

　　D. 偶然所得

9. 纳税人取得的以下所得或发生的以下事项,应按照"利息、股息、红利所得"缴纳个人所得税的有( )。

　　A. 出租汽车经营单位将出租车所有权转移给驾驶员的,出租车驾驶员从事客货运营取得的收入

　　B. 职工个人以股份形式取得的企业量化资产,参与企业资产分配而获得的股息、红利

　　C. 单位为职工支付的超过规定标准的基本养老保险

　　D. 个人独资企业对外投资分得的利息

三、判断题

1. 我国现行个人所得税采用的税制类型是分类所得税制。　　　　　　　　　　( )
2. 个人兼职取得的收入应当按照"工资、薪金所得"项目征收个人所得税。　　　( )
3. 个人取得特许权的经济赔偿收入,应当按照"特许权使用费所得"项目征收个人所得税。

　　　　　　　　　　　　　　　　　　　　　　　　　　　　　　　　　　　( )
4. 保险赔款免征个人所得税。　　　　　　　　　　　　　　　　　　　　　　( )
5. 在中国境内有住所,或者无住所但一个纳税年度内在中国境内居住累计满183天的个人,为居民个人。　　　　　　　　　　　　　　　　　　　　　　　　　　　　( )
6. 对个人购买社会福利、有奖募捐奖券,一次中奖收入不超过1万元的,暂免征收个人所得税。　　　　　　　　　　　　　　　　　　　　　　　　　　　　　　　( )
7. 个人办理提前退休手续而取得的一次性补贴收入,应按照办理提前退休手续至法定退休年龄之间的实际年度数平均分摊,确定适用税率和速算扣除数,其单独适用综合所得税率表,计算纳税。　　　　　　　　　　　　　　　　　　　　　　　　　　( )
8. 个人按市场价格出租的、居民住房取得的所得,自2001年1月1日起,暂减按5%的税率征收个人所得税。　　　　　　　　　　　　　　　　　　　　　　　　　　　( )
9. 个人在公司任职、受雇,同时兼任董事、监事的,应将董事费、监事费与个人工资收入合并,统一按"工资、薪金所得"项目缴纳个人所得税。　　　　　　　　　　　　( )
10. 为了有效地行使税收管辖权,我国根据国际惯例以国际上常用的住所标准和居住时间标准,对居民个人和非居民个人进行了划分。　　　　　　　　　　　　　　　( )

项目六 其他税费纳税实务

学习目标

1. 知识目标

掌握各税种的相关规定

掌握各税种的税法知识

2. 能力目标

能正确计算各税种的税费

能填制各税种的纳税申报表

能针对企业的实际情况进行纳税处理

3. 情感目标

能对企业业务进行依法纳税

> **案例导入**
>
> 小李为一实习生,进入宏达企业以进行纳税实务方面的实习。该企业是制造机器设备的,企业财务主管问小李,一般来讲,企业会有哪些税种?

任务一 城市维护建设税和教育费附加

城市维护建设税是以实际缴纳的增值税、消费税税额为计税依据,依法征收的一种税。

一、城市维护建设税

(一)城市维护建设税的纳税人

城市维护建设税的纳税人,是指负有缴纳增值税、消费税义务的单位和个人。其包括国有企业、集体企业、私营企业、股份制企业、其他企业和行政单位、事业单位、军事单位、社会团体、其他单位,个体工商户及其他个人。自2010年12月1日起,我国对外资企业恢复征收城市维护建设税。

(二)城市维护建设税的计税依据

城市维护建设税的计税依据,是指纳税人实际缴纳的增值税和消费税之和。纳税人违反增值税、消费税的有关规定而加收的滞纳金和罚款,是税务机关对纳税人违法行为的经济制裁,不作为城市维护建设税的计税依据。但纳税人在被查补增值税、消费税和被处罚时,应同时对其偷逃的城市维护建设税进行补税、补缴滞纳金和罚款。

(三)城市维护建设税的税率

城市维护建设税的税率,是指纳税人应缴纳的城市维护建设税与纳税人实际缴纳的增值税、消费税税额之间的比例。实行差别比例税率,即按照纳税人所在地的不同,实行了三档地区差别比例税率,具体如表6-1所示。

表6-1 城市维护建设税税率表

纳税人所在地	税率
市区	7%
县城和镇	5%
市区、县城和镇以外的其他地区	1%

城市维护建设税的适用税率,应按纳税人所在地的规定税率执行。但下列两种情况,可按缴纳增值税、消费税所在地的规定税率就地缴纳城市维护建设税:

(1)由受托方代征代扣增值税、消费税的单位和个人,其代收代扣的城市维护建设税按受托方所在地的适用税率计算。

(2)流动经营等无固定纳税地点的单位和个人,在经营期间地缴纳"增值税、消费税"

的,城市维护建设税按经营地的适用税率计算。

(四) 城市维护建设税应纳税额的计算

城市维护建设税纳税人应纳税额,是根据纳税人实际缴纳的增值税和消费税税额计算的。

$$应纳税额 =(实际缴纳增值税税额＋实际缴纳消费税税额)\times 适用税率$$

(五) 城市维护建设税的优惠政策及征收管理

1. 城市维护建设税的征免规定

(1) 对出口产品退还增值税、消费税的,不退还已缴纳的城市维护建设税。

(2) 海关对进口产品代征的增值税、消费税,不征收城市维护建设税。

(3) 对增值税、消费税实行先征后返、先征后退、即征即退办法的,除另有规定外,对随增值税、消费税附征的城市维护建设税,一律不予退(返)还。

2. 城市维护建设税的征收方式

按照规定,城市维护建设税应当与增值税、消费税同时缴纳,其纳税期限和纳税地点也与"增值税、消费税"相同。

(六) 城市维护建设税的纳税申报

城市维护建设税、教育费附加的申报表,如表6-2所示。

表6-2 城市维护建设税 教育费附加申报表

税款所属期限:自　　年　　月　　日至　　年　　月　　日
纳税人识别号(统一社会信用代码):
纳税人名称:　　　　　　　　　　　　　　　　　　金额单位:人民币元(列至角分)

本期是否适用增值税小规模纳税人减征政策（减免性质代码___城市维护建设税:07049901,减免性质代码___教育费附加:61049901,减免性质代码___地方教育附加:99049901）					□是 □否	减征比例___城市维护建设税(%)	
						减征比例___教育费附加(%)	
						减征比例___地方教育附加(%)	

税(费)种	计税(费)依据					税率(征收率)	本期应纳税(费)额	本期减免税(费)额		本期增值税小规模纳税人减征额	本期已缴税(费)额	本期应补(退)税(费)额
	增值税		消费税	营业税	合计			减免性质代码	减免税(费)额			
	一般增值税	免抵税额										
—	1	2	3	4	5=1+2+3+4	6	7=5×6	8	9	10	11	12=7-9-10-11
城建税												
教育费附加												

二、教育费附加及地方教育附加

(一) 教育费附加及地方教育附加

教育费附加和地方教育附加是由税务机关负责征收,同级教育部门统筹安排,同级财政部门监督管理,专门用于发展地方教育事业的预算外资金。

教育费附加和地方教育附加的计税基础与城市建设维护税相同。

（二）教育费附加和地方教育附加的征收率

教育费附加和地方教育附加的征收率分别是3%和2%，与增值税、消费税同时缴纳。

（三）教育费附加和地方教育附加减免政策

免征教育费附加、地方教育附加、水利建设基金的范围，按月纳税的月销售额不超过10万元（按季度纳税的季度销售额不超过30万元）的缴纳义务人，扩大到按月纳税的月销售额不超过10万元。

【做中学6-1】 宏达股份有限公司是一般纳税人，是西安市一家生产服装的企业，2020年5月应纳增值税300万元，计算本月城市维护建设税，教育费附加和地方教育附加。

【解析】 城市维护建设税＝300×7%＝21（万元）

教育费附加＝300×3%＝9（万元）

地方教育附加＝300×2%＝6（万元）

任务二 关 税

关税是指一国海关根据该国法律规定，对通过其关境的进出口货物课征的一种税收。关税在各国一般属于国家最高行政单位指定税率的高级税种。对于对外贸易发达的国家来说，关税往往是国家税收乃至国家财政的主要收入。

一、关税的征税对象与纳税人

（一）关税的征税对象

关税的征税对象是准许进出境的货物和物品。

（二）关税的纳税义务人

关税的纳税义务人包括进口货物的收货人、出口货物的发货人、进出境物品的所有人（包括推定为所有人的人）。

二、关税税率

关税的税率分为进口税率和出口税率两种，进口货物适用何种关税税率是根据进口货物的原产地来定的。

三、关税税率的种类

（1）普通税率。其适用范围：①原产于未与我国共同适用或订立最惠国税率、特惠税率或协定税率的国家或地区的货物；②原产地不明的货物。

（2）最惠国税率。其适用范围：①原产于共同适用最惠国条款的世界贸易组织成员国的货物；②原产于与我国签订最惠国待遇双边协定的国家的货物；③原产于我国的货物。

（3）协定税率。其适用范围：原产于与我国签订含有"关税优惠条款"的区域性贸易协定的国家或地区的进口货物。

(4) 特惠税率。其适用范围：原产于与我国签订含有"特殊关税优惠条款"的国家的货物。

(5) 关税配额税率。其特点：配额与税率结合，配额内税率较低，配额外税率较高。

(6) 暂定税率。其特点：在最惠国税率的基础上，对特殊货物可执行暂定税率。

四、关税的计税依据

关税的计税依据有从价计征、从量计征、复合计征、滑准税等。其中，滑准税是指关税的税率随着进口商品价格的变动而反方向变动的一种税率形式，即"价格越高，税率越低"，税率为比例税率。

五、关税应纳税额

关税应纳税额的计算公式如下：

$$关税应纳税额 = 进口货物数量 \times 单位完税价格 \times 税率$$

六、进口关税的完税价格

一般贸易项下，进口货物的以海关审定的成交价格为基础的到岸价格为完税价格。

1. 应计入完税价格的项目

(1) 进口货物的买方为购买该项货物，向卖方实际支付或应当支付的价格。

(2) 进口人在成交价格外另支付给卖方的佣金。

(3) 货物运抵我国关境内输入地点，起卸前的包装费、运费、保险费和其他劳务费。

(4) 为了在境内生产、制造、使用或出版、发行，而向境外支付的与该进口货物有关的专利、商标、著作权，以及专有技术、计算机软件和资料等费用。

2. 不应计入完税价格的项目（如已计入应予扣除）

(1) 向境外采购代理人支付的买方佣金。

(2) 厂房、机械、设备等货物进口后，由基建、安装、装配、维修和技术服务而产生的费用。

(3) 进口货物运抵境内输入地点，起卸之后的运输费、保险费及其相关费用。

七、关税的优惠政策

法定减免税的情况有以下几点：

(1) 一票货物关税税额、进口环节增值税或者消费税税额在人民币 50 元以下的。

(2) 无商业价值的广告品及样品。

(3) 国际组织、外国政府无偿赠送的物资。

(4) 进出境运输工具装载的途中必需的燃料、物料和饮食用品。

(5) 因故退还的中国出口货物，可以免征进口关税，但已征收的出口关税不予退还。

八、纳税期限

进出口货物的收发货人或者代理人应当在海关签发税款缴款凭证当日起 15 日内，向指定银行缴纳税款;逾期不缴的,除依法追缴外,由海关自到期次日起至缴清税款之日止,按日征收欠缴税款0.05‰的滞纳金。

进出口货物完税后,发现少征或者漏征税款的,海关有权在1年内予以补征;如因收发货人或其代理人违反规定而少征或者漏征税款的,海关在3年内可以追缴。

【做中学6-2】 2019年7月15日,西安雅芝兰化妆品有限公司从美国进口高档化妆品40箱,单价为33 500元。高档化妆品的消费税税率为15%,关税税率为5%,增值税税率为13%。计算该公司的进口应纳税额。

【解析】 关税完税价=33 500×40=1 340 000(元)

应纳关税=1 340 000×5%=67 000(元)

应纳消费税=(1 340 000+67 000)÷(1-15%)×15%=248 294.12(元)

应纳增值税=(1 340 000+67 000+248 294.12)×13%=215 188.24(元)

任务三 资　源　税

2019年8月26日第十三届全国人民代表大会常务委员会第十二次会议通过的《中华人民共和国资源税法》,自2020年9月1日起施行。1993年12月25日国务院发布的《中华人民共和国资源税暂行条例》废止。

一、资源税的纳税人

资源税的纳税人,是指在中华人民共和国领域和中华人民共和国管辖的其他海域开发应税资源的单位和个人。

二、资源税的征税范围

(1) 能源矿产。

(2) 金属矿产。

(3) 非金属矿产。

(4) 水气矿产。

(5) 盐。

三、资源税的税率

资源税税率表,如表6-3所示。

表6-3 资源税税率表

税　　目		征税对象	税　率
能源矿产	原油	原矿	6%
	天然气、页岩气、天然气水合物	原矿	6%

(续表)

税 目			征税对象	税 率
能源矿产	煤		原矿或者选矿	2%～10%
	煤成(层)气		原矿	1%～2%
	铀、钍		原矿	4%
	油页岩、油砂、天然沥青、石煤		原矿或者选矿	1%～4%
	地热		原矿	1%～20%或者每立方米1～30元
金属矿产	黑色金属	铁、锰、铬、钒、钛	原矿或者选矿	1%～9%
	有色金属	铜、铅、锌、锡、镍、锑、镁、钴、铋、汞	原矿或者选矿	2%～10%
		铝土矿	原矿或者选矿	2%～9%
		钨	选矿	6.5%
		钼	选矿	8%
		金、银	原矿或者选矿	2%～6%
		铂、钯、钌、锇、铱、铑	原矿或者选矿	5%～10%
		轻稀土	选矿	7%～12%
		中重稀土	选矿	20%
		铍、锂、锆、锶、铷、铯、铌、钽、锗、镓、铟、铊、铪、铼、镉、硒、碲	原矿或者选矿	2%～10%
非金属矿产	矿物类	高岭土	原矿或者选矿	1%～6%
		石灰岩	原矿或者选矿	1%～6%或者每吨(每立方米)1～10元
		磷	原矿或者选矿	3%～8%
		石墨	原矿或者选矿	3%～12%
		萤石、硫铁矿、自然硫	原矿或者选矿	1%～8%
		天然石英砂、脉石英、粉石英、水晶、工业用金刚石、冰洲石、蓝晶石、硅线石(矽线石)、长石、滑石、刚玉、菱镁矿、颜料矿物、天然碱、芒硝、钠硝石、明矾石、砷、硼、碘、溴、膨润土、硅藻土、陶瓷土、耐火粘土、铁矾土、凹凸棒石粘土、海泡石粘土、伊利石粘土、累托石粘土	原矿或者选矿	1%～12%
		叶蜡石、硅灰石、透辉石、珍珠岩、云母、沸石、重晶石、毒重石、方解石、蛭石、透闪石、工业用电气石、白垩、石棉、蓝石棉、红柱石、石榴子石、石膏	原矿或者选矿	2%～12%
		其他粘土(铸型用粘土、砖瓦用粘土、陶粒用粘土、水泥配料用粘土、水泥配料用红土、水泥配料用黄土、水泥配料用泥岩、保温材料用粘土)	原矿或者选矿	1%～5%或者每吨(每立方米)0.1～5元

(续表)

税 目			征税对象	税率
非金属矿产	岩石类	大理岩、花岗岩、白云岩、石英岩、砂岩、辉绿岩、安山岩、闪长岩、板岩、玄武岩、片麻岩、角闪岩、页岩、浮石、凝灰岩、黑曜岩、霞石正长岩、蛇纹岩、麦饭石、泥灰岩、含钾岩石、含钾砂页岩、天然油石、橄榄岩、松脂岩、粗面岩、辉长岩、辉石岩、正长岩、火山灰、火山渣、泥炭	原矿或者选矿	1%～10%
		砂石	原矿或者选矿	1%～5%或者每吨（每立方米）0.1～5元
	宝玉石类	宝石、玉石、宝石级金刚石、玛瑙、黄玉、碧玺	原矿或者选矿	4%～20%
水气矿产	二氧化碳气、硫化氢气、氦气、氡气		原矿	2%～5%
	矿泉水		原矿	1%～20%或者每立方米1～30元
盐	钠盐、钾盐、镁盐、锂盐		选矿	3%～15%
	天然卤水		原矿	3%～15%或者每吨（或者每立方米）1～10元
	海盐		—	2%～5%

四、资源税税额计征方式

（一）从价计征

实行从价计征的,应纳税额按照应税资源产品（以下简称应税产品）的销售额乘以具体适用税率计算。

（二）从量计征

实行从量计征的,应纳税额按照应税产品的销售数量乘以具体适用税率计算。

【温馨提示】 纳税人开采或者生产不同税目应税产品的,应当分别核算不同税目应税产品的销售额或者销售数量;未分别核算或者不能准确提供不同税目应税产品的销售额或者销售数量的,从高适用税率。

五、资源税应纳税额的计算

（一）从价定率

$$应纳税额 = 销售额 \times 税率$$

【做中学6-3】 宏达公司从事高岭土开采,属于一般纳税人。2020年10月,该公司销售高岭土原矿,取得销售收入20万元(不含运杂费)。计算该公司本月资源税应纳税额。

【解析】 根据本地区资源税税目税率表可知,高岭土的计征方式是从价计征,高岭土原矿税率为4%。

资源税应纳税额 = 销售额 × 税率 = 200 000 × 4% = 8 000(元)

(二) 从量定额——粘土、砂石和部分未列举名称的其他非金属矿产品

应纳税额 = 课税数量 × 单位税额

代扣代缴应纳税额 = 收购未税矿产品的数量 × 适用的单位税额

【做中学6-4】 某公司是矿泉水生产企业,属于一般纳税人。2020年10月,该公司销售矿泉水20 000立方米。计算该公司本月应纳资源税税额。

【解析】 根据本地区资源税税率表可知,矿泉水的计征方式是从量计征,以原矿为征税对象,税率为每立方米5元。

资源税应纳税额 = 20 000 × 5 = 100 000(元)

六、资源税税收优惠

(一) 免征资源税
(1) 开采原油以及在油田范围内运输原油过程中用于加热的原油、天然气。
(2) 煤炭开采企业因安全生产需要抽采的煤成(层)气。

(二) 减征资源税
(1) 从低丰度油田开采的原油、天然气,减征20%资源税。
(2) 高含硫天然气、三次采油和从深水油气田开采的原油、天然气,减征30%资源税。
(3) 稠油、高凝油减征40%资源税。
(4) 从衰竭期矿山开采的矿产品,减征30%资源税。

根据国民经济和社会发展需要,国务院对有利于促进资源节约集约利用、保护环境等情形可以规定免征或者减征资源税,并将其报全国人民代表大会常务委员会备案。

(三) 特殊情形减免
(1) 纳税人开采或者生产应税产品过程中,因意外事故或者自然灾害等遭受重大损失。
(2) 纳税人开采共伴生矿、低品位矿、尾矿。

【温馨提示】 纳税人的免税、减税项目,应当单独核算销售额或者销售数量;未单独核算或者不能准确提供销售额、销售数量的,不予免税或者减税。

七、资源税的征收管理

(一) 纳税义务发生时间

纳税人销售应税产品,纳税义务发生时间为收讫销售款或者取得索取销售款凭据的当日;自用应税产品的,纳税义务发生时间为移送应税产品的当日。

(二) 纳税期限

纳税人按月或者按季申报缴纳的,应当自月度或者季度终了之日起15日内,向税务机关办理纳税申报并缴纳税款;按次申报缴纳的,应当自纳税义务发生之日起15日内,向税务

机关办理纳税申报并缴纳税款。

(三)纳税环节和纳税地点

1. 纳税环节

(1)资源税在应税产品的销售或自用环节计算。以自采原矿加工为精矿产品的,在原矿移送使用时不缴纳资源税,在精矿销售或自用时缴纳资源税。

(2)纳税人以自采原矿加工为金锭的,在金锭销售或自用时缴纳资源税。

2. 纳税地点——开采地、生产地或收购地

(1)凡是缴纳资源税的纳税人,应在矿产品的开采地或者盐的生产地缴纳资源税。

(2)在本省、自治区、直辖市范围开采或生产应税产品,纳税地点需要调整的,由省级税务机关决定。

(3)如纳税人应纳的资源税属于跨省开采,其下属生产单位与核算单位不在同一省、自治区、直辖市的,一律在开采地或生产地纳税。

(4)扣缴义务人扣缴的资源税由收购地主管税务机关缴纳。

八、资源税纳税申报表

资源税纳税申报表,如表6-4所示。

表6-4 资源税纳税申报表

税款所属时间:自　　年　　月　　日至　　年　　月　　日
纳税人识别号(统一社会信用代码):□□□□□□□□□□□□□□□□□□□□
纳税人名称:　　　　　　　　　　　　　　　　　金额单位:人民币元(列至角分)

本期是否适用增值税小规模纳税人减征政策(减免性质代码:06049901)						是□ 否□		减征比例(%)			
税目	子目	折算率或换算比	计量单位	计税销售量	计税销售额	适用税率	本期应纳税额	本期减免税额	本期增值税小规模纳税人减征额	本期已缴税额	本期应补(退)税额
1	2	3	4	5	6	7	8①=6×7 8②=5×7	9	10	11	12=8-9-10-11
合计		—	—		—						

谨声明:本纳税申报表是根据国家税收法律法规及相关规定填报的,是真实的、可靠的、完整的。

　　　　　　　　　　　　　　　　　　　纳税人(签章):　　　　年　月　日

经办人:　　　　　　　　　　　　　　　　受理人:
经办人身份证号:　　　　　　　　　　　　受理税务机关(章):
代理机构签章:　　　　　　　　　　　　　受理日期:　　年　月　日
代理机构统一社会信用代码:

【填表说明】

(1) 本表为资源税纳税申报表主表,适用于缴纳资源税的纳税人填报(另有规定者除外)。本表包括三个附表,分别为资源税纳税申报表附表(一)、附表(二)、附表(三),由开采或生产原矿类、精矿类税目的纳税人以及发生减免税事项的纳税人填写。除"本期已缴税额""本期是否适用增值税小规模纳税人减征政策(减免性质代码:06049901)"需要填写外,纳税人提交附表后,本表由系统自动生成,无需纳税人手工填写,仅需签章确认(特殊情况下,需要手工先填写附表、再填写主表的例外)。

(2) "纳税人识别号(统一社会信用代码)":填报税务机关核发的纳税人识别号或有关部门核发的统一社会信用代码。"纳税人名称":填报营业执照、税务登记证等证件载明的纳税人名称。"税款所属时间"是指纳税人申报的资源税应纳税额的所属时间,应填写具体的起止时间。

(3) "本期是否适用增值税小规模纳税人减征政策(减免性质代码:06049901)":纳税人自增值税一般纳税人按规定转登记为小规模纳税人的,自成为小规模纳税人的当月起适用减征优惠。增值税小规模纳税人按规定登记为一般纳税人的,自一般纳税人生效之日起不再适用减征优惠;增值税年应税销售额超过小规模纳税人标准、应当登记为一般纳税人而未登记,经税务机关通知,逾期仍不办理登记的,自逾期次月起不再适用减征优惠。纳税人本期适用增值税小规模纳税人减征政策的,勾选"是";否则,勾选"否"。

(4) "减征比例(%)":填写当地省级政府根据《关于实施小微企业普惠性税收减免政策的通知》确定的减征比例,系统自动带出。

(5) 第1栏"税目":是指规定的应税产品名称,多个税目的,可增加行次。

(6) 第2栏"子目":反映同一税目下适用税率、折算率或换算比不同的明细项目。子目名称由各省、自治区、直辖市、计划单列市税务机关根据本地区实际情况确定。

(7) 第3栏"折算率或换算比":反映精矿销售额折算为原矿销售额或者原矿销售额换算为精矿销售额的比值。除煤炭折算率由纳税人所在省、自治区、直辖市财政部门或其授权地市级财税部门确定外,其他应税产品的折算率或换算比由当地省级财政部门确定。

(8) 第4栏"计量单位":反映计税销售量的计量单位,如吨、立方米、千克等。

(9) 第5栏"计税销售量":反映计征资源税的应税产品销售数量,包括应税产品实际销售和视同销售两部分。"从价计征"税目计税销售额对应的销售数量,视为计税销售量自动导入到本栏。计税销售量即课税数量。

(10) 第6栏"计税销售额":反映计征资源税的应税产品销售收入,包括应税产品实际销售和视同销售两部分。

(11) 第7栏"适用税率":"从价计征"税目的适用税率为比例税率,如原油资源税率为6%,即填6%;"从量计征"税目的适用税率为定额税率,如某税目为每立方米3元,即填3。

任务四 土地增值税

土地增值税,是指转让国有土地使用权、地上建筑物及其附着物并取得收入的单位和个人,就其转让所取得的增值额征收的一种税。

一、土地增值税的征税范围

(一) 一般规定

(1) 土地增值税只对"转让"国有土地使用权的行为征税,对"出让"国有土地使用权的行为不征税。

(2) 土地增值税既对转让国有土地使用权的行为征税,也对转让地上建筑物及其他附着物产权的行为征税。

(3) 土地增值税只对"有偿转让"的房地产征税,对以"继承、赠与"等方式无偿转让的房地产,不予征税。不予征收土地增值税的行为主要包括两种:①房产所有人、土地使用人将房产、土地使用权赠与"直系亲属或者承担直接赡养义务人"。②房产所有人、土地使用人通过中国境内非营利的社会团体、国家机关将房屋产权、土地使用权赠与教育、民政和其他社会福利、公益事业。

(二)特殊规定

(1) 以房地产进行投资联营一方以土地作价入股进行投资或者作为联营条件,免征收土地增值税。其中如果投资联营的企业从事房地产开发,或者房地产开发企业以其建造的商品房进行投资联营的就不能暂免征税。

(2) 房地产开发企业将开发的房产转为自用或者用于出租等商业用途,如果产权没有发生转移,不征收土地增值税。

(3) 房地产的互换,由于发生了房产转移,因此属于土地增值税的征税范围。但是对于个人之间互换自有居住用房的行为,经过当地税务机关审核,可以免征土地增值税。

(4) 合作建房,对于一方出地,另一方出资金,双方合作建房,建成后按比例分房自用的,暂免征收土地增值税;但建成后转让的,应征收土地增值税。

(5) 房地产的出租,指房产所有者或土地使用者,将房产或土地使用权租赁给承租人使用由承租人向出租人支付租金的行为。房地产企业虽然取得了收入,但没有发生房产产权、土地使用权的转让,因此,不属于土地增值税的征税范围。

(6) 房地产的抵押,指房产所有者或土地使用者作为债务人或第三人向债权人提供不动产作为清偿债务的担保而不转移权属的法律行为。这种情况下房产的产权、土地使用权在抵押期间并没有发生权属的变更,因此对房地产的抵押,在抵押期间不征收土地增值税。

(7) 对被兼并企业将房地产转让到兼并企业中的,免征收土地增值税。

(8) 房地产的代建行为,是指房地产开发公司代客户进行房地产的开发,开发完成后向客户收取代建收入的行为。对于房地产开发公司而言,虽然取得了收入,但没有发生房地产权属的转移,其收入属于劳务收入性质,故不在土地增值税征税范围内。

(9) 房地产的重新评估,按照财政部门的规定,国有企业在清产核资时对房地产进行重新评估而产生的评估增值,因其既没有发生房地产权属的转移,房产产权、土地使用权人也未取得收入,所以不属于土地增值税征税范围。

(10) 土地使用者转让、抵押或置换土地,无论其是否取得了该土地的使用权属证书,无论其在转让、抵押或置换土地过程中是否与对方当事人办理了土地使用权属证书变更登记手续,只要土地使用者享有占用、使用收益或处分该土地的权利,具有合同等证据表明其实质转让、抵押或置换了土地并取得了相应的经济利益,土地使用者及其对方当事人就应当依照税法规定缴纳土地增值税、契税等。

二、土地增值税的税率

土地增值税的征收采用四级超率累进税率。与超额累进税率相比,超率累进税率的累进依据为相对数。

税种的累进依据为增值额与扣除项目金额之间的比率。土地增值税税率表如表 6-5 所示。

表 6-5 土地增值税税率表

级数	增值额与扣除项目金额的比率	税率	速算扣除数
1	不超过 50% 的部分	30%	0
2	超过 50% 至 100% 的部分	40%	5%
3	超过 100% 至 200% 的部分	50%	15%
4	超过 200% 的部分	60%	35%

三、土地增值税应纳税额的计算公式

$$土地增值税 = 增值额 \times 税率 - 扣除项目金额 \times 速算扣除系数$$

$$增值额 = 转让房地产取得的收入 - 扣除项目金额$$

【做中学 6-5】 宏达公司出售办公楼一栋,取得收入 5 000 万元。该办公楼开发成本费用共计 2 000 万元,无其他扣除项目。计算该公司应缴纳的土地增值税。

【解析】 增值额 = 5 000 - 2 000 = 3 000(万元)

增值额 ÷ 扣除项目金额 = 3 000 ÷ 2 000 = 150%

100% < 150% < 200%,适用税率为 50%。

应纳税额 = 3 000 × 50% - 2 000 × 15% = 1 200(万元)

四、土地增值税扣除项目的具体内容

根据《中华人民共和国土地增值税暂行条例》第六条规定,计算增值额的扣除项目有:①取得土地使用权所支付的金额;②开发土地的成本、费用;③新建房及配套设施的成本、费用,或者旧房及建筑物的评估价格;④与转让房地产有关的税金;⑤财政部规定的其他扣除项目。

五、土地增值税的优惠政策

(1)纳税人建造普通标准住宅出售,增值额未超过扣除项目金额 20% 的,予以免税;超过 20% 的,应按全部增值额缴纳土地增值税。

(2)因国家建设需要依法征用、收回的房地产,免征土地增值税。

(3)企事业单位、社会团体以及其他组织转让旧房,以作为廉租住房、经济适用住房房源且增值额未超过扣除项目金额20%的,免征土地增值税。

(4)"居民个人""转让住房"免征土地增值税。

任务五 房 产 税

房产税,是以房产为征税对象,按照房产的计税价值或房产租金收入向房产所有人或经营管理人等征收的一种税。

一、房产税的纳税人

房产的纳税人,是指在我国城市、县城、建制镇和工矿区(不包括农村)内拥有房屋产权的单位和个人,具体包括产权所有人、承典人、房产代管人或者使用人。

(1)产权属于国家所有的,其经营管理的单位为纳税人。

(2)产权属于集体和个人的,集体单位和个人为纳税人。

(3)产权出典的,承典人为纳税人。

(4)产权所有人、承典人均不在房产所在地的,房产代管人或者使用人为纳税人。

(5)产权未确定以及租典纠纷未解决的,房产代管人或者使用人为纳税人。

(6)纳税单位和个人无租使用房产管理部门、免税单位及纳税单位的房产,由使用人代为缴纳房产税。

(7)企业已使用、出租或出借的商品房应按规定征收房产税。

二、房产税的征税范围

房产税的征税范围有:

(1)城市、县城、建制镇和工矿区的房屋,不包括农村。

(2)独立于房屋之外的建筑物,如围墙、烟囱、水塔、室外游泳池等不属于房产税的征税范围。

三、房产税的计税依据

(一)从价计征

从价计征是按房产的原值减除一定比例后的余值计征,其计算公式为:

$$全年应纳税额 = 应税房产原值 \times (1 - 扣除比例) \times 1.2\%$$

【做中学6-6】 宏达公司2019年自有房产原值7 000万元,余值扣除比例为30%。计算该企业的房产税。

【解析】 全年应纳税额=7 000×(1-30%)×1.2%=58.8(万元)。

(二)从租计征

从租计征是按房产的租金收入计征,其计算公式为:

$$全年应纳税额 = (不含增值税)租金收入 \times 12\%$$

【做中学6-7】 宏达公司2019年出租房屋5间,年租金收入为40万元,适用税率为12%。计算其应纳房产税税额。

【解析】 应纳税额＝40×12％＝4.8(万元)

【温馨提示】 个人出租住房,减按4%的税率征收。

四、房产税的优惠政策

(1) 国家机关、人民团体、军队自用的房产,免征房产税。

(2) 由国家财政部门拨付事业经费的单位所有的、本身业务范围内使用的房产,免征房产税。

(3) 宗教寺庙、公园、名胜古迹自用的房产,免征房产税。

(4) 个人所有的、非营业用的房产,免征房产税。

(5) 经财政部批准,减免税的房产有以下几种情况:①危房、毁损不堪居住房屋,停用后免征;②大修理连续停用半年以上,停用期间免征;③基建工地临时房屋,施工期间免征;④租金偏低的公房出租,免征;⑤高校学生公寓,免征;⑥非营利性医疗机构,免征;⑦老年服务机构自用房产,免征;⑧廉租房、公租房,免征;⑨国家机关、军队、人民团体、(财政补助＋经费自理)事业单位、居委会、村委会、体育基金会、体育类民办非企业单位拥有的体育场馆、用于体育活动的房产(用于体育活动的天数不得低于全年自然天数的70%),免征;⑩企业拥有并运营管理的大型体育场馆,其用于体育活动的房产(用于体育活动的天数不得低于全年自然天数的70%),减半征收。

五、房产税的征收管理

(1) 纳税人将原有房产用于生产经营,从生产经营之月起,缴纳房产税。

(2) 纳税人自行新建房屋用于生产经营,从建成之次月起,缴纳房产税。

(3) 纳税人委托施工企业建设的房屋,从办理验收手续之次月起,缴纳房产税。

(4) 纳税人购置新建商品房,自房屋交付使用之次月起,缴纳房产税。

(5) 纳税人购置存量房,自办理房屋权属转移、变更登记手续,房地产权属登记机关签发房屋权属证书之次月起,缴纳房产税。

(6) 纳税人出租、出借房产,自交付出租、出借本企业房产之次月起,缴纳房产税。

(7) 房地产开发企业自用、出租、出借本企业建造的商品房,自房屋使用或交付之次月起,缴纳房产税。

(8) 纳税人因房产的实物或权利状态发生变化而依法终止房产税纳税义务的,其应纳税款的计算应截止到房产的实物或权利状态发生变化的当月末。

六、房产税纳税申报表及填表说明

房产税纳税申报表,如表6-6所示。

表 6-6 房产税纳税申报表

税款所属期:自　　年　　月　　日至　　年　　月　　日

纳税人识别号(统一社会信用代码):□□□□□□□□□□□□□□□□□□

纳税人名称:　　　　　　　　　　　金额单位:人民币元(列至角分);面积单位:平方米

本期是否适用增值税小规模纳税人减征政策(减免性质代码:08049901)	□是 □否	本期适用增值税小规模纳税人减征政策起始时间	年　月	减征比例(%)	
		本期适用增值税小规模纳税人减征政策终止时间	年　月		

一、从价计征房产税

序号	房产编号	房产原值	其中:出租房产原值	计税比例	税率	所属期起	所属期止	本期应纳税额	本期减免税额	本期增值税小规模纳税人减征额	本期已缴税额	本期应补(退)税额
1	*											
2	*											
3	*											
4	*											
5	*											
6	*											
7	*											
8	*											
9	*											
10	*											
合计	*	*	*	*	*	*						

二、从租计征房产税

序号	本期申报租金收入	税率	本期应纳税额	本期减免税额	本期增值税小规模纳税人减征额	本期已缴税额	本期应补(退)税额
1							
2							
3							
合计							

谨声明:本纳税申报表是根据国家税收法律法规及相关规定填报的,是真实的、可靠的、完整的。

　　　　　　　　　　　　　　　　　　纳税人(签章):　　　　　　年　月　日

经办人: 经办人身份证号: 代理机构签章: 代理机构统一社会信用代码:	受理人: 受理税务机关(章): 受理日期:　　年　月　日

【填表说明】

(1) 本表适用于在中华人民共和国境内申报缴纳房产税的单位和个人。

(2) 本表依据《中华人民共和国税收征收管理法》《中华人民共和国房产税暂行条例》制定,为房产税纳税申报表主表。本表包括现行使用的三个附表,附表一为《房产税减免税明细申报表》、附表二为《从价计征房产税税源明细表》、附表三为《从租计征房产税税源明细表》。首次申报或变更申报时纳税人提交《从价计征房产税税源明细表》和《从租计征房产税税源明细表》后,本表除"本期是否适用增值税小规模纳税人减征政策""本期适用增值税小规模纳税人减征政策起始时间"和"本期适用增值税小规模纳税人减征政策终止时间"外,其他数据项由系统自动生成。

(3) 纳税人识别号(统一社会信用代码):填报税务机关核发的纳税人识别号或有关部门核发的统一社会信用代码。

(4) 纳税人名称:填报营业执照、税务登记证等证件载明的纳税人名称。

(5) 本期是否适用增值税小规模纳税人减征政策(减免性质代码:08049901):纳税人在税款所属期内有任意一个月份为增值税小规模纳税人的,勾选"是";否则,勾选"否"。

(6) 本期适用增值税小规模纳税人减征政策起始时间:如果税款所属期内纳税人一直为增值税小规模纳税人,填写税款所属期起始月份;如果税款所属期内纳税人由增值税一般纳税人转登记为增值税小规模纳税人,填写转登记为增值税小规模纳税人的月份。如,税款所属期为2019年1月至6月,按月申报增值税的某企业在2019年2月11日前为增值税一般纳税人,2月11日转登记为增值税小规模纳税人,该企业本期适用增值税小规模纳税人减征政策起始日期为2019年3月,应在本栏填写"2019年3月"。系统默认为税款所属期起始月份,纳税人可以修改。

(7) 本期适用增值税小规模纳税人减征政策终止时间:如果税款所属期内纳税人一直为增值税小规模纳税人,填写税款所属期终止月份;如果税款所属期内纳税人由增值税小规模纳税人转登记为增值税一般纳税人,填写增值税一般纳税人生效之日所在的月份;经税务机关通知,逾期仍不办理增值税一般纳税人登记的,自逾期次月起不再适用减征优惠,填写逾期当月所在的月份。如,税款所属期为2019年1月至6月,某企业在2019年5月1日前为增值税小规模纳税人,5月1日为一般纳税人的生效之日,该企业适用增值税小规模纳税人减征优惠终止日期为2019年4月,应在本栏填写"2019年4月"。如果小规模纳税人状态没有发生变化,系统自动带出终止时间为税款所属期终止月,纳税人可以修改。

(8) 减征比例(%):当地省级政府根据《关于实施小微企业普惠性税收减免政策的通知》确定的减征比例,系统自动带出。

(9) 房产编号*:纳税人不必填写。由税务机关的管理系统赋予编号。

(10) 房产原值:本项为《从价计征房产税税源明细表》相应数据项的汇总值。

(11) 出租房产原值:本项为《从价计征房产税税源明细表》相应数据项的汇总值。

(12) 计税比例:系统应当允许各地自行配置。配置好后,系统预设在表单中。

(13) 税率:系统预设,无需纳税人填写,并允许各地自行配置。从价配置默认1.2%,从租配置默认12%。

(14) 所属期起:税款所属期内税款所属的起始月份。起始月份不同的房产应当分行填写。默认为税款所属期的起始月份。但是,当《从价计征房产税税源明细表》中取得时间晚于税款所属期起始月份的,所属期起为"取得时间"的次月;《从价计征房产税税源明细表》中经核准的困难减免的起始月份晚于税款所属期起始月份的,所属期起为"经核准的困难减免的起始月份";《从价计征房产税税源明细表》中变更类型选择信息项变更的,变更时间晚于税款所属期起始月份的,所属期起为"变更时间"。

(15) 所属期止:税款所属期内税款所属的终止月份。终止月份不同的房产应当分行填写。默认为税款所属期的终止月份。但是,当《从价计征房产税税源明细表》中变更类型选择"纳税义务终止"的,变更时间早于税款所属期终止月份的,所属期止为"变更时间";《从价计征房产税税源明细表》中"经核准的困难减免的终止月份"早于税款所属期终止月份的,所属期止为"经核准的困难减免的终止月份"。

(16) 本期应纳税额、本期减免税额、本期增值税小规模纳税人减征额、本期应补(退)税额计算公式如下。

本期增值税小规模纳税人减征额:

本期增值税小规模纳税人减征额为税款所属期内适用增值税小规模纳税人减征优惠各月减征额的合计。即,

增值税小规模纳税人月减征额=(当月应纳税额-当月减免税额)×减征比例。

系统需逐月判断税款所属期内各个月份是否适用增值税小规模纳税人减征优惠,如果系统判断某月适用减征优惠,则减征比例为各省、自治区、直辖市人民政府确定的减征比例;如果系统判断某月不适用减征优惠,则减征比例为0。

从价计征房产税的相关税额计算公式如下:

本期应纳税额=(房产原值-出租房产原值)×计税比例×税率÷12×(所属期止月份-所属期起月份+1);

本期减免税额=《从价计征房产税税源明细表》中的月减免税额×(所属期止月份-所属期起月份+1);

本期应补(退)税额=本期应纳税额-本期减免税额-本期增值税小规模纳税人减征额-本期已缴税额。

从租计征房产税的相关税额计算公式如下:

本期应纳税额=本期应税租金收入×适用税率;

本期减免税额=《从租计征房产税税源明细表》月中的减免税额×(所属期止月份-所属期起月份+1);

本期应补(退)税额=本期应纳税额-本期减免税额-本期增值税小规模纳税人减征额-本期已缴税额。

(17) 本表一式两份,一份纳税人留存,一份税务机关留存。

任务六 契 税

在中华人民共和国境内承受转移土地、房屋权属的单位和个人为契税的纳税人,其应当依照《中华人民共和国契税法》规定缴纳契税。

一、契税的纳税人

契税的纳税人是指在我国境内"承受"土地、房屋权属转移的单位和个人。其中,境内是指中华人民共和国实际税收管辖的范围内。土地、房屋权属是指土地使用权和房屋所有权。单位是指企事业单位、国家机关、军事单位和社会团体以及其他组织。个人是指个体经营及其他个人,包括中国公民和外籍人员。

二、契税的征税范围

(1) 国有土地使用权出让。

(2)土地使用权转让(包括出售、赠与、交换)。

【温馨提示】 土地使用权转让不包括土地承包经营权和土地经营权的转移。

(3)房屋买卖、赠与、交换。

以作价投资(入股)、偿还债务、划转、奖励等方式转移土地、房屋权属的,应当依照本法规定征收契税。

三、契税的计税依据

(1)国有土地使用权出让、土地使用权出售、房屋买卖以"成交价格"作为计税依据。

(2)土地使用权赠与、房屋赠与,由征税机关参照土地使用权出售、房屋买卖的市场价格确定。

(3)土地使用权交换、房屋交换,为所互换的土地使用权、房屋的差额。

(4)以划拨方式取得的土地使用权,经批准转让房地产时,应以补交的土地使用权出让费用或者土地收益为计税依据。

四、契税的税率

契税的税率为3‰~5‰。契税的具体适用税率,由省、自治区、直辖市人民政府在3‰~5‰的税率幅度内提出,报同级人民代表大会常务委员会决定,并报全国人民代表大会常务委员会和国务院备案。

省、自治区、直辖市可以依照前款规定的程序,对不同主体、不同地区、不同类型的住房的权属转移确定差别税率。

五、契税应纳税额计算

$$应纳税额 = 成交价格(或市场价格或价格差额) \times 契税税率$$

六、契税的优惠政策

(一)契税免征

有下列情形之一的,免征契税:

(1)国家机关、事业单位、社会团体、军事单位承受土地、房屋权属用于办公、教学、医疗、科研、军事设施。

(2)非营利性的学校、医疗机构、社会福利机构承受土地、房屋权属用于办公、教学、医疗、科研、养老、救助。

(3)承受荒山、荒地、荒滩土地使用权用于农、林、牧、渔业生产。

(4)婚姻关系存续期间夫妻之间变更土地、房屋权属。

(5)法定继承人通过继承承受土地、房屋权属。

(6)依照法律规定应当予以免税的外国驻华使馆、领事馆和国际组织驻华代表机构承受土地、房屋权属。

(二) 免征或者减征契税

(1) 因土地、房屋被县级以上人民政府征收、征用,重新承受土地、房屋权属。
(2) 因不可抗力灭失住房,重新承受住房权属。

前款规定的免征或者减征契税的具体办法,由省、自治区、直辖市人民政府提出,报同级人民代表大会常务委员会决定,并报全国人民代表大会常务委员会和国务院备案。

七、契税的纳税义务发生时间

契税纳税义务发生时间,为纳税人签订土地、房屋权属转移合同的当日,或者纳税人取得其他具有土地、房屋权属转移合同性质凭证的当日。

【做中学6-8】 某居民购买房屋,价格为500 000元,契税税率为5%,计算该居民的应纳契税。

【解析】 应缴纳契税=成交价格×5%=500 000×5%=25 000(元)

任务七　城镇土地使用税

城镇土地使用税是以国有土地或集体土地为征税对象,对拥有土地使用权的单位和个人征收的一种税。

一、城镇土地使用税的纳税义务人

纳税义务人是指,在城市、县城、建制镇和工矿区范围内使用土地的单位和个人。单位包括国有企业、集体企业、私营企业、股份制企业、外商投资企业及其他企业和事业单位、社会团体、国家机关、军队及其单位。个人包括个体工商户及其他个人。

具体规定:①拥有土地使用权的单位和个人,为纳税义务人。②拥有城镇土地使用权的单位和个人不在土地所在地的,其土地实际使用人和代理人为纳税义务人。③土地使用权未确定或权属纠纷未解决的,其实际使用人为纳税义务人。④土地使用权共有的,共有各方都是纳税义务人,以共有各方实际使用土地面积占总面积的比例,分别计算城镇土地使用税,由共有各方分别缴纳。

二、城镇土地使用税的征税范围

凡在城市、县城、建制镇和工矿区内的国家所有和集体所有的土地,都属于城镇土地使用税的征税范围。

三、城镇土地使用税的计税依据

城镇土地使用税的计税依据是以纳税人"实际占用"土地面积作为计税依据。

(1) 凡由省、自治区、直辖市人民政府确定的单位组织测定土地面积的,以测定的土地面积为准。

（2）尚未组织测量，但纳税人持有政府部门核发的土地使用权证书的，以证书确认的土地面积为准。

（3）尚未核发土地使用权证书的，应当由纳税人申报土地面积，据以纳税，待核发土地使用证以后再作调整。

四、城镇土地使用税的税率

城镇土地使用税的税率实行有幅度的定额税率。经济落后地区，税额可适当降低，但降低额不得超过税率表中规定的最低税额30%。经济发达地区的适用税额可适当提高，但需报财政部批准。

五、城镇土地使用税应纳税额的计算

城镇土地使用税应纳税额的计算公式如下：

$$全年应纳税额 = 实际占用应税土地面积（平方米）\times 适用税额$$

六、城镇土地使用税的优惠政策

（一）法定免缴土地使用税的优惠

以下国家预算收支单位的自用地免税：

（1）国家机关、人民团体、军队自用的土地。

（2）由国家财政部门拨付事业经费的单位自用的土地。

（3）宗教寺庙、公园、名胜古迹自用的土地。

（4）市政街道、广场、绿化地带等公共用地。

（5）直接用于农、林、牧、渔业的生产用地。

（6）经批准开山填海整治的土地和改造的废弃土地，从使用的月份起免缴城镇土地使用税5年至10年。

（7）由财政部另行规定免税的能源、交通、水利设施用地和其他用地。

（8）企业办的学校、医院、托儿所、幼儿园，其用地能与企业其他用地明确区分的，免征城镇土地使用税。

（9）免税单位无偿使用纳税单位的土地，免征城镇土地使用税。纳税单位无偿使用免税单位的土地，纳税单位应照章缴纳城镇土地使用税。纳税单位与免税单位共同使用、共有使用权土地上的多层建筑，对纳税单位可按其占用的建筑面积占建筑总面积的比例计征城镇土地使用税。

（10）对行使国家行政管理职能的中国人民银行总行（含国家外汇管理局）所属分支机构自用的土地，免征城镇土地使用税。

（11）对石油、电力、煤炭等能源用地，民用港口、铁路等交通用地和水利设施用地，三线调整企业、盐业、采石场、邮电等一些特殊用地划分了征免税界限和给予政策性减免税照顾：①对石油天然气生产建设中用于地下勘探、钻井、井下作业、油气田地面工程等施工临时用地暂免征收城镇土地使用税；②对企业的铁路专用线、公路等用地，在厂区以外、与社会公用

地段未加隔离的,暂免征收城镇土地使用税;③对企业厂区以外的公共绿化用地和向社会开放的公园用地,暂免征收城镇土地使用税;④对盐场的盐滩、盐矿的矿井用地,暂免征收城镇土地使用税。

(12) 自2016年1月1日至2018年12月31日,对专门经营农产品的农产品批发市场、农贸市场使用的房产、土地,暂免征收房产税和城镇土地使用税。

(13) 自2017年1月1日至2019年12月31日,对物流企业自有的(包括自用和出租)大宗商品仓储设施用地,减按所属土地等级适用税额标准的50%计征土地使用税。

(二) 由省、自治区、直辖市税务局确定的减免税项目

(1) 个人所有的居住房屋及院落用地。

(2) 房产管理部门在房租调整改革前经租的居民住房用地。

(3) 免税单位职工家属的宿舍用地。

(4) 集体和个人办的各类学校、医院、托儿所、幼儿园用地。

七、城镇土地使用税的征收管理

(一) 城镇土地使用税的纳税期限

城镇土地使用税的计算期是按年计算,分期缴纳。缴纳期限由省、自治区、直辖市人民政府确定。

(二) 城镇土地使用税纳税义务发生时间

(1) 纳税人购置的新建商品房,自房屋交付使用的次月起,缴纳城镇土地使用税。

(2) 纳税人购置存量房,自办理房屋权属转移、变更登记手续,房地产权属登记机关签发房屋权属证书的次月起,缴纳城镇土地使用税。

(3) 纳税人出租出借房屋(由房屋所有人缴纳),自交付出租、出借房产之次月起,缴纳城镇土地使用税。

(4) 以出让或转让方式有偿取得土地使用权的,应由受让方从合同约定交付土地时间的次月起缴纳城镇土地使用税,合同未约定交付时间的,由受让方从合同签订的次月起缴纳。

(5) 纳税人新征用的耕地,自批准征用之月起满1年时缴纳城镇土地使用税。

(6) 纳税人新征用的非耕地,自批准征用次月起缴纳城镇土地使用税。

【做中学6-9】 宏远公司实际占地20 000平方米。由于经营规模扩大,年初该公司又受让了一块尚未办理土地使用证的土地4 000平方米,公司按其当年开发使用的3 000平方米土地面积进行申报纳税。以上土地均适用每平方米2元的城镇土地使用税税率。计算该公司当年应缴纳的城镇土地使用税。

【解析】 应纳税额=(20 000+3 000)×2=46 000(元)

(三) 城镇土地使用税申报表及填表说明

城镇土地使用税申报表,如表6-7所示。

表 6-7　城镇土地使用税纳税申报表

税款所属期：自　　年　　月　　日至　　年　　月　　日
纳税人识别号(统一社会信用代码)：□□□□□□□□□□□□□□□□□□□□
纳税人名称：　　　　　　　　　　　　金额单位：人民币元(列至角分)；　面积单位：平方米

本期是否适用增值税小规模纳税人减征政策(减免性质代码：10049901)	□是 □否	本期适用增值税小规模纳税人减征政策起始时间	年　月	减征比例(%)	
		本期适用增值税小规模纳税人减征政策终止时间	年　月		
联系人				联系方式	

	土地编号	宗地的地号	土地等级	税额标准	土地总面积	所属期起	所属期止	本期应纳税额	本期减免税额	本期增值税小规模纳税人减征额	本期已缴税额	本期应补(退)税额
申报纳税信息	*											
	*											
	*											
	*											
	*											
	*											
	*											
	合计			*		*	*					

谨声明：本纳税申报表是根据国家税收法律法规及相关规定填报的，是真实的、可靠的、完整的。
　　　　　　　　　　　　　　　　　　　　　　　　　　　　纳税人(签章)：　　　　　　年　月　日

经办人： 经办人身份证号： 代理机构签章： 代理机构统一社会信用代码：	受理人： 受理税务机关(章)： 受理日期：　　年　月　日

【填表说明】

(1) 本表适用于在中华人民共和国境内申报缴纳城镇土地使用税的单位和个人。

(2) 本表为城镇土地使用税纳税申报表主表，依据《中华人民共和国税收征收管理法》《中华人民共和国城镇土地使用税暂行条例》制定。本表包括现行使用的两个附表，附表一为《城镇土地使用税减免税明细申报表》，附表二为《城镇土地使用税税源明细表》。首次申报或变更申报时纳税人提交《城镇土地使用税税源明细表》后，本表除"本期是否适用增值税小规模纳税人减征政策""本期适用增值税小规模纳税人减征政策起始时间"和"本期适用增值税小规模纳税人减征政策终止时间"外，其他数据项由系统自动生成。

(3) 纳税人识别号(统一社会信用代码)：填报税务机关核发的纳税人识别号或有关部门核发的统一社会信用代码。

(4) 纳税人名称：填报营业执照、税务登记证等证件载明的纳税人名称。

(5) 本期是否适用增值税小规模纳税人减征政策(减免性质代码:10049901):纳税人在税款所属期内有任意一个月份为增值税小规模纳税人的,勾选"是";否则,勾选"否"。

(6) 本期适用增值税小规模纳税人减征政策起始时间:如果税款所属期内纳税人一直为增值税小规模纳税人,填写税款所属期起始月份;如果税款所属期内纳税人由增值税一般纳税人转登记为增值税小规模纳税人,填写成为增值税小规模纳税人的月份。如,税款所属期为2019年1月至6月,按月申报增值税的某企业在2019年2月11日前为增值税一般纳税人,2月11日转登记为增值税小规模纳税人,该企业本期适用增值税小规模纳税人减征政策起始日期为2019年3月,应在本栏填写"2019年3月"。如果小规模纳税人状态没有发生变化,系统默认为税款所属期起始月份,纳税人可以修改。

(7) 本期适用增值税小规模纳税人减征政策终止时间:如果税款所属期内纳税人一直为增值税小规模纳税人,填写税款所属终止月份;如果税款所属期内纳税人由增值税小规模纳税人登记为增值税一般纳税人,填写增值税一般纳税人生效之日的上月;经税务机关通知,逾期仍不办理增值税一般纳税人登记的,自逾期次月起不再适用减征优惠,填写逾期当月所在的月份。如,税款所属期为2019年1月至6月,某企业在2019年5月1日前为增值税小规模纳税人,5月1日为一般纳税人的生效之日,该企业适用增值税小规模纳税人减征优惠终止日期为2019年4月,应在本栏填写"2019年4月"。如果小规模纳税人状态没有发生变化,系统默认终止时间为税款所属期终止月份,纳税人可以修改。

(8) 减征比例(%):系统自动带出,纳税人不必填写。

(9) 土地编号*:纳税人不必填写,由税务机关的管理系统赋予编号。

(10) 宗地的地号:土地权属证书记载的地号。不同地号的土地应当分行填写。无地号的,不同的宗地也应当分行填写。

(11) 土地等级(必填):根据本地区关于土地等级的有关规定,填写纳税人占用土地所属的土地的等级。不同土地等级的土地,应当按照各个土地等级汇总填写。

(12) 税额标准:根据土地等级确定,可由税务机关系统自动带出。

(13) 土地总面积(必填):此面积为全部面积,包括减免税面积。本项为《城镇土地使用税税源明细表》中"占用土地面积"的汇总值。

(14) 所属期起:税款所属期内税款所属的起始月份。起始月份不同的土地应当分行填写。默认为税款所属期的起始月份。但是,当《城镇土地使用税税源明细表》中土地取得时间晚于税款所属期起始月份的,所属期起为"取得时间"的次月;《城镇土地使用税税源明细表》中经核准的困难减免的起始月份晚于税款所属期起始月份的,所属期起为"减免的起始月份";《城镇土地使用税税源明细表》中变更类型选择信息项变更的,变更时间晚于税款所属期起始月份的,所属期起为"变更时间"。

(15) 所属期止:税款所属期内税款所属的终止月份。终止月份不同的土地应当分行填写。默认为税款所属期的终止月份。但是,当《城镇土地使用税税源明细表》中变更类型选择"纳税义务终止"的,变更时间早于税款所属期终止月份的,所属期止为"变更时间";《城镇土地使用税税源明细表》中"经核准的困难减免的终止月份"早于税款所属期终止月份的,所属期止为"经核准的困难减免的终止月份"。

(16) 本期应纳税额:根据《城镇土地使用税税源明细表》中有关数据项自动计算生成。本期应纳税额=占用土地面积×税额标准÷12×(所属期止月份－所属期起月份＋1)。

(17) 本期增值税小规模纳税人减征额:为税款所属期内适用增值税小规模纳税人减征优惠各月减征额的合计,增值税小规模纳税人月减征额=(当月应纳税额－当月减免税额)×减征比例。

系统需逐月判断税款所属期内各个月份是否适用增值税小规模纳税人减征优惠,如果系统判断某月适用减征优惠,则减征比例为各省、自治区、直辖市人民政府确定的减征比例;如果系统判断某月不适用减征优惠,则减征比例为0。

(18) 本期减免税额=《城镇土地使用税税源明细表》中的月减免税额×(所属期止月份－所属期起月份＋1)。

(19) 本期应补(退)税额＝本期应纳税额－本期减免税额－本期增值税小规模纳税人减征额－本期已缴税额。

(20) 本表一式两份,一份纳税人留存,一份税务机关留存。

任务八　耕地占用税

一、耕地占用税纳税人

在中华人民共和国境内占用耕地建设建筑物、构筑物或者从事非农业建设的单位和个人,为耕地占用税的纳税人,其应当缴纳耕地占用税。

【温馨提示】　占用耕地用来建设农田水利设施的,不缴纳耕地占用税。耕地是指用于种植农作物的土地。

二、耕地占用税计税依据

耕地占用税是以纳税人实际占用的耕地面积为计税依据,按照规定的适用税额一次性征收。

三、耕地占用税应纳税额

耕地占用税应纳税额计算公式:

$$应纳税额 = 纳税人实际占用的耕地面积(平方米) \times 适用税额$$

四、耕地占用税税率

在我们国家,耕地占用税税率实行地区差别定额税率:

(1) 人均耕地不超过 1 亩的地区(以县级行政区域为单位,下同),每平方米为 10 元至 50 元。

(2) 人均耕地超过 1 亩但不超过 2 亩的地区,每平方米为 8 元至 40 元。

(3) 人均耕地超过 2 亩但不超过 3 亩的地区,每平方米为 6 元至 30 元。

(4) 人均耕地超过 3 亩的地区,每平方米为 5 元至 25 元。

国务院财政、税务主管部门根据人均耕地面积和经济发展情况确定各省、自治区、直辖市的平均税额。

各地适用税额,由省、自治区、直辖市人民政府在上述第(1)项的税额幅度内,根据本地区情况核定。各省、自治区、直辖市人民政府核定的适用税额的平均水平,不得低于上述第(2)项规定的平均税额。

五、耕地占用税收减免政策

(1) 军事设施、学校、幼儿园、社会福利机构、医疗机构占用耕地,免征耕地占用税。

铁路线路、公路线路、飞机场跑道、停机坪、港口、航道、水利工程占用耕地,减按每平方米 2 元的税额征收耕地占用税。

（2）农村居民在规定用地标准以内占用耕地新建自用住宅，按照当地适用税额减半征收耕地占用税；其中农村居民经批准搬迁，新建自用住宅占用耕地不超过原宅基地面积的部分，免征耕地占用税。

（3）农村烈士遗属、因公牺牲军人遗属、残疾军人以及符合农村最低生活保障条件的农村居民，在规定用地标准以内新建自用住宅，免征耕地占用税。

（4）根据国民经济和社会发展的需要，国务院可以规定免征或者减征耕地占用税的其他情形，报全国人民代表大会常务委员会备案。

（5）免征或者减征耕地占用税后，纳税人改变原占地用途，不再属于免征或者减征耕地占用税情形的，应当按照当地适用税额补缴耕地占用税。

（6）占用农用地建设直接为农业生产服务的生产设施的，不缴纳耕地占用税。

六、耕地占用税的征收

在我们国家，耕地占用税征收由税务机关负责征收。

七、纳税义务发生时间和税款缴纳时间

耕地占用税的纳税义务发生时间，为纳税人收到自然资源主管部门办理占用耕地手续的书面通知的当日。纳税人应当自纳税义务发生之日起30日内申报缴纳耕地占用税。

八、其他规定

纳税人因建设项目施工或者地质勘查临时占用耕地，应当依照本法的规定缴纳耕地占用税。纳税人在批准临时占用耕地期满之日起1年内依法复垦，恢复种植条件的，全额退还已经缴纳的耕地占用税。占用规定的农用地的，适用税额可以适当低于本地区的适用税额，但降低的部分不得超过50%。

具体适用税额由省、自治区、直辖市人民政府提出，报同级人民代表大会常务委员会决定，并报全国人民代表大会常务委员会和国务院备案。

【做中学6-10】 蓝田县湟源房地产开发公司占用耕地20 000平方米用于住宅建设。其中，以4 000平方米建设一所小学，已知该项耕地占用税为每平方米22元。计算该县税务局对房地产公司征收的耕地占用税税额。

【解析】 应征收的耕地占用税＝16 000×22＝352 000（元）

【做中学6-11】 某农户有一处苗圃，占地1 000平方米。2020年3月，该农户将其中的900平方米改造成玫瑰园，其余100平方米建造住宅。已知该地区使用的耕地占用税的定额为每平方米30元，计算该农户应缴纳的耕地占用税税额。

【解析】 应缴纳的耕地占用税＝100×30×50%＝1 500（元）

【温馨提示】 农村居民占用耕地新建住宅的，应按照当地使用税额减半征收耕地占用税。

九、耕地占用税纳税申报表

耕地占用税纳税申报表，如表6-8所示。

表6-8 耕地占用税纳税申报表

申报日期：　　　　　　　　　　　金额单位：人民币元（列至角分）；面积单位：平方米

纳税人识别号（统一社会信用代码）：　　　　　　　　　　　纳税人名称：

土地占用信息	占地方式	□1. 经批准按批次转用　□2. 经批准单独选址转用　□3. 经批准临时占用　□4. 未批先占						
	项目（批次）名称	批准占地部门	批准占地文号	经批准占地面积	书面通知日期（或经批准改变原占地用途日期）	批准时间		
	实际占地日期（或未经批准改变原占地用途日期）					损毁耕地认定日期		
损毁耕地	□挖损　□采矿塌陷　□压占　□污染							
	本期是否适用增值税小规模纳税人减征政策（减免性质代码：14049901） □是 □否							
申报计征税信息	*税款所属期起	*税款所属期止	*征收品目	计税面积	适用税额	计征税额	减免性质代码	减征比例（%）
	*占地位置	*占地用途	税源编号	其中：减税面积	免税面积	减税税额	免税税额	本期增值税小规模纳税人减征额
								已缴税额
								应补（退）税额
合计								

声明：本纳税申报表是根据国家税收法律法规及相关规定填报的，是真实的、可靠的、完整的。

纳税人（签章）：　　　　　　　　　　　　　　年　月　日

经办人：　　　　　　　　　　受理人：

经办人身份证号：　　　　　　受理税务机关（章）：

代理机构签章：　　　　　　　受理日期：　　　年　月　日

代理机构统一社会信用代码：

【填表说明】

一、本表依据《中华人民共和国税收征收管理法》、《中华人民共和国耕地占用税法》及其实施办法制定。

二、本申报表适用于在中华人民共和国境内占用耕地建设建筑物、构筑物或者从事非农业建设的单位和个人。耕地占用税纳税人应当在纳税义务发生之日起30日内填报本表,向耕地所在地税务机关申报纳税。

三、纳税人识别号(统一社会信用代码):填报税务机关核发的纳税人识别号或有关部门核发的统一社会信用代码。

四、纳税人名称:填报营业执照、税务登记证等证件载明的纳税人名称。

五、土地占用信息:

1. 占地方式:根据实际情况选择"经批准按批次转用"、"经批准单独选址转用"、"经批准临时占地"、"未批先占"四项之一,限选一项。当选择"经批准按批次转用"、"经批准单独选址转用"、"经批准临时占地"三项时,项目(批次)名称、批准占地文号、批准占地部门、经批准占地面积、书面通知日期(或经批准改变原占地用途日期)、批准时间为必填项;选择"未批先占"时,实际占地日期(或未经批准改变原占地用途日期)为必填项。占地方式选择"损毁耕地",依发生情况选填,可多选:挖损、采矿塌陷、压占、污染。

2. 项目(批次)名称:按照政府农用地转用审批文件中标明的项目或批次名称填写。

3. 批准占地文号:批准占地的农用地转用文件的文号。

4. 批准占地部门:批准占地的审批农用地转用的政府部门名称。

5. 经批准占地面积:政府农用地转用审批文件中批准的农用地转用面积。

6. 书面通知日期(或经批准改变原占地用途日期):书面通知日期是指纳税人收到自然资源主管部门办理占用耕地手续的书面通知的当日;经批准改变原占地用途日期是指纳税人收到经批准改变原占地用途的批准文件的当日。

7. 批准时间:填写政府农用地转用审批文件的批准日期。

8. 实际占地日期(或未经批准改变原占地用途日期):实际占地日期是按照《实施办法》第二十七条规定自然资源主管部门认定的纳税人实际占用耕地的当日;未经批准改变原占地用途日期是指未经批准改变原占地用途的,经自然资源主管部门认定的纳税人改变原占地用途的日期。

9. 损毁耕地:按照《实施办法》第十九条确定的挖损、采矿塌陷、压占、污染四项损毁耕地行为进行选择,可多选。

10. 损毁耕地认定日期:《实施办法》第二十七条规定自然资源、农业农村等相关部门认定损毁耕地的日期。

六、申报计税信息:

1. 税款所属期起、所属期止:(1)经批准的,为书面通知日期(或经批准改变原占地用途日期);(2)未经批准的,为实际占地日期(或未经批准改变原占地用途日期);(3)如果填写了损毁耕地认定日期,又填写了书面通知日期(或经批准改变原占地用途日期),按照孰早原则确定;如果填写了损毁耕地认定日期,又填写了实际占地日期(或未经批准改变原占地用途日期)的,默认为损毁耕地认定日期。(4)所属期起、所属期止为同一日。

2. 本期是否适用增值税小规模纳税人减征政策:本期适用则选"是",否则为"否"。勾选为"是"前置条件:只有在"税款所属期起、止"为2019年1月1日以后的,才可以勾选为"是"。

3. 税源编号:无需填写,由系统自动产生,更正申报时关联税源编号。

4. 占地位置:占用应税土地所在的市、县、乡(镇)、村、组、路详细地址位置。

5. 占地用途:(1)经批准占用:土地储备、交通基础设施建设、水利工程、工业建设、商业建设、住宅建设、农村居民建房、军事设施、学校、幼儿园、社会福利机构、医疗机构、其他;(2)未经批准占用:交通基础设施建设、工业建设、商业建设、住宅建设、农村居民建房、军事设施、学校、幼儿园、社会福利机构、医疗机构、其他。

6. 征收品目:按被占用土地的占地类型选择:耕地_基本农田、耕地_非基本农田、园地、林地、草地、农田水利用地、养殖水面、渔业水域滩涂、苇田、其他。

7. 计税面积:按被占用土地的占地位置、占地用途、征收品目划分,填写本条税源对应的应税土地面积,单位为平方米;减税面积:本条税源对应的符合减税政策的占地面积;免税面积:本条税源对应的符合免税政策的占地面积。

8. 适用税额:指该地类在当地适用的单位税额,按征收品目和征收子目对应的单位适用税额填列,由各省税务机关自行配置。

9. 计征税额:计征税额=计税面积×适用税额。如征收品目选择耕地(基本农田)的,计征税额=计税面积×适用税额×150%。

10. 减免性质代码:该项按照国家税务总局制定下发的最新《减免税政策代码目录》中的最细项减免性质代码填写。有减免情况的必填。

11. 减税税额:(1)如征收品目选择耕地(非基本农田):属于铁路线路、公路线路、飞机场跑道、停机坪、港口、航道、水利工程占用耕地情形的,减税税额=减税面积×(适用税额−2元/平方米);属于农村居民在规定用地标准内占用耕地新建自用住宅的,减税税额=减税面积×适用税额×50%。

(2)如征收品目选择耕地(基本农田):属于铁路线路、公路线路、飞机场跑道、停机坪、港口、航道、水利工程占用耕地情形的,减税税额=减税面积×(适用税额×150%−2元/平方米);属于农村居民在规定用地标准内占用耕地新建自用住宅的,减税税额=减税面积×适用税额×150%×50%。

12. 免税税额:属于政策规定的免税情形的,免税税额=免税面积×适用税额。如征收品目选择耕地(基本农田)的,免税税额=免税面积×适用税额×150%。

13. 本期增值税小规模纳税人减征额:反映符合条件的增值税小规模纳税人按减征比例计算的减征额。减征税额=[计征税额−减税税额−免税税额]×减征比例。

14. 已缴税额:本税源前期已缴纳的耕地占用税额。

15. 应补(退)税额=计征税额−减税税额−免税税额−增值税小规模纳税人减征额−已缴税额。

七、本表一式两份,一份纳税人留存,一份税务机关留存。

任务九 车 船 税

车船税,是指对在中国境内的车辆、船舶的所有人或者管理人按照《车船税法》应缴纳的一种税。

一、车船税的纳税人、征税范围和计税依据

(一)车船税的纳税人

车船税的纳税人是指在中华人民共和国境内属于税法规定的车辆、船舶的所有人或者管理人。

(二)征税范围和应纳税额的计算

车船税税目及计算表如表6-9所示。

表 6-9　车船税税目及计算表

税目	计税单位	应纳税额
乘用车、客车和摩托车	辆	辆数×适用年税额
货车、专用作业车和轮式专用机械车（不包括拖拉机）	整备质量（自重）每吨	自重吨位数×适用年税额
机动船舶	净吨位每吨	净吨位数×适用年税额
非机动驳船、拖船	净吨位每吨	净吨位数×适用年税额×50%
游艇	艇身长度每米	艇身长度×适用年税额

注意：购入当年不足 1 年的自纳税义务发生"当月"按月计征。

车船税应纳税额的计算公式：

$$车船税应纳税额 = 应纳税数量 \times 适用税额$$

二、车船税的优惠政策及征收管理

（一）下列车船免征车船税

（1）捕捞、养殖渔船。

（2）军队、武装警察部队专用的车船。

（3）警用车船。

（4）依照法律规定应当予以免税的外国驻华使领馆、国际组织驻华代表机构及其有关人员的车船。

（5）新能源车船。

（6）临时入境的外国车船和香港特别行政区、台湾地区的车船。

（二）减半征收

（1）节约能源车船（1.6 升以下小排量）。

（2）拖船、非机动驳船。

【做中学 6-12】　某运输公司拥有载货汽车 10 辆（货车载重净吨位全部为 10 吨），大客车 20 辆，小客车 10 辆。计算该公司的应纳车船税。（注：载货汽车每吨税额为 90 元，载人大客车每辆年税额为 1 000 元，小客车每辆年税额为 700 元）

【解析】　载货汽车应纳税额＝10×10×90＝9 000（元）

客车应纳税额＝20×1 000＋10×700＝27 000（元）

全年应纳车船税＝9 000＋27 000＝36 000（元）

任务十　车辆购置税

在中华人民共和国境内购置汽车、有轨电车、汽车、挂车、排气量超过 150 毫升的摩托车的单位或个人，应缴纳车辆购置税。

一、车辆购置税纳税人

在中华人民共和国境内购置汽车、有轨电车、汽车、挂车、排气量超过150毫升的摩托车(以下统称应税车辆)的单位和个人,为车辆购置税的纳税人。

二、车辆购置税的征税范围

征税对象:在中华人民共和国境内购置汽车、有轨电车、汽车挂车、排气量超过150毫升的摩托车的单位或个人。购置是指以购买、进口、自产、受赠、获奖或者其他方式取得并自用应税车辆的行为。车辆购置税为一次性征收。已征车辆购置税的车辆,不再对其征收车辆购置税。

三、车辆购置税的税率

车辆购置税的税率为10%。

四、车辆购置税的计税价格

应税车辆的计税价格,按照下列规定确定:①纳税人购买自用应税车辆的计税价格,为纳税人实际支付给销售者的全部价款,不包括增值税税款;②纳税人进口自用应税车辆的计税价格,为关税完税价格加上关税和消费税;③纳税人自产自用应税车辆的计税价格,按照纳税人生产的同类应税车辆的销售价格确定,不包括增值税税款;④纳税人以受赠、获奖或者其他方式取得自用应税车辆的计税价格,按照购置应税车辆时相关凭证载明的价格确定,不包括增值税税款。

五、车辆购置税应纳税额计算

$$应纳税额 = 应税车辆的计税价格 \times 税率$$

六、税收优惠

下列车辆免征车辆购置税:
(1)依照法律规定应当予以免税的外国驻华使馆、领事馆和国际组织驻华机构及其有关人员自用的车辆。
(2)中国人民解放军和中国人民武装警察部队列入装备订货计划的车辆。
(3)悬挂应急救援专用号牌的国家综合性消防救援车辆。
(4)设有固定装置的非运输专用作业车辆。
(5)城市公交企业购置的公共汽电车辆。

根据国民经济和社会发展的需要,国务院可以规定减征或者其他免征车辆购置税的情形,报全国人民代表大会常务委员会备案。

七、车辆购置税的征收机关

纳税人购置应税车辆,应当向车辆登记地的主管税务机关申报缴纳车辆购置税;购置不需要办理车辆登记的应税车辆的,应当向纳税人所在地的主管税务机关申报缴纳车辆购置税。

八、纳税义务发生时间、税款缴纳时间

车辆购置税的纳税义务发生时间为纳税人购置应税车辆的当日。纳税人应当自纳税义务发生之日起60日内申报缴纳车辆购置税。

纳税人应当在向公安机关交通管理部门办理车辆注册登记前,缴纳车辆购置税。

公安机关交通管理部门办理车辆注册登记,应当根据税务机关提供的应税车辆完税或者免税电子信息对纳税人申请登记的车辆信息进行核对,核对无误后依法办理车辆注册登记。

九、其他规定

(1) 免税、减税车辆因转让、改变用途等原因不再属于免税、减税范围的,纳税人应当在办理车辆转移登记或者变更登记前缴纳车辆购置税。计税价格以免税、减税车辆初次办理纳税申报时确定的计税价格为基准,每满1年扣减10%。

(2) 纳税人将已征车辆购置税的车辆退回车辆生产企业或者销售企业的,可以向主管税务机关申请退还车辆购置税。退税额以已缴税款为基准,自缴纳税款之日至申请退税之日,每满1年扣减10%。

【做中学6-13】 王华新购汽车一辆,实际支付购车款226 000元。计算王华应支付的车辆购置税。

【解析】 应付车辆购置税=226 000÷1.13×10%=20 000(元)

任务十一 印 花 税

印花税是对经济活动和经济交往中订立、领受具有法律效力的凭证的行为所征收的一种税,印花税属于行为税。

一、印花税的纳税人

印花税的纳税义务人,是在我国境内订立、领受、使用各应税凭证的单位和个人。具体分为:立合同人、立据人、立账簿人和使用人。

立合同人:合同的当事人。其是指对凭证有直接权利和义务关系的单位和个人,但不包括合同的担保人、证人、鉴定人。各类合同的纳税人是立合同人。

立据人:产权转移书据的纳税人是立据人。其主要是指土地,房屋权属转移过程中的买卖双方的当事人。

立账簿人:营业账簿的纳税人是立账簿人。其是指设立并经营使用营业账簿的单位和个人。

使用人:在国外订立、领受,但在我国境内使用的应税凭证,其纳税人是使用人。

各类电子应税凭证的签订人:以电子形式签订的各类应税凭证的当事人。

二、印花税的征税范围

印花税的征税范围包括:

(1) 借款合同,银行及其他金融组织和借款人(不包括银行同业拆借)所签订的借款合同。

(2) 融资租赁合同,开展融资租赁业务签订的融资租赁合同(含融资性售后回租)。

(3) 买卖合同,包括供应、预购、采购、购销结合及协作、调剂、补偿、贸易等合同。

(4) 承揽合同,包括加工、定做、修缮、修理、印刷、广告、测绘、测试等合同。

(5) 建设工程合同,包括建筑、安装工程承包合同。包括勘察、设计合同。

(6) 运输合同,包括民用航空、铁路运输、海上运输、内河运输、公路运输和联运合同。

(7) 技术合同,包括技术开发、转让、咨询、服务等合同。

(8) 财产租赁合同,包括租赁房屋、船舶、飞机、机动车辆、机械、器具、设备等。

(9) 保管合同。

(10) 仓储合同。

(12) 财产保险合同,包括财产、责任、保证、信用等保险合同。

(13) 产权转移书据,包括财产所有权和版权、商标专用权、专利权、专有技术使用权等转移书据。

(14) 营业账簿,指记载实收资本和资本公积生产经营用账簿账册。

(15) 证券交易,指在依法设立的证券交易所、国务院批准的其他全国性证券交易所转让的公司股票和以股票为基础的存托凭证。

三、印花税的税率

印花税税率有比例税率和定额税率两种,具体如表 6-10 所示。

表 6-10 印花税税目及税率表

税 目		税 率	备 注
合同(指书面合同)	借款合同	借款金额万分之零点五	指银行业金融机构和借款人(不包括同业拆借)的借款合同
	融资租赁合同	租金的万分之零点五	
	买卖合同	价款的万分之三	指动产买卖合同
	承揽合同	报酬的万分之三	
	建设工程合同	价款的万分之三	
	运输合同	运输费用的万分之三	指货运合同荷多式联运合同(不包括管道运输合同)
	技术合同	价款、报酬或者使用费的万分之三	不包括专利权、专有技术使用权转移书据

(续表)

税目		税率	备注
合同（指书面合同）	租赁合同	租金的千分之一	
	保管合同	保管费的千分之一	
	仓储合同	仓储费的千分之一	
	财产保险合同	保险费的千分之一	不包括再保险合同
产权转移书据	土地使用出让书据、土地使用权（土地承包经营权和土地经营权除外）、房屋等建筑物和构筑物所所有权、股权（应缴纳证券交易印花税的除外）、商标专利权、著作权、专利权、专有技术使用权转让书据	价款的万分之五	转让包括买卖（出售）、继承、赠与、互换、分割
营业账簿		实收资本（股本）、资本公积合计金额的万分之二点五	
证券交易		成交金额的千分之一	

【温馨提示】 自2022年7月1日实施。

四、印花税税收优惠

下列凭证免征印花税：①应税凭证的副本或者抄本；②依照法律规定应当予以免税的外国驻华使馆、领事馆和国际组织驻华代表机构为获得馆舍书立的应税凭证；③中国人民解放军、中国人民武装警察部队书立的应税凭证；④农民、家庭农场、农民专业合作社、农村集体经济组织、村民委员会购买农业生产资料或者销售农产品书立的买卖合同和农业保险合同；⑤无息或者贴息借款合同、国际金融组织向中国提供优惠贷款书立的借款合同；⑥财产所有权人将财产赠与政府、学校、社会福利机构、慈善组织书立的产权转移书据；⑦非营利性医疗卫生机构采购药品或者卫生材料书立的买卖合同；⑧个人与电子商务经营者订立的电子订单。

五、印花税应纳税额计算

（一）按比例税率计算应纳税额

$$应纳税额 = 计税金额 \times 适用税率$$

【做中学6-14】 2020年6月5日，大华纺织厂与华沙棉纺厂签订购销合同，采购棉纱100吨，每吨2万元，合同价200万元。请计算该纺织厂应缴纳的印花税税额。

【解析】 印花税 = 2 000 000 × 0.3‰ = 600(元)

（二）按件定额计算应纳税额

$$应纳税额 = 应税凭证数量 \times 单位税额$$

【做中学6-15】 餐饮企业大华美食城在2020年7月20日开业，且当月领取营业执照正、副本各1件,其他营业账簿10件,房屋产权证1件,商标注册证1件。计算该企业应缴纳的印花税税额。

【解析】 印花税＝(1＋1＋1)×5＝15(元)

六、印花税的征收

印花税一般实行就地纳税原则,特殊情况由省、自治区、直辖市人民政府自行确定。纳税申报表如表6-11所示。

表6-11 印花税纳税申报(报告)表

税款所属期限:自　　年　　月　　日至　　年　　月　　日
纳税人识别号(统一社会信用代码):□□□□□□□□□□□□□□□□□□
纳税人名称:　　　　　　　　　　　　　　　　　　　金额单位:人民币元(列至角分)

本期是否适用增值税小规模纳税人减征政策 (减免性质代码:09049901)			□是 □否		减征比例(%)			

| 应税凭证 | 计税金额或件数 | 核定征收 | | 适用税率 | 本期应纳税额 | 本期已缴税额 | 本期减免税额 | | 本期增值税小规模纳税人减征额 | 本期应补(退)税额 |
		核定依据	核定比例				减免性质代码	减免税额		
	1	2	3	4	5=1×4+2×3×4	6	7	8	9	10=5-6-8-9
买卖合同				0.3‰						
融资租赁合同				0.5‰						
建设工程合同				0.3‰						
承揽合同				0.3‰						
运输合同				0.3‰						
技术合同				0.3‰						
仓储合同				1‰						
借款合同				0.05‰						
财产保险合同				1‰						
租赁合同				1‰						
保管合同				0.1‰						
产权转移书据		—		0.5‰						
营业账簿				0.25‰				—		
证券交易				1‰						
合计		—	—	—						

谨声明:本纳税申报表是根据国家税收法律法规及相关规定填报的,是真实的、可靠的、完整的。

　　　　　　　　　　　　　　　　　　　　　　　　纳税人(签章):　　　　年　月　日

经办人: 经办人身份证号: 代理机构签章: 代理机构统一社会信用代码:	受理人: 受理税务机关(章): 受理日期:　　　年　月　日

【填表说明】

1. "纳税人识别号(统一社会信用代码)",填报税务机关核发的纳税人识别号或有关部门核发的统一社会信用代码。"纳税人名称",填报营业执照、税务登记证等证件载明的纳税人名称。

2. 本期是否适用增值税小规模纳税人减征政策(减免税代码:09049901):纳税人自增值税一般纳税人按规定转登记为小规模纳税人的,自成为小规模纳税人的当月起适用减征优惠。增值税小规模纳税人按规定登记为一般纳税人的,自一般纳税人生效之日起不再适用减征优惠;增值税年应税销售额超过小规模纳税人标准应当登记为一般纳税人而未登记,经税务机关通知,逾期仍不办理登记的,自逾期次月起不再适用减征优惠。纳税人本期适用增值税小规模纳税人减征政策的,勾选"是";否则,勾选"否"。

3. 减征比例(%):当地省级政府根据《关于实施小微企业普惠性税收减免政策的通知》确定的减征比例,系统自动带出。

4. 第1栏"计税金额或件数",填写合同、产权转移书据、营业账簿的金额,或权利、许可证照的件数。

5. 第2栏"核定依据",填写核定征收的计税依据。

6. 第3栏"核定比例",填写核定征收的核定比例。

7. 第5栏"本期应纳税额",反映本期按适用税率计算缴纳的应纳税额。计算公式为:$5=1\times 4+2\times 3\times 4$。

8. 第6栏"本期已缴税额",填写本期应纳税额中已经缴纳的部分。

9. 第7栏"减免性质代码",该项按照国家税务总局制定下发的最新《减免税政策代码目录》中的最细项减免性质代码填写。有减免税情况的必填。

10. 第8栏"减免税额",反映本期减免的税额。

11. 第9栏"本期增值税小规模纳税人减征额",反映符合条件的小规模纳税人减征的税额。计算公式为:$9=(5-8)\times$减征比例。

12. 第10栏"本期应补(退)税额",计算公式为:$10=5-6-8-9$。

13. 本表一式两份,一份纳税人留存,一份税务机关留存。

说明:此部分按新税法编制,新税法实施时间为2022年7月1日。

任务十二 烟 叶 税

烟叶税是国家向收购烟叶产品的单位征收的税种,税负由烟草公司负担。烟叶税,是按照收购金额的一定比例征收的一种税,其征收不会增加农民负担。

一、烟叶税的纳税人

烟叶税的纳税人为在中华人民共和国境内收购烟叶的单位(包括受委托收购烟叶的单位)。

二、烟叶税的征税范围

晾晒烟叶(包括名录内和名录外)、烤烟叶。

三、计税依据

烟叶税的计税依据为:烟叶纳税人收购烟叶时实际支付的价款总额。

四、烟叶税的税率

在我国,烟叶税的税率采用比例税率,税率为20%。

五、烟叶税应纳税额计算

烟叶税的应纳税额为纳税人收购烟叶实际支付的价款总额乘以税率。

$$应纳税额 = 收购价 \times (1+10\%) \times 20\%$$

【温馨提示】 实际支付的价款=收购价+补贴款=收购价×(1+10%),价外补贴按烟叶收购价的10%计算。

六、烟叶税的纳税时间

烟叶税的纳税义务发生时间为纳税人收购烟叶的当日。

七、烟叶税的计征

烟叶税实行按月计征,纳税人应当于纳税义务发生月终了之日起15日内申报并缴纳税款。

【做中学6-16】 红山制烟厂为增值税一般纳税人,2019年5月从农民手中收购烟叶,收购价为400 000元。计算该制烟厂应缴纳的烟叶税。

【解析】 应纳烟叶税=400 000×(1+10%)×20%=88 000(元)

任务十三 环境保护税

《环境保护税法》自2018年1月1日起实施,同时停征排污费。直接向中华人民共和国领域和中华人民共和国管辖的其他海域排放应税污染物的企业事业单位和其他生产经营者,需缴纳环境保护税。

一、环境保护税纳税人

直接向我国领域和管辖的其他海域排放应税污染物的企业事业单位和其他生产经营者,为环境保护税纳税人。

应税污染物:本法所规定的大气污染物、水污染物、固体废物和噪声。

有下列情形之一的,不属于直接向环境排放污染物,不缴纳相应污染物的环境保护税:

(1)企业事业单位和其他生产经营者向依法设立的污水集中处理、生活垃圾集中处理场所排放应税污染物的。

(2)企业事业单位和其他生产经营者在符合国家和地方环境保护标准的设施、场所贮存或者处置固体废物的。

二、税目与税率

(一) 税目

环境保护税税目包括大气污染物、水污染物、固体废物和噪声。

(二) 税率

应税大气污染物和水污染物,实行幅度定额税率;固体废物、噪声,实行定额税率。各地具体适用税率,由省级人民政府在规定的税额幅度内提出,报同级人民代表大会常务委员会决定,并报全国人民代表大会常务委员会和国务院备案。

三、计税依据

1. 应税固体废物的计税依据

按照固体废物的排放量确定,固体废物的排放量为当期应税固体废物的产生量减去当期应税固体废物的贮存量、处置量、综合利用量的余额。固体废物的贮存量、处置量,是指在符合国家和地方环境保护标准的设施、场所贮存或者处置的固体废物数量。固体废物的综合利用量,是指按照国家发展和改革委员会、工业和信息化主管部门关于资源综合利用要求以及国家和地方环境保护标准,进行综合利用的固体废物数量。

纳税人有下列情形之一的,以其当期应税固体废物的产生量作为固体废物的排放量:①非法倾倒应税固体废物;②进行虚假纳税申报。

2. 应税大气污染物、水污染物的计税依据

应税大气污染物、水污染物的计税依据,按照污染物排放量折合的污染当量数确定。纳税人有下列情形之一的,以其当期应税大气污染物、水污染物的产生量作为污染物的排放量:

(1) 未依法安装使用污染物自动监测设备,或者未将污染物自动监测设备与环境保护主管部门的监控设备联网。

(2) 损毁或者擅自移动、改变污染物自动监测设备。

(3) 篡改、伪造污染物监测数据。

(4) 通过暗管、渗井、渗坑、灌注、稀释排放或者以不正常运行防治污染设施等方式违法排放应税污染物。

(5) 进行虚假纳税申报。

3. 特别规定

从两个以上排放口排放应税污染物的,对每一排放口排放的应税污染物分别计算环境保护税;纳税人持有排污许可证的,其污染物排放口按照排污许可证载明的污染物排放口确定。

属于环境保护税法规定情形的纳税人,在自行对污染物进行监测后所获取的监测数据,符合国家有关规定和监测规范的,视同环境保护税规定的监测机构出具的监测数据。

四、税收减免

(一) 暂免征税项目

下列情形,暂予免征环境保护税:

(1) 农业生产(不包括规模化养殖)排放应税污染物的。

(2)机动车、铁路机车、非道路移动机械、船舶和航空器等流动污染源排放应税污染物的。

(3)依法设立的城乡污水集中处理、生活垃圾集中处理场所排放相应应税污染物,不超过国家和地方规定的排放标准的。

(4)纳税人综合利用的固体废物,符合国家和地方环境保护标准的。

(5)国务院批准免税的其他情形。

(二)减征税额项目

(1)纳税人排放应税大气污染物或者水污染物的浓度值低于国家和地方规定的污染物排放标准30%的,减按75%征收环境保护税。

(2)纳税人排放应税大气污染物或者水污染物的浓度值低于国家和地方规定的污染物排放标准50%的,减按50%征收环境保护税。

【做中学6-17】 某企业是环境保护税的纳税人,且该企业有一个污水排放口。2020年3月,该企业排放总铅及化合物1 000千克,污染当量值为0.025千克。假定该企业所在省公布的水污染物单位税额为每污染当量8.4元,则该纳税人2020年3月应缴纳的环境保护税为( )。

A. 8 560元 B. 10 500元
C. 189 000元 D. 336 000元

【解析】 D。污染当量数=排放量÷污染当量值=1 000÷0.025=40 000,应纳环境保护税=污染当量数×具体适用税额=40 000×8.4=336 000(元)。

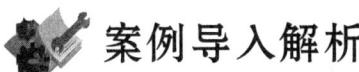

案例导入解析

个人房子转让会涉及增值税、土地增值税、契税、个人所得税、印花税。

(1)增值税:在中华人民共和国境内(以下称境内)销售服务、无形资产或者不动产(以下称应税行为)的单位和个人,为增值税纳税人,应当缴纳增值税。

(2)契税:税率为3%至5%。契税的适用税率,由省、自治区、直辖市人民政府在契税法规定的幅度内,按照本地区的实际情况确定(报财政部和国家税务总局备案)。陕西省的契税税率目前是3%。

自2016年2月22日起,对个人购买家庭唯一住房(家庭成员范围包括购房人、配偶以及未成年子女)、面积为90平方米及以下的,减按1%的税率征收契税;面积为90平方米以上的,减按1.5%的税率征收契税。

自2016年2月22日起,对个人购买家庭第二套改善性住房(指已拥有一套住房的家庭,购买的家庭第二套住房),面积为90平方米及以下的,减按1%的税率征收契税;面积为90平方米以上的,减按2%的税率征收契税

法定继承人(包括配偶、子女、父母、兄弟姐妹、祖父母、外祖父母)继承土地、房屋权属,不征契税,非法定继承人根据遗嘱承受死者生前的土地、房屋权属,属于赠与行为,应征收

契税。

（3）印花税：对个人销售或购买住房暂免征收印花税。

（4）个人所得税：个人转让自用达5年以上、并且是唯一的家庭生活用房取得的所得，暂免征收个人所得税。

（5）土地增值税：对个人销售住房暂免征收土地增值税。

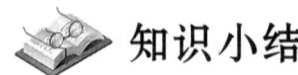

知识小结

本项目介绍了13个税费项目，从税的概念、征税范围、纳税人、税目、税率、税收优惠、纳税期限、纳税时间等方面对税费项目进行了阐述。学生通过学习，能对实际企业的税费项目进行申报缴纳。

职场警示·思政结合

印花税金额事小，企业信用事大

某企业是在2015年设立的，主营业务为室内外装饰装修、建筑幕墙、消防设施等工程，因预缴税款真实性存疑，税务人员对其涉税情况展开了核查。

核查人员在查看纳税人2016—2018年的申报记录时，注意到该纳税人在这三年均无印花税申报记录，不符合常理。

核查人员询问该企业财务人员，签订的建设工程承包合同、财产租赁合同、购销合同等是否有按规定申报印花税。企业人员回复，因公司业务量较小，没有请专业的会计，不知道这些合同需要申报印花税。

核查人员为企业人员详细讲解了《中华人民共和国印花税暂行条例》以及《中华人民共和国印花税暂行条例施行细则》等相关政策文件，告知企业经常会签订的，诸如购销、加工承揽、建设工程承包等具有合同性质的凭证是印花税的应税凭证，并耐心指导企业进行自查补税，最终企业承认自身存在未按规定申报及缴纳印花税的行为，并补缴2016—2018年印花税、滞纳金及罚款。

印花税金额虽小，影响企业纳税信用事大。根据《中华人民共和国印花税暂行条例》，下列凭证为应税凭证：购销、加工承揽、建设工程承包、财产租赁、货物运输、仓储保管、借款、财产保险、技术合同或者具有合同性质的凭证；产权转移书据；营业账簿；权利、许可证照；经财政部确定征税的其他凭证。

企业签订或取得相应应税凭证时，应及时申报并缴纳印花税，避免涉入税务风险。

实战演练

一、单项选择题

1. A公司为一般纳税人，地址在某市市区，则该公司城市维护建设税的税率为（　　）。

    A. 7%　　　　　　B. 5%　　　　　　C. 3%　　　　　　D. 1%
2. A公司是一家生产服装的公司,经营地在某市市区,2020年7月增值税为1 700万元,则该公司的城市维护建设税为(　　)万元。
    A. 119　　　　　B. 85　　　　　C. 51　　　　　D. 17
3. A公司是一家生产服装的公司,2020年7月增值税为1 700万元,A公司的教育费附加为(　　)万元。
    A. 119　　　　　B. 85　　　　　C. 51　　　　　D. 17
4. A公司是一家生产服装的公司,2020年7月增值税为1 700万元,则该公司的地方教育附加为(　　)万元。
    A. 119　　　　　B. 85　　　　　C. 51　　　　　D. 34
5. 西安雅芝兰化妆品有限公司,2020年8月15日从美国进口高档化妆品10箱,单价为40 000元。高档化妆品的消费税税率为15%,关税税率为5%,增值税税率13%。则该公司进口应纳关税税额为(　　)元。
    A. 30 000　　　　B. 20 000　　　　C. 18 000　　　　D. 15 000
6. 下列项目中,免征房产税的是(　　)。
    A. 学校房产　　B. 工商银行房产　　C. 中国石油房产　　D. 宏达公司房产
7. 下列项目中,需要缴纳契税的是(　　)。
    A. 房屋典当　　B. 房屋继承　　C. 房屋买卖　　D. 房屋抵押
8. 环境保护税纳税义务发生时间为(　　)。
    A. 纳税人排放应税污染物的次月
    B. 纳税人排放应税污染物的当日
    C. 纳税人排放应税污染物的当年
    D. 纳税人排放应税污染物的次日
9. 下列各项中,属于印花税纳税人的是(　　)。
    A. 合同担保人　　B. 合同鉴定人　　C. 合同证人　　D. 合同签订人
10. 作为印花税应税凭证的房屋产权证,其纳税人是(　　)。
    A. 建房单位　　B. 持证人　　C. 租房单位　　D. 售房单位
11. 某单位有客车50辆,每辆每年车船税额500元,则车船税额共计(　　)元。
    A. 20 000　　　　B. 23 000　　　　C. 25 000　　　　D. 30 000
12. 下列不需要缴纳车船税的是(　　)。
    A. 军队用车　　B. 政府用车　　C. 公共汽车　　D. 私家车
13. 下列免征土地使用税的是(　　)。
    A. 商业银行用地　　B. 工厂用地　　C. 公园自用地　　D. 高尔夫球场用地
14. 城镇土地使用税的纳税办法为(　　)。
    A. 按日计算,按期缴纳　　　　　B. 按季计算,按期缴纳
    C. 按年计算,按期缴纳　　　　　D. 按年计算,分期缴纳
15. 在我国,烟叶税的税率为(　　)。
    A. 10%　　　　　B. 20%　　　　　C. 30%　　　　　D. 40%

16. 下列项目中,免征车辆购置税的是( )。
    A. 公交车辆　　　B. 私人车辆　　　C. 企业单位用车　　　D. 石油公司用车
17. 印花税属于( )。
    A. 流转税　　　B. 财产税　　　C. 资源税　　　D. 行为税
18. 我国现行土地增值税实行的税率属于( )。
    A. 比例税率　　　B. 超率累进税率　　　C. 定额税率　　　D. 超额累进税率
19. 城市维护建设税纳税人所在地为县城、镇的,其适用的城市维护建设税税率为( )。
    A. 7%　　　B. 5%　　　C. 3%　　　D. 1%
20. 鸿远公司生产服装,经营地在县城,本月缴纳增值税100万元,应缴纳城市维护建设税为( )万元。
    A. 7　　　B. 6　　　C. 5　　　D. 3

二、多项选择题

1. 城市维护建设税的税率有( )。
    A. 7%　　　B. 5%　　　C. 3%　　　D. 1%
2. 教育费附加与地方教育附加以纳税人实际缴纳的( )税额为计征依据。
    A. 增值税
    B. 关税
    C. 消费税
    D. 城市维护建设税
3. 下列免征土地增值税的有( )。
    A. 个人互换自有居住用房地产
    B. 个人转让居住满5年以上的房产
    C. 转让国有土地使用权
    D. 合作建房建成后转让
4. 下列不属于土地增值税征税范围的有( )。
    A. 房地产继承　　　B. 房地产赠与　　　C. 房地产出租　　　D. 房地产抵押
5. 下列各项目中,属于土地增值税的扣除项目中房地产开发成本项目的有( )。
    A. 取得土地使用权支付的金额
    B. 土地征用费
    C. 前期工程费
    D. 房地产开发费用
6. 资源税包括( )。
    A. 原油　　　B. 天然气　　　C. 煤炭　　　D. 海盐
7. 下列免征房产税的有( )。
    A. 区政府自用房产
    B. 海防部队自用房产
    C. 寺庙自用房产
    D. 公园出租房产
8. 房产税的纳税义务人包括( )。
    A. 产权所有人　　　B. 承典人　　　C. 房产代管人　　　D. 房产使用人
9. 房产税实行的计征方式有( )。
    A. 从价计征　　　B. 从租计征　　　C. 从量计征　　　D. 复合计征
10. 下列项目中,免征城镇土地使用税的有( )。
    A. 新城区政府用地
    B. 3145部队自用地

C. 西安工商职业学院自用地　　　　D. 五星中学自用地

11. 下列项目中,免征车船税的有(　　)。
    A. 捕捞渔船　　B. 军队用车　　C. 警用车船　　D. 宏达公司用车
12. 下列项目中,免征印花税的有(　　)。
    A. 合同的副本　　B. 无息贷款合同　　C. 购销合同　　D. 技术合同
13. 契税征税范围包括(　　)。
    A. 国有土地使用权出让　　　　　　B. 土地使用权转让
    C. 房屋买卖　　　　　　　　　　　　D. 房屋赠与
14. 下列项目中,免征或不征契税的有(　　)。
    A. 国有土地使用权转让
    B. 房屋买卖
    C. 区政府承认房屋用于办公
    D. 开垦荒山用于造林
15. 以下项目中,免征环境保护税的有(　　)。
    A. 农业生产排放水污染物
    B. 机动车流动污染源排放应税污染物
    C. 企业生产排放污染物
    D. 煤炭生产企业排放污染物

三、判断题

1. 《环境保护法》规定,农业生产排放应税污染物的,免征环境保护税。　　　(　　)
2. 开垦荒山用于农业生产的要缴纳契税。　　　　　　　　　　　　　　　　　(　　)
3. 应税合同的正本贴花后,副本不用贴花。　　　　　　　　　　　　　　　　(　　)
4. 游艇按照艇身长度计税。　　　　　　　　　　　　　　　　　　　　　　　(　　)
5. 由财政拨款的单位自用土地免征城镇土地使用税。　　　　　　　　　　　(　　)
6. 寺庙内附设的饮食部、茶社等所使用的房产及出租的房产,属于房产税免征的范围。
　　　　　　　　　　　　　　　　　　　　　　　　　　　　　　　　　　(　　)
7. 开采原有过程中用于加热、修井的原油,免征资源税。　　　　　　　　　(　　)
8. 房地产继承不属于土地增值税征收范围。　　　　　　　　　　　　　　　(　　)
9. 因国家建设需要依法征用、收回的房地产,免征土地增值税。　　　　　　(　　)
10. 对出口产品退还增值税、消费税的,退还已缴纳的城市维护建设税。　　(　　)

四、实务处理

1. 天天股份有限公司是一般纳税人,在天津市,主营业务为生产服装,2020年5月缴纳增值税1 000万元。计算该公司5月应缴纳的城市维护建设税、教育费附加和地方教育附加。
2. 雅兰化妆品有限公司,从美国进口高档化妆品40箱,单价为40 000元。高档化妆品的消费税税率为15%,关税税率为5%,增值税税率为13%。计算该公司的进口应纳税额。
3. 开元公司从事高岭土开采,属于一般纳税人。2020年10月,该公司的销售高岭土原矿,取得销售收入 40 万元(不含运杂费)。计算该公司 10 月的应纳资源税。

4. 先锋公司出售办公楼一栋,收入 6 000 万元,该办公楼开发成本费用共计 4 000 万元,无其他扣除项目。计算该公司的应纳土地增值税。

5. 黄河公司 2020 年自有房产原值 7 000 万元,余值扣除比例为 30%。计算该企业的应纳房产税。

6. 某居民购买房屋,价格为 1 000 000 元,契税税率为 5%。请计算该居民的应纳契税。

7. 兴东方公司,实际占地为 10 000 平方米。由于经营规模扩大,年初该公司又受让了一块尚未办理土地使用证的土地,面积为 2 000 平方米,公司按其当年开发使用的 1 000 平方米土地面积进行申报纳税,以上土地均适用每平方米 3 元的城镇土地使用税税率。计算该公司当年的应纳城镇土地使用税。

8. 兴平县湟源房地产开发公司占用耕地 10 000 平方米,用于建设住宅。其中,以 4 000 平方米建设一所小学,已知该项耕地占用税为每平方米 20 元。计算该县税务局对房地产公司征收的耕地占用税。

9. 某运输公司拥有载货汽车 20 辆(货车载重净吨位全部为 10 吨),大客车 20 辆,小客车 10 辆。计算该公司的应纳车船税。(注:载货汽车每吨税额为 90 元,大客车每辆年税额为 1 000 元,小客车每辆年税额为 750 元)

10. 王月新购汽车一辆,实际支付购车款 225 000 元,计算王月应支付的车辆购置税。

11. 新华纺织厂与华沙棉纺厂签订购销合同,采购棉纱 200 吨,每吨 2 万元,合同价为 400 万元。计算该纺织厂的应纳印花税。

12. 红星制烟厂为增值税一般纳税人,2020 年 5 月从农民手中收购烟叶,收购价为 500 000 元。计算该制烟厂的应纳烟叶税。

13. 马世丽股份有限公司是环保税的纳税人,且该企业有一个污水排放口。2020 年 3 月,该企业排放总铅及化合物 2 000 千克,污染当量值为 0.025 千克,假定该企业所在省公布的水污染物单位税额为每污染当量 8.4 元。计算该纳税人 2020 年 3 月应纳的环境保护税。

项目七 纳税申报

 学习目标

1. 知识目标

掌握日常纳税申报表的填制

掌握延期申报表的要求

掌握减免申报表的填制

2. 能力目标

能填制日常纳税申报表

能填制延期申报表

能填制减免申报表

3. 情感目标

提高学生职业素养,培养认真、细致的职业作风

4. 重点难点

日常纳税申报表的填制

案例导入

某机械厂为增值税一般纳税人。2020年5月,当地税务局稽查大队在对其2019年度的纳税申报表、会计报表等有关数据进行审核时,发现该厂2019年度应税销售数量比上年增长了55%,而实现的增值税额却没有同步增长,税负降低了1.2个百分点。稽查大队在查阅会计报表存货结存情况后,发现期初与期末相比差别不太大,从而排除了该单位由于进货量大或积压产品而造成税负降低的可能。请思考以下问题:为什么该厂2019年度的应税销售数量比上年增长,但销售额却没有同步增长?税务局稽查大队是如何识别出该厂存在偷税漏税问题的?

任务一 日常纳税申报

一、纳税申报的含义

纳税申报是指纳税人按照税法规定的期限和内容,向税务机关提交有关纳税事项书面报告的法律行为,是纳税人履行纳税义务、承担法律责任的主要依据,是税务机关税收管理信息的主要来源和税务管理的一项重要制度。

纳税人必须依照法律、行政法规规定,或者税务机关依照法律、行政法规规定的申报期限、申报内容如实办理纳税申报、报送纳税申报表、财务会计报表,以及税务机关根据需要要求纳税人报送的其他纳税资料。

二、日常纳税申报资料

(一)纳税申报应提交的资料

纳税人、扣缴义务人应按照税法或税务机关的规定按时进行纳税申报,提交纳税申报表和财务报表,并根据不同的情况、按税务机关的要求报送以下资料:

(1)与纳税有关的合同、协议书及凭证。

(2)财务会计报表及其说明材料。

(3)外出经营活动税务管理证明和异地完税凭证。

(4)境内或境外公证机关出具的相应证明。

(5)其他资料或证明材料。

(二)纳税申报表

纳税申报表是纳税人、扣缴义务人在纳税申报时必须提交的重要资料。纳税申报表的内容和格式因税种的不同而不同,一般包含了纳税人名称、税款期限、税种、税目、计税依据、税率等。

三、日常纳税申报的形式

纳税申报的形式是指纳税人和扣缴义务人在发生纳税义务和代扣代缴、代收代缴义务时,依据法律法规向税务机关进行纳税申报的方式。其主要有直接申报(自行申报)、邮寄申报和网上申报等形式。

(一)直接申报

直接申报也称自行申报,是指纳税人、扣缴义务人自行到税务机关办理纳税申报或代扣代缴、代收代缴报告表的申报形式。

(二)邮寄申报

邮寄申报,是指纳税人、扣缴义务人经税务机关批准,使用统一的纳税申报特快专递专用信封,通过邮政部门办理邮寄手续,并向邮政部门索取收据以作为申报凭据的方式。邮寄申报以寄出的邮戳日期为实际申报日期。

邮寄申报适用于偏远地区,不方便直接申报、无条件采用其他申报形式的纳税人。

直接申报、邮寄申报流程如图 7-1 所示。

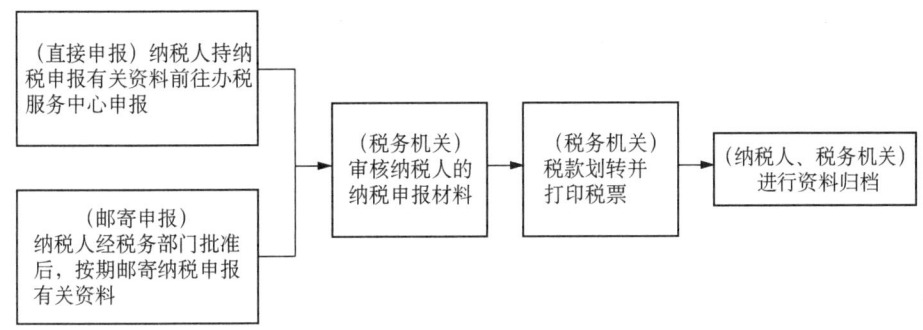

图 7-1 直接申报、邮寄申报流程图

(三)网上申报

网上申报,是指税务机关建立专门的申报网站,纳税人在访问税务机关的网上报税系统,正确填写电子化申报表后,将申报数据传至税务部门服务器,税务机关对这些数据进行处理、储存,并将结果反馈给纳税人的一种申报方式。其流程如图 7-2 所示。

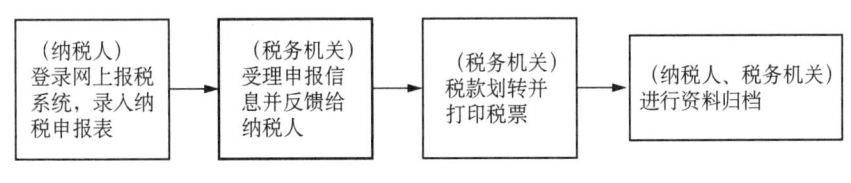

图 7-2 网上申报流程图

任务二 延期申报纳税

纳税人、扣缴义务人因不可抗力,不能按期办理纳税申报或者报送代扣代缴、代收代缴税款报告表的,可以延期办理。但是,纳税人、扣缴义务人应在不可抗力情形消除后立即向税务机关报告,税务机关应当查明事实,予以核准(见图 7-3)。

纳税人到办税服务厅领取延期申报申请核准表(见表 7-1),填写后将申请核准表和税务登记证(副本)交到办税服务厅进行申请。

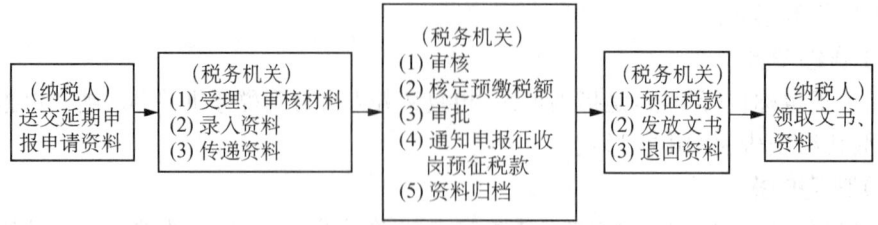

图 7-3 延期申报纳税流程图

表 7-1 延期申报申请核准表

纳税人识别号		纳税人(扣缴义务人)名称	
申请延期申报税种	税款所属时期	规定申报期限	申请延期申报的期限

申请延期申报的理由：

经办人：　　　　法定代表人(负责人)：　　　　纳税人(签章)
　　年　月　日　　　　　年　月　日　　　　　年　月　日

以下由税务机关填写			
核准延期申报期限：　　年　月　日前			
预缴税款核定方式	□上期实际缴纳税额　　□税务机关核定税额		
预缴税种	税　目	税款所属时期	上期实际缴纳税额	核定预缴税额

经办人：　　　　负责人：　　　　税务机关(签章)
　　年　月　日　　　　　年　月　日　　　　　年　月　日

【填写说明】

(1) 申请延期申报的税种：纳税人、扣缴义务人逐项填写，无法正常申报的税种；

(2) 核准延期申报期限：税务机关批准的准予延期申报的截止日期；

(3) 预缴税款核定方式：在所选取核定方式旁的"□"内打"√"；

(4) 核定应纳税种：税务机关批准的纳税人、扣缴义务人申请延期申报的税种；

(5) 核定预缴税额：税务机关核定的纳税人、扣缴义务人预缴税款的税额。

任务三 减免税申报

减免税是国家对某些纳税人(或课税对象)的鼓励或照顾措施。减税是减征部分应纳税款,免税是免征全部应纳税款。减免税的规定是为解决在按税制规定的税率征税时,所遇到的、不能解决的具体问题,是在一定时期内给予纳税人的一种税收优惠,同时也是税收的统一性和灵活性相结合的具体体现。

一、减免税需提供资料

纳税人申请减免税时,必须向主管税务机关提供如下书面资料:
(1)减免税申请报告,包括减免税的依据、范围、年限、金额、企业的基本情况等。
(2)填写相关减免税申请表。
(3)纳税人的财务会计报表。
(4)营业执照和税务登记证件的复印件。
(5)根据不同减免税项目,税务机关要求提供的其他材料。

二、减免税流程

减免税的申报流程如图7-4所示。

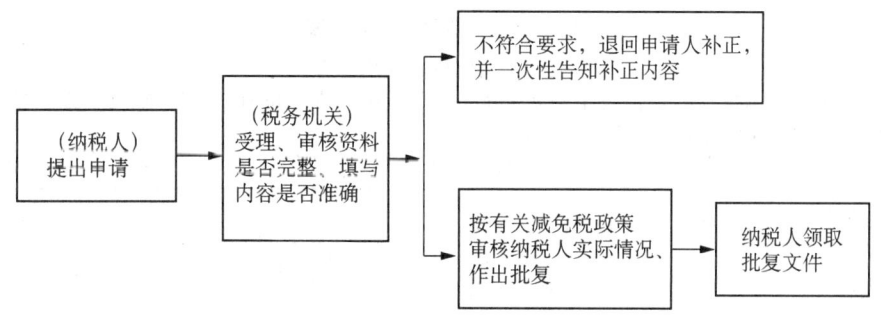

图7-4 减免税申报流程

任务四 纳税申报流程

以增值税网上申报为例,介绍增值税一般纳税人和小规模纳税人的纳税申报流程。

一、增值税一般纳税人的纳税申报

(一)增值税一般纳税人的纳税申报

增值税一般纳税人的纳税申报,是指增值税一般纳税人按照税收法律法规规定或主管税务机关依法确定的申报期限,向主管税务机关办理增值税纳税申报的业务(见图7-5)。

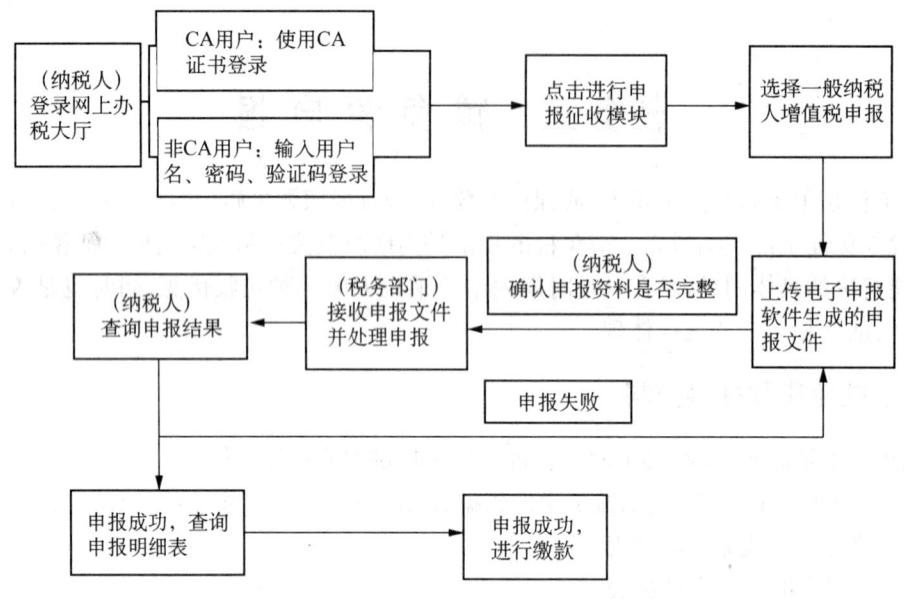

图 7-5 增值税一般纳税人网上申报流程

注：CA 用户，是指数字证书用户。

（二）一般纳税人应提供的资料

(1)《增值税纳税申报表(适用于增值税一般纳税人)》主表(见表 7-2)及附列资料(见表 7-3、表 7-4)。

表 7-2 增值税纳税申报表

（适用于增值税一般纳税人）

根据国家税收法律法规及增值税相关规定制定本表。纳税人不论有无销售额，均应按税务机关核定的纳税期限填写本表，并向当地税务机关申报。

税款所属时间：自 年 月 日至 年 月 日　填表日期：年 月 日　金额单位：元至角分

纳税人识别号									所属行业	
纳税人名称		法定代表人姓名			注册地址			营业地址		
开户银行及账号		企业登记注册类型				电话号码				
项目		栏次	一般货物及劳务		即征即退货物及劳务					
			本月数	本年累计	本月数	本年累计				
销售额	(一) 按适用税率征税货物及劳务销售额	1								
	其中：应税货物销售额	2								
	应税劳务销售额	3								
	纳税检查调整的销售额	4								

(续表)

项目		栏次	一般货物及劳务		即征即退货物及劳务	
			本月数	本年累计	本月数	本年累计
销售额	(二)按简易征收办法征税货物销售额	5				
	其中:纳税检查调整的销售额	6				
	(三)免、抵、退办法出口货物销售额	7			—	—
	(四)免税货物及劳务销售额	8			—	—
	其中:免税货物销售额	9				
	免税劳务销售额	10				
税款计算	销项税额	11				
	进项税额	12				
	上期留抵税额	13				
	进项税额转出	14				
	免抵退货物应退税额	15			—	—
	按适用税率计算的纳税检查应补缴税额	16			—	—
	应抵扣税额合计	17=12+13－14－15+16				
	实际抵扣税额	18(如17＜11,则为17,否则为11)				
	应纳税额	19=11－18				
	期末留抵税额	20=17－18				—
	简易征收办法计算的应纳税额	21				
	按简易征收办法计算的纳税检查应补缴税额	22			—	—
	应纳税额减征额	23				
	应纳税额合计	24=19+21－23				

(续表)

项目		栏次	一般货物及劳务		即征即退货物及劳务	
			本月数	本年累计	本月数	本年累计
税款缴纳	期初未缴税额(多缴为负数)	25				
	实收出口开具专用缴款书退税额	26			—	—
	本期已缴税额	27＝28＋29＋30＋31				
	① 分次预缴税额	28			—	—
	② 出口开具专用缴款书预缴税额	29			—	—
	③ 本期缴纳上期应纳税额	30				
	④ 本期缴纳欠缴税额	31				
	期末未缴税额(多缴为负数)	32＝24＋25＋26－27				
	其中:欠缴税额(≥0)	33＝25＋26－27			—	
	本期应补(退)税额	34＝24－28－29				
	即征即退实际退税额	35				
	期初未缴查补税额	36			—	—
	本期入库查补税额	37			—	—
	期末未缴查补税额	38＝16＋22＋36－37			—	—

授权声明	如果你已委托代理人申报,请填写下列资料: 为代理一切税务事宜,现授权　　　(地址) 为本纳税人的代理申报人,任何与本申报表有关的往来文件,都可寄予此人。 　　　　　　授权人签字:	申报人声明	此纳税申报表是根据《中华人民共和国增值税暂行条例》的规定填报的,我相信它是真实的、可靠的、完整的 　　　　　声明人签字:

以下由税务机关填写:

收到日期:　　　　　　　接收人:　　　　　　　主管税务机关盖章:

表7-3 增值税纳税申报表附列资料（一）
(本期销售情况明细)

纳税人名称：(公章)　　　税款所属时间：　年　月　日至　年　月　日　　　金额单位：元至角分

项目及栏次		开具增值税专用发票		开具其他发票		未开具发票		纳税检查调整		合计		价税合计	服务、不动产和无形资产扣除项目本期实际扣除金额	扣除后	
		销售额	销项(应纳)税额	销售额	销项(应纳)税额	销售额	销项(应纳)税额	销售额	销项(应纳)税额	销售额	销项(应纳)税额			含税(免税)销售额	销项(应纳)税额
		1	2	3	4	5	6	7	8	9=1+3+5+7	10=2+4+6+8	11=9+10	12	13=11-12	14=13÷(100%+税率或征收率)×税率或征收率
一、一般计税方法计税 全部征税项目	16%税率的货物及加工修理修配劳务 1														
	16%税率的服务、不动产和无形资产 2			—	—										
	13%税率 3														
	10%税率的货物及加工修理修配劳务 4a														
	10%税率的服务、不动产和无形资产 4b														
	6%税率 5														

（续表）

项目及栏次		开具增值税专用发票		开具其他发票		未开具发票		纳税检查调整		合计			服务、不动产和无形资产扣除项目本期实际扣除金额	扣除后	
		销售额	销项(应纳)税额	销售额	销项(应纳)税额	销售额	销项(应纳)税额	销售额	销项(应纳)税额	销售额	销项(应纳)税额	价税合计		含税(免税)销售额	销项(应纳)税额
一、一般计税方法计税		1	—	3	—	5	—	7	8	9=1+3+5+7	10=2+4+6+8	11=9+10	12	13=11-12	14=13÷(100%+税率或征收率)×税率或征收率
其中：即征即退项目	即征即退货物及加工修理修配劳务	6			—	—	—	—	—	—		—	—	—	—	—
	即征即退服务、不动产和无形资产	7			—	—	—	—	—	—		—	—	—	—	—
二、简易计税方法计税	6%征收率	8			—	—	—	—	—	—		—	—	—	—	—
全部征税项目	5%征收率的货物及加工修理修配劳务	9a			—	—	—	—	—	—		—	—	—	—	—
	5%征收率的服务、不动产和无形资产	9b			—	—	—	—	—	—		—	—	—	—	—
	4%征收率	10			—	—	—	—	—	—		—	—	—	—	—
	3%征收率的货物及加工修理修配劳务	11			—	—	—	—	—	—		—	—	—	—	—

（续表）

项目及栏次		开具增值税专用发票		开具其他发票		未开具发票		纳税检查调整		合计		价税合计	服务、不动产和无形资产扣除项目本期实际扣除金额	扣除后	
		销售额	销项（应纳）税额	销售额	销项（应纳）税额	销售额	销项（应纳）税额	销售额	销项（应纳）税额	销售额	销项（应纳）税额			含税（免税）销售额	销项（应纳）税额
		1	2	3	4	5	6	7	8	9=1+3+5+7	10=2+4+6+8	11=9+10	12	13=11-12	14=13÷(100%+税率或征收率)×税率或征收率
二、简易计税方法计税	全部征税项目	3%征收率的服务、不动产和无形资产 12														
		预征率% 13a														
		预征率% 13b	—	—	—	—	—	—	—	—					—
		预征率% 13c	—	—	—	—	—	—	—	—					—
	其中：即征即退项目	即征即退货物及加工修理修配劳务 14	—	—	—	—	—	—	—	—					—
		即征即退服务、不动产和无形资产 15	—	—	—	—	—	—	—	—					—
三、免抵退税		货物及加工修理修配劳务 16	—	—	—	—	—	—	—	—				—	—
		服务、不动产和无形资产 17	—	—	—	—	—	—	—	—				—	—
四、免税		货物及加工修理修配劳务 18	—	—	—	—	—	—	—	—				—	—

表 7-4　增值税纳税申报表附列资料(二)

（本期进项税额明细）

纳税人名称:(公章)　　税款所属时间:　　年　月　日至　年　月　日

金额单位:元至角分

一、申报抵扣的进项税额				
项目	栏次	份数	金额	税额
(一)认证相符的增值税专用发票	1＝2＋3			
其中:本期认证相符且本期申报抵扣	2			
前期认证相符且本期申报抵扣	3			
(二)其他扣税凭证	4＝5＋6＋7＋8a＋8b			
其中:海关进口增值税专用缴款书	5			
农产品收购发票或者销售发票	6			
代扣代缴税收缴款凭证	7			
加计扣除农产品进项税额	8a			
其他	8b			
(三)本期用于购建不动产的扣税凭证	9			
(四)本期不动产允许抵扣进项税额	10			
(五)外贸企业进项税额抵扣证明	11			
当期申报抵扣进项税额合计	12＝1＋4－9＋10＋11			

二、进项税额转出额		
项目	栏次	税额
本期进项税额转出额	13＝14至23之和	
其中:免税项目用	14	
集体福利、个人消费	15	
非正常损失	16	
简易计税方法征税项目用	17	
免抵退税办法不得抵扣的进项税额	18	
纳税检查调减进项税额	19	
红字专用发票信息表注明的进项税额	20	
上期留抵税额抵减欠税	21	
上期留抵税额退税	22	
其他应作进项税额转出的情形	23	

(续表)

	三、待抵扣进项税额			
项目	栏次	份数	金额	税额
（一）认证相符的增值税专用发票	24	—	—	—
期初已认证相符但未申报抵扣	25			
本期认证相符且本期未申报抵扣	26			
期末已认证相符但未申报抵扣	27			
其中:按照税法规定不允许抵扣	28			
（二）其他扣税凭证	29＝30至33之和			
其中:海关进口增值税专用缴款书	30			
农产品收购发票或者销售发票	31			
代扣代缴税收缴款凭证	32		—	
其他	33			
	34			

	四、其他			
项目	栏次	份数	金额	税额
本期认证相符的增值税专用发票	35			
代扣代缴税额	36	—	—	

（2）纳税人的财务会计报表。
（3）《固定资产进项税额抵扣情况表》（见表7-5）。
（4）《增值税运输发票抵扣清单》。
（5）《海关完税凭证抵扣清单》。

纳税申报表及其附列资料为必报材料。纳税申报其他资料的报备要求由各省、自治区、直辖市和计划单列市税务部门确定。

表7-5 固定资产进项税额抵扣情况表

纳税人识别号： 纳税人名称(公章)：
填表日期： 年 月 日 金额单位:元至角分

项目	当期申报抵扣的固定资产进项税额	当期申报抵扣的固定资产进项税额累计
增值税专用发票		
海关进口增值税专用缴款书		
合 计		

二、增值税小规模纳税人

增值税小规模纳税人企业纳税申报，是指增值税小规模纳税人企业依照法律法规规定或主管税务机关依法确定的申报期限,向主管税务机关办理增值税纳税申报的业务。

小规模纳税人实行简易征收办法,一般不适用增值税专用发票,因此小规模纳税人的纳税申报表有其特殊性(见表7-6)。

纳税人应提供以下资料:

(1)《增值税纳税申报表(小规模纳税人适用)》。

(2)有税控收款机的纳税人报送税控收款机。

表7-6 增值税纳税申报表

(小规模纳税人适用)

纳税人识别号:□□□□□□□□□□□□□□□□

纳税人名称(公章):   金额单位:元至角分

税款所属期: 年 月 日至 年 月 日   填表日期: 年 月 日

项目		栏次	本期数		本年累计	
			货物及劳务	服务、不动产和无形资产	货物及劳务	服务、不动产和无形资产
一、计税依据	(一)应征增值税不含税销售额(3%征收率)	1				
	税务机关代开的增值税专用发票不含税销售额	2				
	税控器具开具的普通发票不含税销售额	3				
	(二)应征增值税不含税销售额(5%征收率)	4	—		—	
	税务机关代开的增值税专用发票不含税销售额	5	—		—	
	税控器具开具的普通发票不含税销售额	6	—		—	
	(三)销售使用过的固定资产不含税销售额	7(7≥8)		—		—
	其中:税控器具开具的普通发票不含税销售额	8		—		—
	(四)免税销售额	9=10+11+12				
	其中:小微企业免税销售额	10				
	未达起征点销售额	11				
	其他免税销售额	12				
	(五)出口免税销售额	13(13≥14)				
	其中:税控器具开具的普通发票销售额	14				
二、税款计算	本期应纳税额	15				
	本期应纳税额减征额	16				
	本期免税额	17				
	其中:小微企业免税额	18				
	未达起征点免税额	19				

(续表)

项目		栏次	本期数		本年累计	
			货物及劳务	服务、不动产和无形资产	货物及劳务	服务、不动产和无形资产
二、税款计算	应纳税额合计	20＝15－16				
	本期预缴税额	21			—	—
	本期应补(退)税额	22＝20－21			—	—

纳税人或代理人声明：	如纳税人填报，由纳税人填写以下各栏：		
本纳税申报表是根据国家税收法律法规及相关规定填报的，我确定它是真实的、可靠的、完整的。	办税人员：	财务负责人：	
	法定代表人：	联系电话：	
	如委托代理人填报，由代理人填写以下各栏：		
	代理人名称(公章)：		经办人：
	联系电话：		

主管税务机关：　　　　　　接收人：　　　　　　接收日期：

【填表说明】

本纳税申报表及其附列资料填写说明(以下简称本表及填写说明)适用于增值税小规模纳税人(以下简称纳税人)。

一、名词解释

(一)本表及填写说明所称"货物"，是指增值税的应税货物。

(二)本表及填写说明所称"劳务"，是指增值税的应税加工、修理、修配劳务。

(三)本表及填写说明所称"服务、不动产和无形资产"，是指销售服务、不动产和无形资产(以下简称应税行为)。

(四)本表及填写说明所称"扣除项目"，是指纳税人发生应税行为，在确定销售额时，按照有关规定允许其从取得的全部价款和价外费用中扣除价款的项目。

二、《增值税纳税申报表(小规模纳税人适用)》填写说明

本表"货物及劳务"与"服务、不动产和无形资产"各项目应分别填写。

(一)"税款所属期"是指纳税人申报的增值税应纳税额的所属时间，应填写具体的起止年、月、日。

(二)"纳税人识别号"栏，填写纳税人的税务登记证件号码。

(三)"纳税人名称"栏，填写纳税人名称全称。

(四)第1栏"应征增值税不含税销售额(3%征收率)"：填写本期销售货物及劳务、发生应税行为适用3%征收率的不含税销售额，不包括应税行为适用5%征收率的不含税销售额、销售使用过的固定资产和销售旧货的不含税销售额、免税销售额、出口免税销售额、查补销售额。

纳税人发生适用3%征收率的应税行为且有扣除项目的，本栏填写扣除后的不含税销售额，与当期《增值税纳税申报表(小规模纳税人适用)附列资料》第8栏数据一致。

(五)第2栏"税务机关代开的增值税专用发票不含税销售额"：填写税务机关代开的增值税专用发票

销售额合计。

（六）第3栏"税控器具开具的普通发票不含税销售额"：填写税控器具开具的货物及劳务、应税行为的普通发票金额换算的不含税销售额。

（七）第4栏"应征增值税不含税销售额（5%征收率）"：填写本期发生应税行为适用5%征收率的不含税销售额。

纳税人发生适用5%征收率应税行为且有扣除项目的，本栏填写扣除后的不含税销售额，与当期《增值税纳税申报表（小规模纳税人适用）附列资料》第16栏数据一致。

（八）第5栏"税务机关代开的增值税专用发票不含税销售额"：填写税务机关代开的增值税专用发票销售额合计。

（九）第6栏"税控器具开具的普通发票不含税销售额"：填写税控器具开具的发生应税行为的普通发票金额换算的不含税销售额。

（十）第7栏"销售使用过的固定资产不含税销售额"：填写销售自己使用过的固定资产（不含不动产，下同）和销售旧货的不含税销售额，销售额＝含税销售额/(1+3%)。

（十一）第8栏"税控器具开具的普通发票不含税销售额"：填写税控器具开具的销售自己使用过的固定资产和销售旧货的普通发票金额换算的不含税销售额。

（十二）第9栏"免税销售额"：填写销售免征增值税的货物及劳务、应税行为的销售额，不包括出口免税销售额。应税行为有扣除项目的纳税人，填写扣除之前的销售额。

（十三）第10栏"小微企业免税销售额"：填写符合小微企业免征增值税政策的免税销售额，不包括符合其他增值税免税政策的销售额。个体工商户和其他个人不填写本栏次。

（十四）第11栏"未达起征点销售额"：填写个体工商户和其他个人未达起征点（含支持小微企业免征增值税政策）的免税销售额，不包括符合其他增值税免税政策的销售额。本栏次由个体工商户和其他个人填写。

（十五）第12栏"其他免税销售额"：填写销售免征增值税的货物及劳务、应税行为的销售额，不包括符合小微企业免征增值税和未达起征点政策的免税销售额。

（十六）第13栏"出口免税销售额"：填写出口免征增值税货物及劳务、出口免征增值税应税行为的销售额。

应税行为有扣除项目的纳税人，填写扣除之前的销售额。

（十七）第14栏"税控器具开具的普通发票销售额"：填写税控器具开具的出口免征增值税货物及劳务、出口免征增值税应税行为的普通发票销售额。

（十八）第15栏"本期应纳税额"：填写本期按征收率计算缴纳的应纳税额。

（十九）第16栏"本期应纳税额减征额"：填写纳税人本期按照税法规定减征的增值税应纳税额。包括可在增值税应纳税额中全额抵减的增值税税控系统专用设备费用以及技术维护费，可在增值税应纳税额中抵免的购置税控收款机的增值税税额。

当本期减征额小于或等于第15栏"本期应纳税额"时，按本期减征额实际填写；当本期减征额大于第15栏"本期应纳税额"时，按本期第15栏填写，本期减征额不足抵减部分结转下期继续抵减。

（二十）第17栏"本期免税额"：填写纳税人本期增值税免税额，免税额根据第9栏"免税销售额"和征收率计算。

（二十一）第18栏"小微企业免税额"：填写符合小微企业免征增值税政策的增值税免税额，免税额根据第10栏"小微企业免税销售额"和征收率计算。

（二十二）第19栏"未达起征点免税额"：填写个体工商户和其他个人未达起征点（含支持小微企业免征增值税政策）的增值税免税额，免税额根据第11栏"未达起征点销售额"和征收率计算。

（二十三）第21栏"本期预缴税额"：填写纳税人本期预缴的增值税额，但不包括查补缴纳的增值税额。

案例导入解析

税务局稽查大队通过审查该厂2019年度的账簿、凭证及相关纳税资料,发现该厂销往外地的产品的价格下降幅度较大,其中可能存在隐瞒收入问题。

经过进一步审查销售费用,稽查大队发现该厂销售费用在2019年度曾一度出现贷方余额,其借方发生额是该厂销售面粉机械时所支付的运输费用,同时提取了进项税额;贷方发生额是销售面粉机械时向购货方收取的费用,原始单据为运费发票。企业财务负责人称该项运费为企业向购货方收取的代垫运费。但检查人员经过对运输部门所开具的运费发票的审核,发现运费发票是开给该机械厂的,并已按税法规定提取了进项税额;再查阅销售部门的销售合同,发现合同只对到货价格作了规定,运费由销货方支付。

调查至此,企业财务人员承认所谓"代垫运输费用",其实是其自行分离出去的部分销售收入。经最终审核计算,该机械厂全年少计应税销售收入为645 220元。

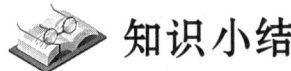

知识小结

(1) 纳税申报是纳税人按照税法规定的期限和内容向税务机关提交的有关纳税事项书面报告的法律行为,是纳税人履行纳税义务、承担法律责任的主要依据,是税务机关税收管理信息的主要来源和税务管理的一项重要制度。纳税人必须依照法律、行政法规或者税务机关规定的申报期限、申报内容如实办理纳税申报、报送纳税申报表、财务会计报表,或者税务机关根据需要要求纳税人报送的其他纳税资料。

(2) 纳税申报的形式是指纳税人和扣缴义务人在发生纳税义务或代扣代缴、代收代缴义务时,依据法律法规规定向税务机关进行纳税申报的方式。主要有直接申报、邮寄申报和网上申报等形式

(3) 纳税人、扣缴义务人因不可抗力,不能按期办理纳税申报或者报送代扣代缴、代收代缴税款报告表的,可以延期办理。但是,应在不可抗力情形消除后立即向税务机关报告,税务机关应当查明事实,予以核准。

(4) 减免税是对某些纳税人或课税对象的鼓励或照顾措施。减税是减征部分应纳税款;免税是免征全部应纳税款。减免税的规定是为了解决按税制规定的税率征税所不能解决的具体问题,是在一定时期内给予纳税人的一种税收优惠,同时也是税收的统一性和灵活性相结合的具体体现。

职场警示·思政结合

"黑名单"制度和联合惩戒制度

张家口市税务局对某汽贸公司进行税收检查,确认企业存在维修(配件)保养收入未申报、出售试驾车未计收入未申报纳税等问题。该局依法将企业行为定性为偷税,并作出追缴

税款、加收滞纳金、罚款共计约447.3万元的处理决定。

对于税务机关的处理决定,该企业全部表示认可。但该企业却表示资金紧张,只能依靠银行贷款勉强营运,很难执行税务机关的处理决定。

按照规定,张家口市税务局将该汽贸公司信息录入重大税收违法案件公布信息系统,在张家口市税务局网站等平台进行曝光,并将企业信息传递给了联合惩戒成员部门。

与此同时,张家口市税务局联合公安机关经侦部门,对企业开展税法宣传,特别是加大对"黑名单"制度和联合惩戒制度的宣传力度。稽查人员向企业负责人表示,对税务机关依法下达追缴通知仍拒不补缴应纳税款、滞纳金或不接受行政处罚的违法企业,税务机关将移交公安机关以立案追诉。税务机关、财政等21个部门已联合制定了《关于对重大税收违法案件当事人实施联合惩戒措施的合作备忘录》,税务机关"黑名单"曝光的涉税违法企业将会受到18项联合惩戒,在招投标、贷款、产品检验等多方面受限,企业人员出行也将受到限制。

经过稽查人员宣讲,该企业负责人认识到了问题的严重性,先行补缴税款约241.2万元。随后筹措资金,缴清了滞纳金约85.7万元和罚款约120.4万元。根据国家税务总局公告相关规定,因企业及时补缴税款、滞纳金和罚款,张家口市税务局经审核决定,将企业信息撤出"黑名单",并通知联合惩戒成员单位停止对其惩戒。

张家口市税务局有关负责人表示,在税收检查过程中和税务稽查案件执行前期,及时对涉税违法纳税人宣讲税收违法"黑名单"制度和联合惩戒制度,可有效防止税务处理决定执行难的情况发生,提高纳税人的税法遵从度。

实战演练

一、单项选择题

1. 税控机动车销售统一发票应填入增值税(　　)栏内。
   A. 专用发票　　　　B. 普通发票　　　　C. 进项税额　　　　D. 销项税额
2. 符合规定条件的增值税税控系统专用设备存在维修更换等情形时,作(　　)申报。
   A. 一般销项税
   B. 一般销项税抵扣
   C. 一般进项税转出
   D. 一般进项税抵扣
3. 一般纳税人需在申报表中填写进项税额结构明细,现有税控系统无法按明细表中的项目导出详细数据,可以通过建立(　　)以进行管理。
   A. 预算管理系统
   B. 核算管理系统
   C. 进项台账
   D. 采购系统
4. 电子纳税申报中,常见的方式包括网上申报和(　　)。
   A. 软盘申报　　　B. 电邮申报　　　C. 系统申报　　　D. 统一申报
5. 增值税申报的方式不包括(　　)。
   A. 口头申报　　　B. 电子申报　　　C. 手工申报　　　D. 邮寄申报
6. 在纳税申报时,需要导出的数据不包含(　　)。
   A. 股价数据
   B. 财务数据
   C. 开票数据
   D. 进项税额数据

7. 增值税是在( )年开始引入我国的。
   A. 1992 年　　B. 1994 年　　C. 1996 年　　D. 1998 年
8. 我国现行的增值税属于( )。
   A. 生产型增值税　　　　　　B. 收入型增值税
   C. 消费型增值税　　　　　　D. 积累型增值税
9. 增值税一般纳税人外购下列货物,允许抵扣进项税额的是( )。
   A. 外购工程物资　　　　　　B. 外购厂房
   C. 外购用于福利的货物　　　D. 外购设备修理用备件
10. 某商场赊销货物一批,合同约定的收款时间是 9 月 20 日,但 9 月末仍未收到货款,该批货物销售处理的方法正确的是( )。
    A. 不作销售处理,不计算缴纳增值税
    B. 应作销售处理,并计算缴纳增值税
    C. 应作销售处理,可缓征增值税
    D. 不作销售处理,但应计算缴纳增值税

二、多项选择题

1. 增值税申报的方式包括( )。
   A. 口头申报　　B. 电子申报　　C. 手工申报　　D. 邮寄申报
2. 电子申报常见的方式有( )。
   A. 邮寄申报　　B. 网上申报　　C. 电邮申报　　D. 软盘申报
3. 在纳税申报时需要导出相关数据,该数据包括( )。
   A. 股价数据　　B. 财务数据　　C. 开票数据　　D. 进项税额数据
4. 根据我国有关税收法律的规定,代表国家行使征税职责的国家机关包括( )。
   A. 工商行政管理机关　　　　B. 海关
   C. 税务机关　　　　　　　　D. 财政机关
5. 我国现行税制采用的累进税率有( )。
   A. 全额累进税率　B. 超率累进税率　C. 超额累进税率　D. 超倍累进税率
6. 我国现行各税种采用的税率包括( )。
   A. 比例税率　　B. 定额税率　　C. 累进税率　　D. 定期税率
7. 纳税人下列行为应视同销售确认所得税收入的有( )。
   A. 将货物用于投资　　　　　B. 将商品用于捐赠
   C. 将产品用于集体福利　　　D. 将产品用于在建工程
8. 税务机关征收税款的方式有( )。
   A. 查账征收　　B. 查验征收　　C. 查定征收　　D. 定期定额征收
9. 除按照规定不需要持税务登记证件的情况外,纳税人办理下列( )事项时,必须持税务登记证件。
   A. 开立银行账户
   B. 申请办理延期申报、延期缴纳税款
   C. 领购发票

D. 申请减税、免税、退税

10. 按照征收对象的不同,税法可分为( )。
   A. 对流转额课税的税法　　　B. 对所得额课税的税法
   C. 对财产、行为课税的税法　D. 对自然资源课税的税法

三、判断题

1. 增值税是1994年开始引入我国的。（　）
2. 增值税申报主体包括一般纳税人和小规模纳税人。（　）
3. 增值税纳税申报首先要稽核比对。（　）
4. 税收法律关系中最实质的东西是享有权利和承担义务的当事人。（　）
5. 增值税一般纳税人销售货物,从购买方收取的价外费用,在征税时应视为含税收入,计算税额时应换算为不含税收入。（　）
6. 纳税人发生的购货运费,如购买运输劳务,按税法规定可以从当期销项税额中抵扣,但企业发生的销货运费,按规定不能抵扣增值税进项税。（　）
7. 增值税一般纳税人将自产货物发放给本单位职工以作福利的,虽未销售,也应视同销售货物计算销项税。（　）
8. 不属于当期发生的增值税进项税一律不得在当期抵扣。（　）
9. 纳税人以销售折扣方式销售货物,只要将折扣额开具发票,就可按折扣后的净额计算缴纳增值税。（　）
10. 纳税人以1个月或者1个季度为一个纳税期的,自期满之日起10日内申报纳税。（　）

附　　录

附录一　增值税一般纳税人网上申报实训

附录二　企业所得税年度纳税申报（A类）网上申报实训

附录三　自然人税收管理扣缴端（原个税）申报实训